dtv

Es sind oft nur wenige Worte, ein, zwei Sätze, die eine Rede berühmt machen, zum Schlagwort einer Epoche, eines Ereignisses werden. Barack Obama hat mit seinem Slogan „Yes we can" die Mehrheit der Amerikaner begeistert, Winston Churchill im Zweiten Weltkrieg sein Volk zum Durchhalten aufgefordert mit der berühmt gewordenen Formulierung, er habe nichts weiter anzubieten als „Blut, Mühen, Tränen und Schweiß". Es gibt Reden, die große Visionen enthalten (die sich oft nicht erfüllt haben), die auf fatalen Irrtümern aufbauen oder dreiste Lügen zur Wahrheit erklären. Gerhard Jelinek hat wesentliche Auszüge aus berühmten und wirkungsmächtigen Reden von Marcus Antonius bis Barack Obama zusammengestellt, erklärt anschaulich, knapp und unterhaltsam den jeweiligen historischen Kontext und erzählt die Wirkungsgeschichte.

Gerhard Jelinek ist seit 1989 beim ORF tätig. Er leitete und moderierte die österreichische Fernsehsendung ‚Report' und war für die Diskussionssendungen ‚Pressestunde' und ‚Offen gesagt' verantwortlich. Derzeit ist er Leiter der Abteilung „Dokumentation und Zeitgeschichte" im Österreichischen Fernsehen. Zahlreiche TV-Dokumentationen und Buchpublikationen.

GERHARD JELINEK

REDEN, DIE DIE WELT VERÄNDERTEN

Deutscher Taschenbuch Verlag

Für die Taschenbuchausgabe wurden
zwei Texte (Figl, Kreisky) durch zwei neu aufgenommene
Reden (Bismarck, Khomeini) ersetzt.

Ausführliche Informationen über
unsere Autoren und Bücher
finden Sie auf unserer Website
www.dtv.de

Taschenbuchausgabe 2012
3. Auflage 2013
Deutscher Taschenbuch Verlag GmbH & Co. KG,
München
© 2009 Ecowin Verlag, Salzburg
Das Werk ist urheberrechtlich geschützt. Sämtliche, auch
auszugsweise Verwertungen bleiben vorbehalten.
Umschlagkonzept: Balk & Brumshagen
Umschlaggestaltung nach einem Entwurf von kratkys.net
Gesamtherstellung: Druckerei C. H. Beck, Nördlingen
Gedruckt auf säurefreiem, chlorfrei gebleichtem Papier
Printed in Germany · ISBN 978-3-423-34700-6

Inhaltsverzeichnis

Vorwort

Es sind oft wenige Worte, die entscheiden: über Sieg oder Niederlage, Erfolg oder Misserfolg.

Es ist oft ein Satz, der ein Zeitalter, eine Epoche beschreibt.

Es gibt Reden, die Geschichte schreiben. Es gibt Reden, die die Welt ändern. Und es sind Reden, die, einem Prisma gleich, die veränderte Welt fokussieren.

Der amerikanische Präsident Barack Obama verdankt seinen beispiellosen Erfolg drei Worten: „Yes, we can!" Er hat damit die Stimmungslage einer Generation und den Nerv der Zeit getroffen. Der weithin unbekannte Lokalpolitiker Obama katapultierte sich mit einer Rede auf dem Parteitag seiner demokratischen Partei in Boston in den Scheinwerferkegel der Öffentlichkeit. Nicht was er sagte, sondern wie er die Gefühle der Amerikaner traf, machte den jungen Politiker zum „rising star", zum „aufgehenden Stern".

Eine große Rede spiegelt nicht immer die Wahrheit einer Epoche wider. Es sind auch die großen Lügen, die Geschichte machen. Falsches Pathos – schlichte Wahrheit. Worte haben Kriege begonnen und Frieden geschaffen. Und sie künden von großer Weisheit und fatalen Irrtümern. Arthur Neville Chamberlains „Friede in unserer Zeit"-Rede, nachdem er mit Adolf Hitler 1938 das Münchner Abkommen geschlossen hat, ist das meist zitierte Exempel.

Große Reden zeigen ihre Brillanz in der Einfachheit. Große Reden werden vom Publikum verstanden. Dem Redner gelingt es, mit seinen Zuhörern eine Gemeinschaft zu bilden. Und große Reden enthalten eine positive Vision der Zukunft. Sie geben ein Ziel vor und geben die Hoffnung, dass es auch erreicht wird. Martin Luther Kings „Predigt" „I have a dream" ist so ein Beispiel.

Doch die theoretisch besten Redner sind keineswegs auch immer die wirksamsten. Und die wirksamsten Redner müssen keine „guten" Reden im Sinne der antiken Rhetorik-Lehren halten. Dem römischen Politiker – und großen Redner – Cato dem Älteren wird die Forderung zugeschrieben, ein „großer Redner" müsste ein „vir bonus" – also ein positiver Charakter – sein. Es gäbe keine bedeutende Rede ohne einen wahrhaftigen Inhalt. Stimmt man Cato zu, dann wären gerade viele Reden, die die Welt verändert haben, keine „großen Reden".

Der griechische Philosoph und Rhetoriklehrer Gorgias vertrat die Idee, dass Meinung handwerklich herstellbar sein müsse. Der Athener wäre damit ein Vorläufer zahlreicher PR-Agenturen, die vorgeben, mit professionellen Mitteln die Meinung der Bevölkerung bilden und steuern zu können.

Die Kunst der Rede zählte in der Antike zum Kanon der „sieben freien Künste". In den kleinen Stadtstaaten Griechenlands, später Roms und der hellenistischen Epoche war die Rede vor versammeltem Volk das bestimmende Element der damaligen Gesellschaft. Aristoteles verteidigte in seiner Streitschrift „Über die Rede" die Rhetorik als legitimes Handwerk gegen Kritik von Plato, dem die Fähigkeit zur Demagogie und Verhetzung des Volkes durch populistische Redner ein Dorn im Auge war. In diesem Buch geht es daher nicht um die Rhetorik, also die ausgefeilte Kunst der Rede, sondern um die Wirkung in der Zeit.

Dieses Buch enthält Reden von Politikern und Heerführern, von Gottessöhnen und Verbrechern, von charismatischen Demokraten und dämonischen Despoten. Sie haben den Lauf der Welt verändert, oder sie markieren zumindest den Scheitelpunkt einer historischen Entwicklung. Sie vollenden in wenigen Sätzen komplexe politische und gesellschaftliche Prozesse.

Nie ist es das Wort allein, das Geschichte macht. Selbst das verachtenswerte Beispiel des Redners Adolf Hitler zeigt, dass es nicht allein seine Redekunst war, mit dem seine Bewegung die Macht errang. Und zur Erhaltung der Macht waren andere Mittel wichtiger als die Rede. Nach Beginn des Zweiten Weltkriegs überließ Adolf Hitler weitgehend die Bühne anderen. Er schwieg oft monatelang.

Reden als Teil des gesellschaftlichen Prozesses sind – historisch gesehen – relativ jung. Und sie brauchen ein entsprechendes gesellschaftliches und politisches Umfeld. Die Kunst der Rede erfordert auch gewisse demokratische Freiheiten. In absolutistischen Regimen und totalitären Diktaturen werden keine Reden im eigentlichen Sinn gehalten, dort gibt es Ansprachen und Befehlsausgaben, auch wenn sie sich der rhetorischen Mittel bedienen.

Joseph Goebbels Rede („Wollt ihr den totalen Krieg?") will niemanden überzeugen, im Sinne eines demokratischen Diskurses. Goebbels will manipulieren. Er inszeniert die Farce einer Volksgemeinschaft, um sich in einer für das Nazi-Regime existenzbedrohenden Zeit eine Legitimation für die weitere Brutalisierung des Krieges zu erzwingen.

Große Reden werden dann gehalten, wenn wirklich eine Mehrheit der Zuhörer überzeugt werden soll. Am Beginn der Französischen Revolution geben die Redner den Ton vor. Im Konvent fallen Entscheidungen über Leben und Tod – eine aufgeputschte Masse lässt Köpfe rollen, zwingt sogar einen König aufs Schafott. Die Rede von Maximilien de Robespierre vor dem Nationalkonvent am 26. Juli 1794 kostet den fanatischen Anführer der Revolution selbst den Kopf. Diese Rede macht Geschichte: Sie tötet den Redner und sie markiert das Ende der Revolution. Napoléon Bonaparte wird keine großen Reden halten – bloß Ansprachen an seine Generäle.

Dieses Buch enthält auch kurze Texte, die mit wenigen Worten das Lebensgefühl der Zeit beschreiben. Es sind Sätze, die selbst zur Ikone werden. Beispielsweise, als Neil Armstrong vor 40 Jahren im Juli 1969 als erster Mensch auf dem Mond seine Worte sagte: „That's one small step for (a) man, one giant leap for mankind." Oder die Rede des Bauern Max Yasgur, der vor einer halben Million Hippies auf einem Feld bei Woodstock die Träume einer Generation erfasste: „Three days of fun and music."

Und es sind mehrheitlich Reden von Männern.

Frauen zeigen ihre Stärken offenbar anders. Bei der Auswahl der historischen Ansprachen und Texte sind Männer deutlich überrepräsentiert.

Auch das ist ein Abbild der Wirklichkeit. Die (Welt-)Politik war in den vergangenen Jahrhunderten Männersache. Auf das Ergebnis müssen die mächtigen Heerführer, Diktatoren und Politiker nicht stolz sein.

Aber Reden machen auch den Kampf der Frauen um Gleichberechtigung, um gleiche Chancen, hörbar. Emmeline Pankhurst hat 1913 mit ihrer „Freedom or death"-Rede den Lauf der Welt geändert (oder vice versa: die Rede ist Ausdruck eines geänderten Laufs der Welt). Die englische Führerin der Suffragetten erkämpfte für die Frauen Großbritanniens, und mit ihren Gesinnungsgenossinnen auf der ganzen Welt, das Wahlrecht.

Emmeline Pankhurst schuf die Grundvoraussetzungen für die Emanzipationsbewegungen der 60er- und 70er-Jahre. Sie legte den Grundstein für den Feminismus, der das 20. Jahrhundert verändert hat. Ihre Vorläuferin Olympe de Gouges kommt nur am Rande vor. Diese große Frau der Französischen Revolution redete nicht, sie schrieb die erste Deklaration der Frauenrechte: „Die Frau wird frei geboren und bleibt dem Manne gleich in allen Rechten." Auch für diesen Satz wurde sie von den männlichen Revolutionären auf die Guillotine geschickt.

Ausgleichende Gerechtigkeit wurde versucht. Die große Wissenschaftlerin Marie Curie, sie wurde erst jüngst von einer internationalen Expertenriege zur bedeutendsten Wissenschaftlerin aller Zeiten gewählt, kommt zu Wort, obwohl sie, streng genommen, ihre Gedanken zur Entdeckung der Radioaktivität nicht vor einer jubelnden Masse geäußert hat.

Ihre Arbeit hat die Welt jedenfalls verändert.

Die Reden einer großen Frau haben definitiv den Sturmlauf der Welt in die Katastrophen des 20. Jahrhunderts nicht verhindern können: Bertha von Suttner. Die Friedens-Nobelpreisträgerin starb fünf Wochen vor dem Ausbruch des Ersten Weltkrieges. Sie hatte das Herannahen des Völkerschlachtens gespürt und gegen die Kräfte des Militarismus angekämpft. Im historischen Rückspiegel erweisen sich ihre Vorträge als wahre Prophezeiungen. Sie war zu ihrer Zeit eine der bekanntesten Frauen der Welt, aber das männliche Kampfgetöse übertönte ihre leisen Reden. Und doch hatte sie recht.

Eine „historische Rede" – mit den Worten von Stefan Zweig – eine „Sternstunde der Menschheit" kann Entwicklungen auslösen oder Historie in wenigen Sätzen verdichten: Geschichte machen.

Oft bleibt von großen Leben eine Redewendung: Winston Churchill und sein (meist verkürzt zitierter Satz) „Blood, (Toil), Tears and Sweat", John F. Kennedy und sein Bekenntnis „Ich bin ein Berliner" oder Ronald Reagans Aufforderung: „Herr Gorbatschow, reißen Sie diese Mauer nieder."

Große Reden, die Geschichte machen, bedeuten für die Zuhörer meist wenig Gutes. Es sind Worte an Zeitenwenden, voll Pathos und Emotion. Es sind Sätze, die bei vielen Menschen, die Zeitzeugen waren, Sorgen, Ängste oder zumindest Gänsehaut ausgelöst haben.

Wir leben in einer Zeit, in der gute Redner selten sind. Von der Warte ferner Zukunft aus werden wahrscheinlich wenige Reden unserer Gegenwart in eine aktualisierte Auflage aufgenommen werden müssen: Offenbar leben wir noch immer in einer eher menschenfreundlichen Epoche.

Dieses Buch handelt von Reden, die Geschichte gemacht haben, und es beschreibt die Geschichte dieser Reden. Es enthält Reden, die den Gipfelpunkt einer langen Entwicklung markieren, und es zitiert Reden, die erst im Rückblick Ausrufezeichen ihrer Zeit geworden sind.

Es ist ein Buch über Zeitgeschichte, zugespitzt auf wenige Sätze. Am Anfang stand das Wort, sagt die Bibel.

Marcus Antonius

„Denn Brutus ist ein ehrenwerter Mann, das sind sie alle, alle ehrenwert!"

Mitbürger! Freunde! Römer! Hört mich an!
Begraben will ich Cäsarn, nicht ihn preisen.
Was Menschen Übles tun, das überlebt sie,
Das Gute wird mit ihnen oft begraben.
So sei es auch mit Cäsarn! Der edle Brutus
Hat euch gesagt, dass er voll Herrschsucht war;
Und war er das, so war's ein schwer Vergehen,
Und schwer hat Cäsar auch dafür gebüßt.
Hier, mit des Brutus Willen und der andern
(Denn Brutus ist ein ehrenwerter Mann,
Das sind sie alle, alle ehrenwert!),
Komm' ich, bei Cäsars Leichenzug zu reden.
Er war mein Freund, war mir gerecht und treu;
Doch Brutus sagt, dass er voll Herrschsucht war,
Und Brutus ist ein ehrenwerter Mann.
Er brachte viel Gefangne heim nach Rom,
Wofür das Lösegeld den Schatz gefüllt.
Sah das der Herrschsucht wohl am Cäsar gleich?
Wenn Arme zu ihm schrien, so weinte Cäsar;
Die Herrschsucht sollt' aus härterm Stoff bestehn.
Doch Brutus sagt, dass er voll Herrschsucht war,
Und Brutus ist ein ehrenwerter Mann.
Ihr alle saht, wie am Lupercusfest
Ich dreimal ihm die Königskrone bot,
Die dreimal er geweigert. War das Herrschsucht?

15

Doch Brutus sagt, dass er voll Herrschsucht war,
Und ist gewiss ein ehrenwerter Mann.
Ich will, was Brutus sprach, nicht widerlegen;
Ich spreche hier von dem nur, was ich weiß.
Ihr liebtet all' ihn einst nicht ohne Grund;
Was für ein Grund wehrt euch, um ihn zu trauern?
O Urteil, du entflohst zum blöden Vieh,
Der Mensch ward unvernünftig! – Habt Geduld!
Mein Herz ist in dem Sarge hier beim Cäsar,
Und ich muss schweigen, bis es mir zurückkommt.

Rede von Marcus Antonius vor der Leiche Julius Cäsars am 15. März des Jahres 44 v. Chr. (in der Dichtung von William Shakespeare)

*

Die Rede des Marcus Antonius vor dem Leichnam des ermordeten Julius Cäsar gehört zu den berühmtesten Reden der Menschheit – und zu den besten, sie stammt nur nicht aus der Feder oder dem Mund des Marcus Antonius. Seinen Ruhm verdankt die Trauerrede dem Sprachtalent des englischen Dramatikers William Shakespeare.

Der Dichter schlägt den zeitgenössischen Historiker Appian von Alexandria. Dessen Version der Leichenrede ist heute weitgehend unbekannt, dabei war Appian gut zwölf Jahrhunderte näher am historischen Geschehen.

Dennoch haben in diesem Fall eine Rede (und wichtige machtpolitische Winkelzüge) den Lauf der Geschichte geändert, den Weg des römischen Imperiums, damals die einzige „Supermacht", für ein paar hundert Jahre festgelegt. Das ist Faktum, nicht Drama.

Shakespeare dichtet Marc Antons Rede allerdings völlig frei nach. Dabei hätte er sich an den Bericht des zeitgenössischen Historikers Appian(us) von Alexandria halten können. Dieser Historiker, dessen meiste Werke aber auch nur in einer byzantinischen Überlieferung bis heute überlebt haben, zitiert Marcus Antonius in seiner „Geschichte Roms" ausführlich und vorgeblich wörtlich.

Da klingt die Rede vor dem Leichnam Julius Cäsars ganz anders.

Brutus ist bei Appian kein „ehrenwerter Mann", auch nicht Cassius, der zweite Anführer des Mordkomplotts. Und die rund 60 anderen Mitverschwörer gegen Cäsar und seine Anhänger sind es auch nicht. An den Iden des März im Jahre 44 v. Chr. wurde der Diktator Julius Cäsar Opfer einer Verschwörung innerhalb seines engsten Kreises von Vertrauten. Es war eine blutige Intrige, ein Machtkampf um ungeheure Pfründe. Nicht das hehre Wohl der Republik trieb die Mörder an, sondern die Angst, ein allmächtiger Cäsar könne sich an ihren zusammengerafften unermesslichen Besitztümern bereichern, sie ermorden oder zumindest in die Verbannung schicken.

Rund um die Iden des März, des römischen Jahresanfangs, verdichtet sich die Stimmung in Rom. Die Nervosität scheint zum Greifen. Es ist ruhig in der Stadt, ruhig wie vor einem Gewitter. Cäsars Frau will davon geträumt haben. Nachträglich wird man Zeichen gedeutet haben, Vorboten einer Katastrophe. Dann: Am späten Vormittag verbreitet sich eine unglaubliche Botschaft wie ein Lauffeuer durch die enge Stadt: Der Imperator Cäsar wurde ermordet! Die Bevölkerung gerät in Panik. Krawalle erschüttern die „urbs aeterna". Unschuldige werden massakriert, Häuser verwüstet. Die Senatoren verstecken sich. Und Cäsars „magister eqitum" (der Stellvertreter des Diktators), Marcus Aemilius Lepidus, lässt das Forum Romanum im Herzen der Stadt von cäsartreuen Veteranen besetzen. Damit hatten Cäsars Anhänger die Lage im Griff.

Julius Cäsar war zu mächtig geworden, viel zu mächtig. Dabei hatte gerade jener Senat, der sich von Cäsar bedroht fühlte, den Feldherrn und Konsul durch immer neue Ehrungen, Auszeichnungen und Lobpreisungen in liebedienerischer Art gleichsam den Menschen entrückt und ihn auf den Weg der „Vergöttlichung" gedrängt. Formal war Cäsar für zehn Jahre zum Alleinherrscher, zum Diktator gewählt und bestellt worden. Dieser Vorgang war einmalig, erfolgte aber immer noch im Rahmen der staatsrechtlichen Möglichkeiten.

Cäsar hatte ein Jahr vor seinem Tod den blutigen Bürgerkrieg gegen seinen Widersacher Pompeius gewonnen, aber gegenüber dessen Anhängern relative Milde walten lassen.

Er war auf dem absoluten Höhepunkt der Macht.

Die Königskrone war ihm von seinem Mitstreiter Marcus Antonius während des Lupercalienfestes am 15. Februar rituell drei Mal angeboten worden. Cäsar hatte abgelehnt. „Ich heiße Cäsar, nicht Rex (König)", soll er schlagfertig auf solche schmeichlerischen Angebote geantwortet haben. Als Alleinherrscher in der römischen Republik, die den verfassungsgemäßen Schein wahrte und dem Senat Gesetzgebungskompetenz überließ, regierte Julius Cäsar ohnehin wie ein König. Die „Adelspartei", die Senatoren aus der römischen Oligarchie fürchteten um Macht, Geld und Einfluss. Julius Cäsar sollte sterben, ehe es ihnen selbst ans Leben ging.

Das politische Geschehen in den Tagen nach dem Tod des großen Feldherrn spielte in einem Vakuum der Macht. In dieser Zwischenwelt waren Rede und Gegenrede möglich geworden.

Die beiden Kontrahenten Brutus und Antonius trafen direkt aufeinander. Es entschied die Macht des Wortes (freilich nicht nur diese).

Brutus argumentierte „demokratisch", er begründete die Tat mit Sachargumenten, suchte Beweise für ein Fehlverhalten Cäsars vorzulegen und appellierte an die Vernunft des Volkes. Marcus Antonius war aus anderem Holz geschnitzt. Er spielt mit den Emotionen und kehrt Begriffe ins Gegenteil um. Wenn er – nach Shakespeare – das Wort von den „ehrenwerten Männern" durch ironische Betonung und Wiederholung mit dem entgegengesetzten Inhalt erfüllt, dann agitiert er als Demagoge, und mit Erfolg.

Nach Appian überzeugte Marcus Antonius das römische Volk oder eben jenen Mob, der sich tagaus, tagein auf dem Forum Romanum herumtrieb und auf Geldspenden der Politiker wartete (Populismus wurde in der römischen Demokratie schlicht und direkt durch Geldgeschenke an die Wähler betrieben), mit den Lobsprüchen des Senats.

Er drehte den Spieß um und verlas einfach das hymnische Dekret, mit dem die Senatoren allerhöchste Ehren auf den großen Julius Cäsar gehäuft hatten. Wenige aus Überzeugung, viele aus Angst um ihr Leben und um ihre Güter. Die Ehrungen kamen nur bei offiziellen Anlässen im Circus oder im Theater zum Tragen und waren Zeichen ziemlich oberflächlicher Eitelkeit. Cäsar durfte im Senat neben den beiden Konsuln auf einem erhöhten goldenen Sessel thronen und stets als Erster im Senat noch vor den Konsuln seine Meinung äußern, was realpolitisch ohne Bedeutung war, da er ohnehin auch das Konsulsamt bekleidete. Immerhin durfte er im Circus allein das Signal zur Eröffnung geben, das Triumphalgewand tragen und sein Haupt mit einem Lorbeerkranz schmücken. So viel Ehre und dann erdolcht.

„Die Gründe für die Ehrungen scheinen eindeutig und klar: Angst und Schmeichelei dem Sieger des Bürgerkrieges gegenüber, die Hoffnung, ihn schon durch den Vorschlag solcher Maßnahmen für sich einnehmen zu können. Und so wurden sie mit Eifer weiter betrieben. Immer größere, immer absurdere Privilegien wurden Caesar zugestanden und aufgedrängt, dass man nicht zweifeln kann, dass einige davon durch seine Gegner initiiert wurden, die seinem Ansehen auf diese Weise schadeten. Caesar konnte nicht alles ablehnen, wenn er den Senat nicht vor den Kopf stoßen wollte – und manch eine Ehrung kam ihm durchaus gelegen", schreibt Oliver H. Herde in seinem Buch „Von der Ermordung des Gaius Julius Caesar".

Was kurz vor seinem Tode wahr war, konnte jetzt nicht falsch sein. War Cäsar ein Tyrann? Sollte seine Leiche im Tiber versenkt werden? Oder musste dem großen Imperator Cäsar ein ehrenvolles Staatsbegräbnis gewährt werden?

Darum ging es in den Stunden nach der Ermordung Cäsars. Marcus Antonius war als einziger verbliebener Konsul nun formell erster Mann im Römischen Reich. Er wollte die Macht für sich und die Anhänger Cäsars auch nach seinem Tod gegen die „Republikaner" sichern und erhalten. Dazu war es notwendig, eine Verurteilung der Politik Cäsars zu verhindern und die Rechtmäßigkeit seiner Entscheidungen auch nach seinem Tod feststellen zu lassen. Marcus Antonius gelang dies durch einen schlauen Trick. Sollte Cäsar ein Tyrann – also ein unrechtmäßiger Herrscher – gewesen sein, dann wären alle Rechtsakte ungültig, also auch jene Vielzahl von Erlässen, durch die Dutzenden Senatoren und ihren Familien Ämter, Pfründe und Vorteile zugesprochen worden waren. Diese Idee gefiel einer großen Mehrheit der Senatoren nicht. Daher schreckten Brutus und seine Anhänger vor diesem logischen Schritt zurück. In einem politischen Tauschgeschäft wurde ausgehandelt, dass Cäsar kein Tyrann war und die „Tyrannenmörder" amnestiert werden sollten. Dieser staatspolitische Kompromiss war von Marcus Tullius Cicero, Senator, Anwalt und brillanter Redner, ausgedacht worden. Und er sollte sich als tödliche Niederlage für die Attentäter erweisen. Eine Amnestie brauchen nur jene, die ein Verbrechen begangen haben. Folgerichtig waren Brutus & Co keine heldenhaften Retter der Republik, sondern Mörder.

Cäsar selbst verachtete die korrupten Strukturen der römischen Republik, deren er sich selbst bedient hatte. Für seine ersten Wahlsiege musste sich der aufstrebende Adelige so verschulden, dass seine Niederlage auch einen Bankrott der großen römischen Geldhäuser verursacht hätte. Bertolt Brecht beschreibt das politische Finanzsystem jener Tage anschaulich in seinem Romanfragment „Die Geschäfte des Herrn Julius Cäsar". Der Geldadel hatte so viel in den Politiker der „Volkspartei" investiert, dass ein Scheitern die Kurse der Nobilität zum Fallen gebracht hätte.

Der schon ein wenig angegraute General und Militärführer plante die Hauptstadt Rom im Jahr 43 v. Chr. zu verlassen und einen neuen großen Feldzug gegen die Parther anzuführen. Cäsar wollte die Stellung Roms als Weltmacht ausbauen und sichern. Die Intrigen in Rom gingen ihm auf die Nerven. Den Senat behandelte er abschätzig. Innerhalb kürzester Zeit hatte er 300 neue Senatoren ernannt, darunter auch viele „Barbaren", die nicht einmal den Weg zum Senat auf dem „Forum Romanum" fanden. Der Politiker hatte längst erkannt, dass mit den politischen Strukturen eines römischen Stadtstaates kein Weltreich zu führen ist.

Antonius, als engster Mitstreiter Cäsars, war der Ermordung entgangen, weil er den Verschwörern als zu wenig gefährlich galt. Außerdem wäre die gleichzeitige Ermordung beider Konsuln einem Putsch gleichgekommen. Die Rechtfertigung der Verschwörer war es aber, einen Tyrannen zu beseitigen und die Republik neu auszurufen. Sicherheitshalber hatte Decimus Brutus im der Kurie benachbarten Theater des Pompeius bewaffnete Gladiatoren stationiert, die eingreifen sollten, falls es zu Kämpfen oder anderen Zwischenfällen käme.

Nachdem Marcus Antonius im Senat eine Verurteilung Cäsars als Tyrannen verhindern konnte, ging der Konsul zum Gegenangriff über. Er hatte die Erlaubnis erhalten, vor der in Tücher gewickelten Leiche Cäsars zu reden. Das war seine Chance. Er nützte sie.

Shakespeares künstlerische Nachdichtung dieser Szene hat zwar mit dem „Original" nichts zu tun. Der englische Autor erweist sich aber als Meister im Erahnen politischer Mechanismen und rhetorischer Tricks, die nicht weit von der historischen Wahrheit entfernt sind. „Die erregende Mitte jeder Aufführung ist die Rede Marc Antons an der Leiche Cäsars: wie er seinen Schmerz um Cäsar in ein Mittel zur Volksverführung umwandelt und seine eiskalte Geschicklichkeit mit echten Gefühlen heizt; wie er bei seinem Refrain ‚Und Brutus ist ein ehrenwerter Mann' das ‚ehrenwert' langsam aushöhlt, umwendet und ins höhnische Gegenteil verkehrt; wie er bei seiner schließlich unverhohlenen Anklage gegen die Verschworenen das Pathos der blutigen Leiche nutzt und dem Volk Versprechungen macht, bezogen aus dem Testament Cäsars – das ist das in der Weltliteratur beispiellose Meisterstück demagogischer Rhetorik mit allen Tricks und Rezepten der Massenverführung, so virtuos gehandhabt, dass man unter Schaudern hingerissen ist", schreibt Georg Hensel in seinem Buch „Spielpan".

Der antike Historiker Appian schildert das Schauspiel, das Antonius vor und mit dem Leichnam Cäsars aufführt. Der Reitergeneral zieht alle Register seines schauspielerischen Talents, er weiß, dass er auch um seinen Kopf redet. Er flüstert, er weint, er tobt. Und er beginnt seine Rede in der Überlieferung Appians so:

„Jupiter, Schutzherr dieser Stadt, und all ihr anderen Götter. Ich bin bereit, Cäsar zu rächen, wie ich es gelobt und beschworen habe … Es scheint mir, dass diese Tat keine Tat von Menschen war, sondern von einem teuflischen Geist begangen wurde. Wir müssen uns jetzt um die Gegenwart sorgen, nicht so sehr in die Vergangenheit zurückblicken. Ich sehe größte Gefahren auf uns zukommen, möglicherweise sind sie schon da. Im schlimmsten Fall werden wir wieder in den Bürgerkrieg zurückfallen und alles das verlieren, was uns das Geburtsrecht in dieser Stadt garantiert. Lasst uns also diesen Vergöttlichten zum Altar der Gesegneten tragen und über seinem Leichnam die traditionellen Hymnen und Klagelieder anstimmen."

Freilich war es nicht bloß die Redekunst des Generals, die eine politische Wende ermöglichte. Cäsar hatte in seinem Testament nicht nur seinen Großneffen Octavian, den späteren Kaiser Augustus, als legitimen Sohn adoptiert, als Erben eingesetzt und mit ungeheuren Vermögenswerten bedacht. Er (oder seine schlauen Nachfahren) hatte in seinem Vermächtnis auch Geschenke fürs Volk vorbereitet. So sollten die privaten Gärten und Parks der julischen Familie für alle geöffnet werden und als besondere Geste des großen Cäsar wurde jedem römischen Bürger ein Geldgeschenk von 75 attischen Drachmen (entsprach dem damaligen Wert von etwa 300 Gramm Silber) versprochen. Der Jubel darüber war groß. Das Volk trauerte um seinen geliebten Führer, der so großherzig an sie gedacht hatte.

Das Redetalent des Soldaten Marcus Antonius kam auch deshalb stark zur Geltung, weil Rom von tausenden Soldaten cäsartreuer Legionen besetzt war. Angesichts der Schwerter kampferprobter Legionäre verzichteten manche Anhänger der noblen Verschwörer auf laute Proteste.

Die politische Stimmung hatte sich gedreht.

Brutus, Cassius und ihre Mitverschwörer fürchteten um ihr Leben und verließen Hals über Kopf Rom. Keiner sollte den dann folgenden Bürgerkrieg überleben. Obwohl Antonius Rache für Cäsars Tod forderte, bestrafte er die Männer vorerst nicht, sondern machte ihnen anfangs aufgrund eines taktischen Planes sogar Zugeständnisse. Die Cäsarianer hatten den Machtkampf gewonnen, es blieb allerdings bloß eine Atempause in den Konflikten um die Neuausrichtung des römischen Weltreichs. Die Republik war am Ende, die Ermordung Cäsars hatte diesen historischen Prozess womöglich noch beschleunigt. Antonius führte in Rom eine Gewaltherrschaft ein, er plünderte die Staatskasse, erließ nach Gutdünken Gesetze und wollte den adoptierten Sohn Cäsars, Octavian, ausschalten.

Damit begann die Spaltung der Cäsaren-Partei, die schließlich zu einem weiteren Bürgerkrieg führte. In der Schlacht von Mutina standen sich römische Legionare gegenüber. Obwohl Antonius auf dem Schlachtfeld gegen Octavian verlor und er sich nach Gallien zurückziehen musste, kam es zu keiner endgültigen Entscheidung. Die Pattstellung mündete schließlich in ein Triumvirat der beiden Männer mit dem unbedeutenden Marcus Aemilius Lepidus, der Cäsars Reiterführer gewesen war. Es war faktisch eine Diktatur im gegenseitigen Einvernehmen, abgeschlossen vorerst für fünf Jahre. Jetzt konnte mit den Cäsarenmördern und ihren Anhängern abgerechnet werden. Es folgen massenweise Proskriptionen (also die Ächtung der Person und die Enteignung des Vermögens zugunsten des Staates) und die Ermordung der politischen Gegner. Auch Marcus Tullius Cicero fällt der cäsarischen Rache zum Opfer.

Jesus Christus
„Ich aber sage euch, liebt eure Feinde"

Als Jesus die vielen Menschen sah, stieg er auf einen Berg. Er setzte sich, und seine Jünger traten zu ihm. Dann begann er zu reden und lehrte sie.

Er sagte: Selig, die arm sind vor Gott; denn ihnen gehört das Himmelreich.

Selig die Trauernden; denn sie werden getröstet werden.

Selig, die keine Gewalt anwenden; denn sie werden das Land erben.

Selig, die hungern und dürsten nach der Gerechtigkeit; denn sie werden satt werden.

Selig die Barmherzigen; denn sie werden Erbarmen finden.

Selig, die ein reines Herz haben; denn sie werden Gott schauen.

Selig, die Frieden stiften; denn sie werden Söhne Gottes genannt werden.

Selig, die um der Gerechtigkeit willen verfolgt werden; denn ihnen gehört das Himmelreich.

Selig seid ihr, wenn ihr um meinetwillen beschimpft und verfolgt und auf alle mögliche Weise verleumdet werdet.

Freut euch und jubelt: Euer Lohn im Himmel wird groß sein. Denn so wurden schon vor euch die Propheten verfolgt.

Ihr seid das Salz der Erde. Wenn das Salz seinen Geschmack verliert, womit kann man es wieder salzig machen? Es taugt zu nichts mehr; es wird weggeworfen und von den Leuten zertreten.

Ihr seid das Licht der Welt. Eine Stadt, die auf einem Berg liegt, kann nicht verborgen bleiben.

Man zündet auch nicht ein Licht an und stülpt ein Gefäß darüber, sondern man stellt es auf den Leuchter; dann leuchtet es allen im Haus.

So soll euer Licht vor den Menschen leuchten, damit sie eure guten Werke sehen und euren Vater im Himmel preisen.

Denkt nicht, ich sei gekommen, um das Gesetz und die Propheten aufzuheben. Ich bin nicht gekommen, um aufzuheben, sondern um zu erfüllen.

Amen, das sage ich euch: Bis Himmel und Erde vergehen, wird auch nicht der kleinste Buchstabe des Gesetzes vergehen, bevor nicht alles geschehen ist.

Wer auch nur eines von den kleinsten Geboten aufhebt und die Menschen entsprechend lehrt, der wird im Himmelreich der Kleinste sein. Wer sie aber hält und halten lehrt, der wird groß sein im Himmelreich.

Darum sage ich euch: Wenn eure Gerechtigkeit nicht weit größer ist als die der Schriftgelehrten und der Pharisäer, werdet ihr nicht in das Himmelreich kommen.

Ihr habt gehört, dass zu den Alten gesagt worden ist: Du sollst nicht töten; wer aber jemand tötet, soll dem Gericht verfallen sein.

Ich aber sage euch: Jeder, der seinem Bruder auch nur zürnt, soll dem Gericht verfallen sein; und wer zu seinem Bruder sagt: Du Dummkopf!, soll dem Spruch des Hohen Rates verfallen sein; wer aber zu ihm sagt: Du (gottloser) Narr!, soll dem Feuer der Hölle verfallen sein.

Wenn du deine Opfergabe zum Altar bringst und dir dabei einfällt, dass dein Bruder etwas gegen dich hat, so lass deine Gabe dort vor dem Altar liegen; geh und versöhne dich zuerst mit deinem Bruder, dann komm und opfere deine Gabe.

Schließ ohne Zögern Frieden mit deinem Gegner, solange du mit ihm noch auf dem Weg zum Gericht bist. Sonst wird dich dein Gegner vor den Richter bringen und der Richter wird dich dem Gerichtsdiener übergeben und du wirst ins Gefängnis geworfen.

Amen, das sage ich dir: Du kommst von dort nicht heraus, bis du den letzten Pfennig bezahlt hast.

Ihr habt gehört, dass gesagt worden ist: Du sollst nicht die Ehe brechen.

Ich aber sage euch: Wer eine Frau auch nur lüstern ansieht, hat in seinem Herzen schon Ehebruch mit ihr begangen.

Wenn dich dein rechtes Auge zum Bösen verführt, dann reiß es aus und wirf es weg! Denn es ist besser für dich, dass eines deiner Glieder verloren geht, als dass dein ganzer Leib in die Hölle geworfen wird.

Und wenn dich deine rechte Hand zum Bösen verführt, dann hau sie ab und wirf sie weg! Denn es ist besser für dich, dass eines deiner Glieder verloren geht, als dass dein ganzer Leib in die Hölle kommt.

Ferner ist gesagt worden: Wer seine Frau aus der Ehe entlässt, muss ihr eine Scheidungsurkunde geben.

Ich aber sage euch: Wer seine Frau entlässt, obwohl kein Fall von Unzucht vorliegt, liefert sie dem Ehebruch aus; und wer eine Frau heiratet, die aus der Ehe entlassen worden ist, begeht Ehebruch.

Ihr habt gehört, dass zu den Alten gesagt worden ist: Du sollst keinen Meineid schwören, und: Du sollst halten, was du dem Herrn geschworen hast.

Ich aber sage euch: Schwört überhaupt nicht, weder beim Himmel, denn er ist Gottes Thron, noch bei der Erde, denn sie ist der Schemel für seine Füße, noch bei Jerusalem, denn es ist die Stadt des großen Königs.

Auch bei deinem Haupt sollst du nicht schwören; denn du kannst kein einziges Haar weiß oder schwarz machen.

Euer Ja sei ein Ja, euer Nein ein Nein; alles andere stammt vom Bösen.

Ihr habt gehört, dass gesagt worden ist: Auge für Auge und Zahn für Zahn.

Ich aber sage euch: Leistet dem, der euch etwas Böses antut, keinen Widerstand, sondern wenn dich einer auf die rechte Wange schlägt, dann halt ihm auch die andere hin.

Und wenn dich einer vor Gericht bringen will, um dir das Hemd wegzunehmen, dann lass ihm auch den Mantel.

Und wenn dich einer zwingen will, eine Meile mit ihm zu gehen, dann geh zwei mit ihm.

Wer dich bittet, dem gib, und wer von dir borgen will, den weise nicht ab.

Ihr habt gehört, dass gesagt worden ist: Du sollst deinen Nächsten lieben und deinen Feind hassen.

Ich aber sage euch: Liebt eure Feinde und betet für die, die euch verfolgen, damit ihr Söhne eures Vaters im Himmel werdet; denn er lässt seine Sonne aufgehen über Bösen und Guten, und er lässt regnen über Gerechte und Ungerechte.

Wenn ihr nämlich nur die liebt, die euch lieben, welchen Lohn könnt ihr dafür erwarten? Tun das nicht auch die Zöllner?

Und wenn ihr nur eure Brüder grüßt, was tut ihr damit Besonderes? Tun das nicht auch die Heiden?

Ihr sollt also vollkommen sein, wie es auch euer himmlischer Vater ist.

Jesus Christus in der „Rede von der wahren Gerechtigkeit" (Bergpredigt), zitiert nach dem Evangelium nach Matthäus 5,1–7,29 (Einheitsübersetzung)

*

Oberhalb des Sees Genezareth im Norden Israels wird Touristen und Pilgern eine mit Felsbrocken übersäte Wiese gezeigt. Hier an diesem Ort soll Jesus von Nazareth seine Bergpredigt gehalten haben.

Es ist eine Legende, aber immerhin eine historische Möglichkeit.

Am Beginn unserer Zeitrechnung steht eine Rede mit den radikalsten moralischen Forderungen an die Menschen. Jesus Christus verlangt die Kehrtwende im menschlichen Denken. „Liebet eure Feinde!"

In der Nähe dieses Bergabhangs finden sich die steinernen Überreste einer Synagoge aus der Zeit Jesu. Und nach der Bergpredigt soll Jesus mit seinen Jüngern nach Kafarnaum, einem Dorf direkt am Nordufer des großen Sees Genezareth, gegangen sein. Zur Zeit Jesu war Kefar Nahum („das Dorf des Nahum") ein relativ großer Ort mit einem kleinen Fischerhafen, einer Zollstation und einem Militärposten, direkt an der Via Maris gelegen, die Damaskus mit dem Mittelmeer verbunden hat. Der Fluss Jordan ist nur wenige Kilometer entfernt. Er bildete die Grenze von Galiläa.

Jesus kam in den Norden Israels, weil er in seiner Heimatstadt Nazareth nicht erfolgreich wirken konnte. In der Umgebung des Sees Genezareth predigte er häufiger als irgendwo sonst. Hier rekrutierte er seine ersten Jünger, die Fischer Simon (Petrus), Andreas, Jakobus und Johannes. In der Synagoge von Kafarnaum hielt Jesus – der Überlieferung nach – seine Rede vom „Brot des Lebens". Die historische Quellenlage über das Auftreten des Jesus von Nazareth ist dünn. Christen und Nichtchristen kommen auf der Suche nach der historischen Wahrheit nur bis zu den Evangelien. Und diese Schriften blicken mit einem Abstand von ein bis zwei Generationen auf das Wirken Jesu zurück. Dennoch schimmert durch diese theologischen Berichte historische Wahrheit durch.

Der „Berg der Seligpreisungen" liegt etwa hundert Meter über dem See. Hierhin hat die Tradition den Ort der Bergpredigt verlegt. Und auch wenn die Bergpredigt sicher nie als eine geschlossene Rede gehalten wurde, so atmet dieser Ort jedenfalls den Hauch der Geschichte. Man möchte glauben, dass hier dieser jüdische Reformator, der in der Überlieferung der christlichen Kirchen Gottes Sohn ist, seine „Bergpredigt" gehalten hat. Und vom Glauben handeln die Sätze im Matthäusevangelium (Mt. 5–7,1 ff.)

Die Bergpredigt gilt als Anfang des öffentlichen Wirkens Jesu und richtet sich – laut Matthäusevangelium – an das „aus allen Teilen Israels zusammengeströmte Volk" (Mt. 5,1). Wie Moses auf dem Berg Sinai direkt von Gott die Gebote und das Gesetz für das Volk Israel erhielt, so empfangen die Apostel und die Anhänger Jesu von ihrem Meister die Lehre für die Menschheit.

Dem Judentum legt Jesus den in der Torah offenbarten Willen Gottes aus. Zusammengefasst und aufgeschrieben wurde die Bergpredigt etwa 50 Jahre nach dem Tod (der Wiederauferstehung) Jesu.

Die Wissenschaft geht davon aus, dass das Evangelium nach Matthäus eine Zusammenfassung unterschiedlicher Reden und Ansprachen Jesu in literarischer Form ist. Dabei ist auch das zeitliche Umfeld zu betrachten, in dem dieses Evangelium aufgezeichnet wurde: Alle jüdischen Erneuerungsbewegungen sind gescheitert. Juden und Christen sammeln sich nach dem Scheitern der Aufstandsbewegungen wieder in Galiläa. Der karge Boden dieses Landstrichs ist buchstäblich blutgetränkt. Für viele Menschen ist es eine Zeit extremer Not. Rom hat mit seinen Legionen den religiös motivierten Freiheitswillen der jüdischen Stämme brutal niedergeschlagen, den Tempel in Jerusalem zerstört.

Die in der „Bergpredigt" zusammengefassten Kernsätze des neu entstehenden Christentums markieren inhaltlich und zeitlich den Bruch des Nazareners Jesus mit dem Judentum.

Das neue Christentum verlegt sich auch auf die Mission der sogenannten Heiden im griechisch-römischen Einflussbereich. So entsteht aus einer Reformsekte des Judentums eine neue kraftvolle Religion, die innerhalb weniger Jahrzehnte in das römische Weltreich gleichsam hineinexplodiert. Und 350 Jahre nach dem Tod ihres Begründers wird das Christentum zur Staatsreligion des römischen Kaiserreichs. Es ist jenes Kaiserreich, dessen Statthalter in

Jerusalem einst die Hinrichtung des Zimmermannssohns Jesus aus Nazareth verantwortete, sie jedenfalls geschehen ließ, auch wenn Pontius Pilatus dabei „seine Hände in Unschuld wusch".

Die „Bergpredigt" findet sich in anderer Form und anderer Bezeichnung, aber mit deutlichen inhaltlichen Parallelen auch im Lukasevangelium. Dort werden ähnliche Gedanken Jesus in einer „Feldrede" zugeschrieben. Beide Evangelien zeigen zum Teil wörtliche Gemeinsamkeiten. Und führen so zu einer unbekannten „Vorläuferversion". Schon vor den Evangelisten dürften Anhänger von Jesus Christus seine Sprüche gesammelt und Zitate aus Predigten aufgeschrieben oder mündlich weitergegeben haben. Die Verfasser des Lukas- und des Matthäusevangeliums haben diese tradierten Sätze überarbeitet und in ihre Evangelien integriert. Aus den ursprünglich überlieferten Zitaten, die oft nur einen lockeren inhaltlichen Zusammenhang haben, wird so im Matthäusevangelium eine zusammenhängende Rede, die Bergpredigt.

Stimmen diese begründeten Annahmen, dann würden die Worte der Bergpredigt nahe an die Gedanken des historischen Jesus heranreichen.

Die Äußerungen Jesu, wie sie als „Bergpredigt" überliefert werden, sind im Rahmen der damaligen Zeit erfolgt. Bilder, die er gebrauchte, etwa das vom „Splitter und Balken im Auge", gehören in den allgemeinen Sprachschatz der üblichen bildhaften Vergleiche, die auch heute noch ihre Kraft ausstrahlen und in das Wortgut späterer Jahrtausende übergegangen sind.

Viele Gebote erklären sich aus der (Sexual-)Moral der damaligen Zeit. Wenn Jesus schon begehrliche Blicke auf eine fremde Frau als Sünde bezeichnet und sie moralisch mit einem Ehebruch gleichsetzt, dann verschärft er bestehende Gebote. Auch die Fragen, wann und ob eine Ehe geschieden werden darf, waren zur Zeit Jesu genauso wenig endgültig entschieden, wie dies auch heute noch in der katholischen Kirche und vielen anderen Religionsgemeinschaften diskutiert wird.

Jesus formuliert in der Bergpredigt aus den Erfahrungen und Problemlagen seiner Zeit. Er wendet sich in erster Linie an seine Jünger, die er auserwählt hat. Er sieht dieses Dutzend Männer aus einfachen Verhältnissen durchaus als moralische Elite seiner religiösen Erneuerungsbewegung. Die Gebote und Ansprüche an die Apostel sind strenger als die Gebote für das Volk. Die „Bergpredigt" ist radikal, anspruchsvoll und wohl keine verbindliche Leitlinie für alle Menschen.

Der christliche Kardinaltext mit seinen acht Seligpreisungen überfordert wohl die meisten Menschen, ebenso wie das Gebot der bedingungslosen Nächstenliebe, die schon im Buch Leviticus des Alten Testaments verlangt wird: „Du sollst deinen Nächsten lieben wie dich selbst." Jesus geht einen großen Schritt weiter.

Am radikalsten und in der Konsequenz wohl am weitreichendsten ist der Anspruch „Liebet eure Feinde". Jesus stellt die „natürlichen" Empfindungen der Menschen auf den Kopf und fordert schier Unmögliches.

Der ehemalige sozialdemokratische österreichische Finanzminister Hannes Androsch beschäftigt sich in einem Beitrag für das Buch „Kann die Bergpredigt Berge versetzen?" mit der Radikalität dieser Botschaft der Liebe. „Der Text der Bergpredigt scheint in einem vollkommenen Gegensatz zu unserer Welt zu stehen. Gleichzeitig ist er aber ein endgültiger Ausdruck dessen, wie sie sein soll. Diese Spannung erklärt wohl auch, warum die Faszination der Bergpredigt ungebrochen ist und alle Versuche gescheitert sind, sie zu domestizieren oder gar für obsolet zu erklären. Die Widersprüche halten den Text vielmehr offen und bewahren seine visionäre Kraft."

Die Radikalität der Bergpredigt hat viele Philosophen, Schriftsteller und Revolutionäre inspiriert. Ihre Forderungen wurden aber auch immer wieder abgeschwächt und umgedeutet. Der moralische Anspruch sei derart hoch, dass er nur für eine gewisse Avantgarde gelten könne, etwa für Mönche, Menschen also, die freiwillig eine Gehorsamsverpflichtung eingegangen

32

sind. Albert Schweitzer relativiert die Botschaft und spricht vom „heroischen Moralismus" Jesu, der mit dem unmittelbar bevorstehenden Weltende gerechnet habe.

Das Gebot der „Feindesliebe" ist wohl die außergewöhnlichste Botschaft des Christentums, die freilich in der Geschichte so gut wie immer missachtet wurde. Die Einhaltung dieses Anspruches würde tatsächlich zur Lösung aller Konflikte führen: „Liebet eure Feinde!"

Der deutsche Theologe und Widerstandskämpfer gegen die Nationalsozialisten, Dietrich Bonhoeffer, schrieb 1936: „Die Feindesliebe führt den Jünger auf den Weg des Kreuzes und in die Gemeinschaft des Gekreuzigten. Aber je gewisser der Jünger auf diesen Weg gedrängt wird, desto gewisser bleibt seine Liebe unüberwunden, desto gewisser überwindet sie den Hass des Feindes; denn sie ist ja nicht seine eigene Liebe. Sie ist ganz allein die Liebe Jesu Christi, der für seine Feinde zum Kreuz ging und am Kreuz für sie betete. Vor dem Kreuzesweg Jesu Christi aber erkennen auch die Jünger, dass sie selbst unter den Feinden Jesu waren, die von seiner Liebe überwunden wurden. Diese Liebe macht den Jünger sehend, dass er im Feind den Bruder erkennt, dass er an ihm handelt wie an seinem Bruder."

Im Mittelpunkt der Bergpredigt stehen die „Seligpreisungen". Auch in diesen Sätzen predigt Jesus gegen die Gewalt, für die Friedfertigen und den Frieden. „Selig, die Frieden stiften, sie werden Söhne Gottes genannt werden. Selig, die um der Gerechtigkeit willen Verfolgten, denn ihrer ist das Himmelreich."

Dieses Friedensgebet beziehungsweise -gebot steht in einer Zeit der religiös und politisch motivierten Konflikte zwischen verfeindeten religiösen und ethischen Gruppen. Galiläa war voll Hass gegen die römischen Besatzer. Die jüdischen Gruppen und Religionsparteien waren unversöhnlich zerstritten. Und da predigt ein junger Sektenführer das Ende der Gewalt, setzt sich für die Verfolgten ein und fordert zur Feindesliebe auf. Revolutionärer oder auch „verrückter" hätte damals kaum einer Forderungen an seine Anhänger formulieren können. Aktueller, auf die heutige Zeit, auf die heutige politische und religiöse Zerrissenheit des Nahen Ostens bezogen, auch nicht: „Selig, die keine Gewalt anwenden, sie werden die Erde erben."

Diese Sätze haben in der Geschichte konkrete politische Wirkungen entfaltet. Mahatma Gandhi, Kämpfer für die Unabhängigkeit Indiens, befolgte strikt das Gewaltverbot der Bergpredigt und beruft sich auf diese ideengeschichtlichen Wurzeln. Auch Martin Luther King jr. folgt der Bergpredigt in seinem Kampf gegen Diskriminierung der schwarzen Bevölkerung in den USA. Er setzt das Konzept der Gewaltlosigkeit und der Feindesliebe gegen rassistische Gewalt. Auch der politische Kampf gegen das kommunistische DDR-Regime greift auf die Bergpredigt zurück. In der Leipziger Nikolaikirche organisierte Pfarrer Christian Führer die später legendär gewordenen „Montagsgebete". Die kirchliche Feier hatte sich im Herbst 1989 zu einer Massenveranstaltung entwickelt. Immer mehr Menschen kamen in diesen Tagen des Umbruchs in die Kirche und veränderten den Charakter des Friedensgebets zu einer Protestversammlung gegen das DDR-Regime. Am 9. Oktober 1989 sind viele tausend Menschen erschienen, die Stimmung ist angespannt. Das Honecker-Regime kämpft ums Überleben, in Leipzig werden Tausende schwer bewaffneter „Volkspolizisten" konzentriert. Sie haben den Befehl, rigoros gegen jede Demonstration vorzugehen. Pfarrer Christian Führer zitiert in der überfüllten Kirche die Bergpredigt: „Selig, die keine Gewalt anwenden ..." Nach dem Gebet strömen die Gläubigen auf die Straßen. Mit Kerzen in den Händen marschieren sie durch die Stadt. Es wird die größte nicht genehmigte Demonstration in der DDR. 70.000 Menschen fordern Freiheit. Das Regime verzichtet auf die geplante Gewaltanwendung: „Das Wunder von Leipzig" geht in die Geschichte ein.

Die Bergpredigt ist keine Forderung, die isolierte Christen in einer unchristlichen Umgebung erfüllen müssen, sondern bietet Lebensregeln zunächst für eine christliche Gemeinschaft. So beschreibt Heinrich Tischner in seinem Buch „Glauben, ohne den Verstand zu verlieren" den Kern der Bergpredigt: Dem Macht- und Prestigedenken der „Welt" setze Jesus die Haltung der Demut gegenüber. In der christlichen Gemeinde soll es kein Machtstreben geben: Ganz deutlich eine Anweisung, die sich nur in einer religiösen Gemeinschaft verwirklichen lässt.

Von daher werde klar, was Jesus angestrebt hat: Er wollte nicht pauschal die Welt verbessern. Er wollte auch nicht bloß einzelnen Menschen zum Seelenheil verhelfen. Sondern er hat offenbar vorgehabt, eine Gemeinschaft zu gründen, in der die brutalen Gesetze des täglichen Existenzkampfes nicht gelten sollten, in der Gottes Wille getan und ein Stück vom Reich Gottes Wirklichkeit wird. Eine Oase des Friedens und der Liebe. Die Bergpredigt soll also – laut Heinrich Tischner – als eine Anweisung für ein kleines Häufchen Auserwählter verstanden werden, die mitten in einer lieb- und friedlosen Welt Liebe und Frieden praktizieren.

Bei aller Faszination, die die Bergpredigt ausübt, sie bleibt ein schwieriger Text. Vor allem die Frage, wie sich die Forderungen im Alltagsleben verwirklichen lassen. Schon die Diadache, eine frühchristliche Schrift an der Wende vom ersten zum zweiten Jahrhundert, versucht zu beruhigen: „Wenn du das ganze Joch des Herrn tragen kannst, dann wirst du vollkommen sein. Kannst du es aber nicht, dann tue, was du kannst." Vor Gott zählt nicht das vollendete Ergebnis, sondern das redliche Bemühen. Das jüdische Gesetz war ja ursprünglich nicht nur als Glaubensregel formuliert, es war das wirkliche Gesetz für die Stämme des Volkes Israel: Grundgesetz, Strafgesetz und Glaubensgesetz. Es enthielt Regeln, Vorschriften und Strafandrohungen. Jesus deutet die Vorschriften des „Alten Bundes" neu, er erweitert es auf Gebote, die nicht zu kontrollieren sind, wie etwa das Gebot der Liebe als Lebenshaltung. Liebe kann man nicht befehlen, ihr Fehlen nicht bestrafen.

Folgerichtig lehnt Jesus auch das Urteilen, das Richten über geforderte innere Einstellungen ab. Nach der Bergpredigt ist das jüdische Gesetz keine Ansammlung von Geboten, Verboten und Strafbestimmungen, sondern ein Kommentar zu den Gesetzen Moses. „Ich bin nicht gekommen, um das Gesetz aufzuheben, sondern um es zu erfüllen", sagt Jesus – zitiert im Evangelium des Matthäus.

Der deutsche Reichskanzler Otto von Bismarck hat die Bergpredigt abschätzig kommentiert: Mit den Worten Jesu könne man nicht die Welt regieren. Tatsächlich würde das wortgetreue Einhalten der Bergpredigt Christen jedes staatsbürgerliche Verhalten untersagen. Und auch unser Wirtschaftssystem fände vor den Augen Jesu kaum Gnade. Das Erwerben von materiellen Gütern („Sammelt keine Schätze") wird ja ausdrücklich verboten.

Aber: Die historische Person Jesus von Nazareth hatte mit großer Wahrscheinlichkeit nie das Ziel, die Welt zu regieren. Er formulierte radikale Forderungen mit dem Blick auf ein baldiges Ende der Welt. Er predigt moralische Haltungen. Würden die Gebote der Bergpredigt nur von einem kleinen Teil der Menschheit tatsächlich gelebt, zumindest im Bemühen, diese Rede hätte die Welt verändert. Und sie hat die Welt verändert: Leipzig im Oktober 1989 war nur ein Beispiel dafür.

Papst Urban II.

„Christus aber befiehlt es!"

Ihr müsst Euren Not leidenden Mitbrüdern, die im Orient leben und schon oft um Unterstützung baten, schleunigst zu Hilfe eilen. Wie den meisten von Euch schon gesagt wurde, haben sich die Türken ausgebreitet bis zu jenem Teil des Mittelmeers, den man den ‚St. Georgs Arm' nennt. Dieses Volk aus Persien hat die Länder der Christen bis zu den Grenzen des Oströmischen Reiches mehr und mehr besetzt und sie in siebenfältigem Kampf besiegt, wobei eine große Anzahl getötet oder gefangen wurden, Kirchen zerstört worden sind und das Reich Gottes verwüstet wurde. Wenn Ihr sie weiter gewähren lasst, werden die Getreuen Diener Gottes im Orient ihrem Ansturm nicht länger gewachsen sein …

… Deshalb bitte ich Euch demütig, nein, nicht ich, sondern der Herr: Drängt alle Leute jedes Standes, Reiter wie Fußsoldaten, Reiche wie Arme, dieses verbrecherische Volk aus unseren Ländern zu verjagen und den Christen rechtzeitig beizustehen. Tut dies als Herolde Christi durch häufige Bekanntmachung. Das sage ich den Anwesenden, an die Abwesenden trage ich es auf, Christus aber befiehlt es.

Papst Urban II. beim Konzil in Clermont im November 1095

*

Ein welthistorisches Ereignis. Eine welthistorische Rede im November 1095. Zum Abschluss des Konzils von Clermont, in der Auvergne, rief das damalige Oberhaupt der katholischen Kirche zum Kreuzzug gegen die Ungläubigen und zur Eroberung Jerusalems auf. Ein Franke erklärt den „Heiligen Krieg". Damit begann eine 200 Jahre dauernde Epoche von Kreuzzügen europäischer Ritterheere in den Orient. Sie schrieben eine blutige und unrühmliche Geschichte. Bis heute ist der „Kreuzzugs-Gedanke" nicht aus dem politischen Vokabular getilgt. Das Verhältnis von Christentum und Islam bleibt bis ins dritte Jahrtausend durch die Kreuzzugsidee belastet.

Die Rede von Papst Urban II. ist überliefert, aber leider in zahlreichen höchst unterschiedlichen Versionen.

Und keiner dieser Texte entspricht der historischen Wahrheit. Die Rede war damals ein Mittel zur politischen Propaganda, und sie blieb es in der Überlieferung der folgenden Jahrhunderte.

Die Idee der Kreuzzüge entstand keineswegs erst nach der Wende zum ersten Jahrtausend. Der Gedanke an die Befreiung des Heiligen Landes aus der Herrschaft muslimischer Völker stand dabei nicht im Vordergrund. An sich waren Kriege ja Angelegenheit des Königs. Dieser war für den inneren und äußeren Frieden verantwortlich. Mit dem Verfall der Autoritäten in Südfrankreich kam es im 9. und 10. Jahrhundert zu anarchischen Situationen. Das Fehdewesen nahm überhand und – das störte die Kirche besonders – selbst Kirchengut war nicht mehr sakrosankt. Daher drängten die kirchlichen Autoritäten auf die Bildung neuer Ordnungsmächte. Die Idee des „Gottesfriedens" wurde diskutiert. Kampfbereite „Friedensmilizen" wurden aufgestellt. Die Ritterschaft erhielt eine neue Aufgabe. Im Dienste Gottes sollten die Ritter Arme, Schwache und die Güter der Kirche schützen.

Gegen heidnische Völker waren schon früher Kirchenfürsten in den Kampf gezogen. Papst Leo IV. ließ gegen Wikinger und Sarazenen kämpfen. Besonders der Kampf gegen die Mauren, die fast ganz Spanien erobert hatten und dort über mehrere Jahrhunderte eine tolerante Herrschaft errichtet hatten, der Spanien auch heute noch viele touristische Glanzlichter – wie etwa die großartige Alhambra in Granada – verdankt, hatte Priorität. Seit 1050 wurde die sogenannte „Reconquista" wieder mit verstärktem Einsatz geführt. Zehn Jahre vor dem Konzil von Clermont war christlichen Ritterheeren die Rückeroberung Toledos geglückt. Auch die Vertreibung der Sarazenen aus Sizilien konnte als Erfolg des militärischen Christentums verstanden werden.

In dieser Situation rief der französische Papst Urban II. die Bischöfe und Äbte zu einer Synode nach Frankreich. Der zeitgenössische Chronist Fulcher von Chartres berichtet:

„Dieses Konzil war gemäß der Ordnung durch Boten in alle Richtungen angekündigt worden und bestand aus 310 Bischöfen und Äbten. Am verabredeten Tag versammelte Urban sie um sich." Im Frühjahr des gleichen Jahres hatte Urban bei der Synode in Piacenza der Hilferuf des byzantinischen Kaisers Alexios I. erreicht. Das oströmische Kaiserreich hatte eine Niederlage im Kampf gegen die arabischen Seldschuken erlitten und seine Provinzen in Kleinasien, insbesondere die Heiligen Stätten in Palästina, verloren.

Fulcher von Chartres ist der einzige Historiker, der relativ zeitnah (er beginnt frühestens sechs Jahre nach dem Konzil mit der Abfassung seines Berichts) vom Ereignis berichtet. Wörtliche Zitate wurden damals von seinen Zeitgenossen keineswegs für bare Münze genommen.

Die Abfassung seiner Chronik „Historia Hierosolymitana" begründet er damit, „nicht dem Vergessen anheimfallen zu lassen, was der Erinnerung wert war". Fulcher von Chartres dürfte am Konzil von Clermont selbst teilgenommen haben, jedenfalls begleitete er den ersten Kreuzzug im Gefolge des Grafen Stephan von Blois-Chartres und später als Kaplan des Grafen Balduin von Boulogne. Er ist kein schlechter Zeitzeuge.

Aber er eignet sich nicht als Propagandist. Seine Berichte sind relativ nüchtern, wenig frömmelnd, fast lakonisch. Die Reaktion auf Urbans Rede liest sich bei Fulcher von Chartres so: „Nach diesen Worten waren die Zuhörer angenehm berührt und viele dachten, nichts sei erstrebenswerter, und versprachen, sofort mitzugehen oder Abwesende ernstlich dazu zu bewegen. Nach der einmütigen Beschlussfassung über alle erwähnten Angelegenheiten und der Erteilung der Absolution reisten alle ab."

Aus anderem Holz ist Robert von Reims geschnitzt. Der Mönch stachelt den Hass auf die Muselmanen auf. Gräuelpropaganda sollte zum Mitmarschieren oder zumindest zu Spenden für die Kreuzfahrer animieren. So schrieb der Abt des Klosters von Saint-Remi nach Beendigung des ersten Kreuzzugs eine Ergänzung der „Gesta Francorum", in der er auch der Rede von Papst Urban II. drastische Bilder hinzufügt: „Sie beschneiden die Christen und das Blut der Beschneidung gießen sie auf den Altar oder in die Taufbecken. Es gefällt ihnen, andere zu töten, indem sie ihnen die Bäuche aufschneiden, ein Ende der Därme herausziehen und an einen Pfahl binden. Unter Hieben jagen sie sie um den Pfahl, bis die Eingeweide hervordringen und sie tot auf den Boden fallen. Ihr solltet von dem Umstand berührt sein, dass das Heilige Grab unseres Erlösers in der Hand des unreinen Volkes ist, das die Heiligen Stätten schamlos und gotteslästerlich mit seinem Schmutz besudelt."

In den oft wesentlich später verfassten Versionen der Kreuzzugs-Rede wird nie auf den Zeitgenossen Fulcher von Chartres Bezug genommen. Dafür wurden die aufwühlenderen Texte der Papstrede in vielen Kopien unters Kirchenvolk gebracht. Da wird das Konzil so groß und mächtig, dass es aus Platzgründen außerhalb der Stadtmauern abgehalten werden muss. Bernold von Konstanz schreibt: „Zu dieser Hilfeleistung flehte der Papst viele Leute so an, dass sie ihm sogar mit einem Eide versprachen, mit Gottes Hilfe dorthin zu ziehen. Es kamen ungefähr 4.000 Kleriker und 30.000 Laien zusammen ... Tatsache ist auch, dass eine so große Menschenmenge zusammenströmte, dass sie keine dortige Kirche aufnehmen konnte. Daher musste der Herr Papst außerhalb der Stadt auf freiem Feld zelebrieren ..."

Papst Urban II. predigt – laut dieser Überlieferung – so begeisternd, dass hunderte Ritter niederknien und sich das rote Kreuz an den Mantel heften und der Ruf „Gott will es" über die Stadt erschallt.

Wie es aus dem Dunkel der Geschichte auch herleuchten mag: Der Kreuzzugsaufruf auf der Synode übertraf die Erwartungen. Urban II. hatte einen Nerv der Zeit getroffen. Es entstand eine echte Massenbewegung in Europa, tausende, zehntausende Ritter rüsteten sich für den Kreuzzug über den Balkan und Konstantinopel nach Kleinasien und schließlich bis nach Jerusalem. Eine Mischung aus religiösem Fanatismus, Abenteuerlust und der Hoffnung auf sagenhafte Reichtümer des Orients verdichtete sich zur Kreuzzugsidee. Vor allem jüngere Adelige, Ritter, die keine Chance auf das Erbe ihrer Väter hatten, sahen eine Möglichkeit, Land zu erobern und zu herrschen. Die Kreuzfahrer waren in Goldgräberstimmung.

Den Ritterheeren folgten verarmte Bauern, sie flohen vor den unerträglichen Lebensumständen, vor weitgehender Rechtlosigkeit gegenüber den Grundherren und setzten ihre Hoffnungen auf einen Neubeginn im „Gelobten Land". Papst Urban hatte allen, die am Zug nach Jerusalem teilnehmen würden, das Ende der Leibeigenschaft in Aussicht gestellt.

Die Kirche versprach für die Reise nach Jerusalem beträchtliche Wohltaten: Von der Kirche verhängte Bußstrafen wie der Ausschluss von den Sakramenten konnten gegen Geldspenden oder andere Verdienste erlassen werden. „Wer nur aus Frömmigkeit, und nicht zur Erlangung von Ehre oder Geld zur Befreiung der Kirche Gottes nach Jerusalem gegangen ist, dem soll die Reise auf jede Buße angerechnet werden."

In der Werbung für den Feldzug wurde dann mehr versprochen, als das Kirchenrecht damals vorsah: die Vergebung der Sünden. Dem so umworbenen und theologisch minder versierten Gläubigen tat sich damit die Aussicht auf, an den Pforten des Himmels gnädig empfangen zu werden. Fulcher von Chartres lässt den Papst sagen, was offenbar in vielen Kirchen gepredigt wurde: Die Teilnahme am Kreuzzug führe zur Vergebung aller

Sünden und damit direkt ins Himmelreich. „Allen jedoch, die dorthin gehen, wird die sofortige Vergebung der Sünden zuteil, wenn sie, sei es auf dem Marsch, bei der Überfahrt oder im Kampf gegen die Heiden, ihr Leben vorzeitig verlieren."

Die kirchengeschichtliche Forschung geht davon aus, dass der Papst noch einen Hintergedanken hatte: dass er sich von einem Sieg über die Muslime, von der Sicherung von Byzanz und von der Eroberung Jerusalems außerdem die Möglichkeit versprach, die byzantinische Ostkirche zur Anerkennung des päpstlichen Anspruches auf Oberhoheit zu bewegen und damit die Kirchenspaltung von 1054 überwinden zu können: „Nicht Jerusalem, Byzanz war das Ziel", schreibt Rudolf Pörtner in seinem Buch „Operation Heiliges Grab". Das Ziel, die Einheit zwischen Rom und der Ostkirche herzustellen, wurde bis heute nicht erreicht.

Doch vor dem Ritterheer zog bereits ein „Volkskreuzzug" los. Der Eremit Peter von Amiens hatte die Besitzlosen im deutschen Rheinland zum Kreuzzug angestachelt. Ein Heer von Menschen, die nichts hatten und nichts verlieren konnten, versammelte sich, zog mordend und stehlend durch Trier, Mainz und Köln. Ehe der muslimische Glaubensfeind besiegt werden könne, sollten die Christenfeinde im eigenen Land sterben. So begann der Mob, die jüdische Bevölkerung zu massakrieren. Viele Juden begingen Selbstmord, um der Losung „Taufe oder Tod!" zu entkommen. Die kirchliche Autorität konnte den brandschatzenden Mob nicht unter Kontrolle bringen.

Peter von Amiens gelangte tatsächlich mit seiner „Truppe" bis nach Konstantinopel. Der oströmische Kaiser Alexios I. Komnenos war entsetzt, als er sich dem zerlumpten Haufen gegenübersah. Er hatte ein Ritterheer als Hilfe gegen die Seldschuken erbeten, keine plündernden Mörderbanden. Niemals würden diese „Kreuzfahrer" gegen die Seldschuken bestehen können. Er hatte recht. Nach einigen kleineren Scharmützeln wurde der „Volkskreuzzug" im Oktober 1096 völlig aufgerieben.

Zu diesem Zeitpunkt waren die gewaltigen Ritterheere aus Frankreich und Deutschland bereits drei Monate auf ihrem Weg in Richtung Konstantinopel. Es hatte Monate gedauert, ehe man sich auf eine gewisse Führungsstruktur hatte einigen können. Viel zu viele, viel zu eitle und viel zu ehrgeizige Fürsten hatten sich da auf den Weg gemacht. Die wichtigsten Herrscher des Abendlandes waren als Anführer des Kreuzzuges ausgefallen. Der Papst hatte die allerchristlichsten Könige mit dem Kirchenbann belegt. Ohne eindeutige Führung kam die Plan- und Konzeptlosigkeit dieses Unternehmens zum Tragen.

Nach dem Schrecken, den die Horden des Peter von Amiens in Konstantinopel ausgelöst hatten, folgte nun die nächste Enttäuschung. Der Kaiser von Byzanz hatte Söldner erwartet, nicht aber Heere mit eigenen Befehlshabern, die noch dazu als eigentliches Ziel die Aneignung eroberter Landstriche und Städte hatten, während Alexios I. doch tatkräftige und uneigennützige Hilfe bei der Rückeroberung „seines" Reichs erhofft hatte. Es war eine etwas naive Hoffnung. Immerhin hatte das Konzil von Clermont festgeschrieben, dass eroberte Gebiete an die Kirche, nicht an den Kaiser Konstantinopels fallen würden. „Mit einmütigem Beifall wurde dekretiert, dass jede Stadt jenseits des Meeres, die den Heiden entrissen werden kann, für immer ohne Widerspruch behalten werden soll."

Alexios I. war durchaus froh, als die Ritterheere Konstantinopel Richtung Osten verließen und sich der von zehntausenden Hufen aufgewirbelte Staub legte. Der Feldzug entwickelte sich zwar nicht unbedingt nach Plan – Hitze, fehlender Nachschub, Scharmützel, Krankheiten und interne Streitigkeiten lähmten den Vormarsch. Immerhin erreichte der 1. Kreuzzug nach drei Jahren sein Ziel: Jerusalem.

Die Stadt wurde sechs Wochen lang belagert und schließlich unter großen Verlusten erobert. Die christlichen Kreuzritter brachten der Bevölkerung des „himmlischen" Jerusalems die Hölle auf Erden. Der religiöse Fanatismus, die Mordlust und die

Gier nach Beute verdichteten sich zu einem Blutrausch. Die moslemische Bevölkerung wurde grausam hingeschlachtet.

Im Gebiet der heutigen Küstenregionen Israels, des Libanon und Syriens entstanden vier Kreuzritter-Staaten, die bald untereinander in heftigem Streit lagen.

Für 90 Jahre wurde Jerusalem von einem christlichen Fürsten regiert, ehe Sultan Saladin Jerusalem am 2. Oktober 1187 eroberte. Das abendländische Europa reagierte mit immer neuen Kreuzzugsunternehmen, um das „Heilige Land" unter militärische und politische Kontrolle zu bringen. Die Geschichtsschreibung zählt sieben Kreuzzüge, die aber keineswegs als einheitliche Operation geplant und durchgeführt worden sind. Insgesamt hat es – je nach Zählweise – fast zwei Dutzend Kreuzzüge gegeben.

Im Frühsommer des Jahres 1212 versuchten tausende Jugendliche aus Deutschland und Frankreich nach Jerusalem zu kommen. Dieser sogenannte „Kinderkreuzzug" überquert die Alpen, möglicherweise über den Brenner-Pass, und gelangt schließlich bis nach Genua. Das erhoffte Wunder bleibt freilich aus. Das Meer teilt sich nicht, die Gebete der etwa 7000 „pueri et puellas" (Knaben und Mädchen) bleiben unerhört. Die Klügeren versuchen sich wieder nach Hause durchzuschlagen, andere schaffen es auf Galeeren, die Richtung Palästina ablegen. Sie werden von Piraten entführt und als Sklaven verkauft. Jerusalem erreicht kein einziger Teilnehmer des „Kinderkreuzzugs".

Die Konzilsrede von Papst Urban II. markiert den Beginn von 200 Jahren Krieg im Namen des Kreuzes. Machtinteressen und die Sicherung von Handelsvorteilen bestimmen die Kämpfe. Es geht um die Vorherrschaft im Nahen Osten. Und so sinnlos und blutig die Kämpfe auch waren, die Zeit der Kreuzzüge öffnet die Reiche der abendländischen Christenheit für die vielfältigen Einflüsse des Ostens. Zahlreiche Legenden, Sagen und Romane schöpfen Kraft und Faszination aus der Zeit der Kreuzritter. An der Wiener Südeinfahrt steht eine gotische Säule, die „Spinnerin am Kreuz". Sie erinnert an eine brave Frau des Ritters, die tagaus, tagein auf der Kuppe des Wienerberges auf die Rückkehr ihres Gatten wartete und dabei Garn zu Wolle spann. Mit dem Erlös ihrer Hände Arbeit stiftete die fleißige Dame den Bau der Säule. Der Sage nach kam der Ritter nach drei Jahren aus dem Morgenland zurück, und alles war gut. Tatsächlich markiert die gotische Säule die äußerste Grenze der Wiener Stadtgerichtsbarkeit. Unweit der „Spinnerin am Kreuz" befand sich auch der Richtplatz. Dort wurden hunderte Verurteilte erhängt oder geköpft.

Das Kreuzzugsunternehmen hatte dem römischen Papsttum die Führungsrolle innerhalb der abendländischen Christenheit gesichert. Das eigentliche Ziel, die Beherrschung Palästinas und der christlichen Stätten des Orients, wurde verfehlt. Machtgier, Geldgier und blutiger Grausamkeit fiel das friedliche Zusammenleben der drei Weltreligionen Islam, Judentum und Christentum zum Opfer. Auch das vielleicht wichtigste Ziel von Papst Urbans II. konnte nicht erreicht werden: die Überwindung der Kirchenspaltung.

Martin Luther

„Widerrufen kann und will ich nichts, weil es weder sicher noch geraten ist, etwas gegen sein Gewissen zu tun!"

Allergnädigster Herr und Kaiser!
Durchlauchtigste Fürsten! Gnädigste Herrn!

Ich erscheine gehorsam zu dem Zeitpunkt, der mir gestern Abend bestimmt worden ist, und bitte die allergnädigste Majestät und die durchlauchtigsten Fürsten und Herren um Gottes Barmherzigkeit willen, sie möchten meine Sache, die, hoffe ich, gerecht und wahrhaftig ist, in Gnaden anhören. Und wenn ich aus Unkenntnis irgendjemand nicht in der richtigen Form anreden oder sonst in irgendeiner Weise gegen höfischen Brauch und Benehmen verstoßen sollte, so bitte ich, mir dies freundlich zu verzeihen; denn ich bin nicht bei Hofe, sondern im engen mönchischen Winkel aufgewachsen und kann von mir nur dies sagen, dass ich bis auf diesen Tag mit meinen Lehren und Schriften einzig Gottes Ruhm und die redliche Unterweisung der Christen einfältigen Herzens erstrebt habe ...

Allergnädigster Kaiser, durchlauchtigste Fürsten! Mir waren gestern durch Eure allergnädigste Majestät zwei Fragen vorgelegt worden, nämlich ob ich die genannten, unter meinem Namen veröffentlichten Bücher als meine Bücher anerkennen wollte, und ob ich dabei bleiben wollte, sie zu verteidigen, oder bereit sei, sie zu widerrufen. Zu dem ersten Punkt habe ich sofort eine unverhohlene Antwort gegeben, zu der ich noch stehe und in Ewigkeit stehen

47

werde: Es sind meine Bücher, die ich selbst unter meinem Namen veröffentlicht habe, vorausgesetzt, dass die Tücke meiner Feinde oder eine unzeitige Klugheit darin nicht etwa nachträglich etwas geändert oder fälschlich gestrichen hat. Denn ich erkenne schlechterdings nur das an, was allein mein eigen und von mir allein geschrieben ist, aber keine weisen Auslegungen von anderer Seite.

Hinsichtlich der zweiten Frage bitte ich aber Euer allergnädigste Majestät und fürstliche Gnaden dies beachten zu wollen, dass meine Bücher nicht alle den gleichen Charakter tragen.

Die erste Gruppe umfasst die Schriften, in denen ich über den rechten Glauben und rechtes Leben so schlicht und evangelisch gehandelt habe, dass sogar meine Gegner zugeben müssen, sie seien nützlich, ungefährlich und durchaus lesenswert für einen Christen. Ja, auch die Bulle erklärt ihrer wilden Gegnerschaft zum Trotz einige meiner Bücher für unschädlich, obschon sie sie dann in einem abenteuerlichen Urteil dennoch verdammt. Wollte ich also anfangen, diese Bücher zu widerrufen – wohin, frag ich, sollte das führen? Ich wäre dann der einzige Sterbliche, der eine Wahrheit verdammte, die Freund und Feind gleichermaßen bekennen, der Einzige, der sich gegen das einmütige Bekenntnis aller Welt stellen würde!

Die zweite Gruppe greift das Papsttum und die Taten seiner Anhänger an, weil ihre Lehre und ihr schlechtes Beispiel die ganze Christenheit sowohl geistlich wie leiblich verstört haben. Das kann niemand leugnen oder übersehen wollen. Denn jedermann macht die Erfahrung, und die allgemeine Unzufriedenheit kann es bezeugen, dass päpstliche Gesetze und Menschenlehren die Gewissen der Gläubigen aufs Jämmerlichste verstrickt, beschwert und gequält haben, dass aber die unglaubliche Tyrannei auch Hab und Gut verschlungen hat und fort und fort auf empörende Weise weiter verschlingt, ganz besonders in unserer hochberühmten deutschen Nation ...

... Wollte ich also diese Bücher widerrufen, so würde ich die Tyrannei damit geradezu kräftigen und stützen, ich würde dieser

Gottlosigkeit für ihr Zerstörungswerk nicht mehr ein kleines Fenster, sondern Tür und Tor auftun, weiter und bequemer, als sie es bisher je vermocht hat. So würde mein Widerruf ihrer grenzenlosen, schamlosen Bosheit zugutekommen, und ihre Herrschaft würde das arme Volk noch unerträglicher bedrücken, und nun erst recht gesichert und gegründet sein, und das umso mehr, als man prahlen wird, ich hätte das auf Wunsch Eurer allergnädigsten Majestät getan und des ganzen Römischen Reiches. Guter Gott, wie würde ich da aller Bosheit und Tyrannei zur Deckung dienen! ...

... Aber ich bin ein Mensch und nicht Gott. So kann ich meinen Schriften auch nicht anders beistehen, als wie mein Herr Christus selbst seiner Lehre beigestanden hat. Als ihn Hannas nach seiner Lehre fragte und der Diener ihm einen Backenstreich gegeben hatte, sprach er: „Habe ich übel geredet, so beweise, dass es böse gewesen sei." Der Herr selbst, der doch wusste, dass er nicht irren könnte, hat also nicht verschmäht, einen Beweis wider seine Lehre anzuhören, dazu noch von einem elenden Knecht. Wie viel mehr muss ich erbärmlicher Mensch, der nur irren kann, da bereit sein, jedes Zeugnis wider meine Lehre, das sich vorbringen lässt, zu erbitten und zu erwarten. Darum bitte ich um der göttlichen Barmherzigkeit willen, Eure allergnädigste Majestät, durchlauchtigste fürstliche Gnaden oder wer es sonst vermag, er sei höchsten oder niedersten Standes, möchte mir Beweise vorlegen, mich des Irrtums überführen und mich durch das Zeugnis der prophetischen oder evangelischen Schriften überwinden. Ich werde völlig bereit sein, jeden Irrtum, den man mir nachweisen wird, zu widerrufen, ja, werde der Erste sein, der meine Schriften ins Feuer wirft.

Es wird hiernach klar sein, dass ich die Nöte und Gefahren, die Unruhe und Zwietracht, die sich um meiner Lehre willen in aller Welt erhoben haben, und die man mir gestern hier mit Ernst und Nachdruck vorgehalten hat, sorgsam genug bedacht und erwogen habe ...

... Weil denn Eure allergnädigste Majestät und fürstlichen Gnaden eine einfache Antwort verlangen, will ich sie ohne Spitzfindigkeiten und unverfänglich erteilen, nämlich so: Wenn ich nicht mit Zeugnissen der Schrift oder mit offenbaren Vernunftgründen besiegt werde, so bleibe ich von den Schriftstellen besiegt, die ich angeführt habe, und mein Gewissen bleibt gefangen in Gottes Wort. Denn ich glaube weder dem Papst noch den Konzilien allein, weil es offenkundig ist, dass sie öfters geirrt und sich selbst widersprochen haben. Widerrufen kann und will ich nichts, weil es weder sicher noch geraten ist, etwas gegen sein Gewissen zu tun.

Gott helfe mir, Amen.

Martin Luther auf dem Reichstag zu Worms am 18. April 1521

*

Er hat es nicht gesagt. Das berühmteste Zitat von Martin Luther auf dem Reichstag von Worms ist eine Erfindung: „Hier stehe ich und kann nicht anders!" Eine Legende, eine Nachschöpfung von Zeitgenossen. Der Satz hätte zum Augustinermönch gepasst: Einem streitbaren Professor der Universität Wittenberg, der sich mit den Spitzen der damaligen Welt angelegt hatte: mit Papst und Kaiser, in dieser Reihenfolge.

Martin Luther sagte nach seiner „Predigt" vor den Reichsfürsten und vor dem jungen Kaiser Karl V.: „Amen". So beschloss Luther alle Predigten. Und als er den viel zu engen Raum auf der Pfalz zu Worms verlassen konnte, wurde er nicht auf den Scheiterhaufen geführt, sondern zurück in einen Wormser Gasthof. Da sagte Luther: „Ich bin hindurch!"

Es hätte auch anders kommen können. Zwar hatte der 20-jährige Kaiser Karl V. persönlich dem Mönch freies Geleit schriftlich zugesagt, doch das Beispiel des böhmischen „Ketzers" Jan Hus war allen geläufig. Auch dieser war unter der Zusage des freien Geleits zu einem Reichstag nach Konstanz am Bodensee vorgeladen worden und ungeachtet der kaiserlichen Zusagen verhaftet und auf dem Scheiterhaufen verbrannt worden. Was zählte ein Versprechen des Kaisers an einen Häretiker, an einen deutschen Mönch?

Der Prediger und Professor aus Wittenberg hatte soeben dem Kaiser die Stirn geboten. Er war vorgeladen worden, um seinen Schriften und Büchern abzuschwören. Papst Leo X. in Rom hatte ihn mit seiner Bulle „Decet Romanum Pontificem" am 3. Januar 1521 gebannt. Dem päpstlichen Bannfluch sollte nunmehr seine Ächtung durch Kaiser Karl V. folgen. Der Kaiser musste nur noch den logischen zweiten Schritt setzen, die Reichsacht verhängen. Damit wäre Martin Luther vogelfrei, ein toter Mann.

Doch die Reichsfürsten wollen Luther eine Chance geben, sie müssen es tun. Denn längst hat der Theologe aus Wittenberg viele Menschen im Deutschen Reich für seine Sache begeistern können. Mit dem Anschlag seiner 95 Thesen am Tor der Kirche zu Wittenberg hat Martin Luther einen Konflikt eröffnet. Sein Gegner ist das – verrottete – römische Papsttum. Die Missstände, die der Theologieprofessor anprangert, schreien wahrlich gegen den Himmel. Die Lehre Christi ist in den Händen einer machtbewussten Kirchenhierarchie pervertiert worden. Zentraler Angriffspunkt Luthers ist das Unwesen des Ablasshandels. Die kirchenrechtliche Institution des „Ablasses" ermöglicht die Verkürzung oder gar den gänzlichen Entfall höllischer Strafen im Fegefeuer auf besondere Fürbitten der kirchlichen Oberen. Voraussetzung dafür ist freilich, dass die Schuld durch echte Reue bereits vor Gott getilgt ist. Jahrhundertelang hat die katholische Kirche die Angst vor dem Fegefeuer, die Angst vor der ewigen Verdammnis in der Hölle mit allen zur Verfügung stehenden drastischen Mitteln geschürt. Nun wird der Glaube der Menschen in Bargeld umgemünzt. Der Religionssoziologe Horst Herrmann bringt das Geschehen auf eine höchst einprägsame Formel: „Das lateinische Wort ‚credere' (glauben) kannten Welt und Kirche nämlich eher vom neutralen Partizip des Perfekts her als im persönlichen Präsens, denn alle Welt hatte häufiger mit dem ‚creditum', seltener mit dem ‚credo' zu schaffen".

Die deutsche Kirche war in den Tagen der Renaissance eine Adelskirche. Bischof, Erzbischof, gar Kardinal wurde man nicht durch besonders gottesfürchtiges Leben, Glaubenstreue und menschliche Güte. Die Titel und die damit verbundenen Ländereien, Einkünfte und die Macht – etwa das Recht, als Kurfürst den Kaiser wählen (und dafür kassieren) zu dürfen – musste man kaufen. Denn die deutschen Bischöfe waren als Inhaber von Reichslehen zu Trägern weltlicher Hoheitsrechte geworden. Sie beherrschten ganze Landstriche, wie etwa die – auch von Luther angesprochene – „pfaffen gaß" der Bischöfe von Mainz, Trier und Köln, und mussten sich daher nicht nur als Fürsten fühlen. Sie waren Fürsten. Und sie blieben es.

Das Fass zum Überlaufen brachte Albrecht von Brandenburg. Der junge Fürst aus dem Haus der Hohenzollern sammelte Bischofssitze. Nach dem Erzbistum Magdeburg hatte er auch das Bistum Halberstadt günstig erworben, 1517 wollte er auch noch das Mainzer Erzbistum. Kirchenrechtlich war das unmöglich. Ein Mann als dreifacher Bischof.

Gott sei Dank gab es für den Papst in Rom das kirchenrechtliche Instrument der Dispens, eine Ausnahme von der Regel. Diese in einem so vertrackten Fall zu erhalten, war teuer: Albrecht zahlte an Papst Leo X. die ungeheure Summe von 24.000 Dukaten. Und da der Hohenzoller nicht gut bei Kasse war, musste die Bankiersdynastie Fugger, sie hatte damals bereits eine Art Monopol in derartigen Finanztransaktionen mit dem Heiligen Stuhl, einen Kredit gewähren. Die Banker jener Tage schauten ziemlich genau auf die Kreditwürdigkeit ihrer Kunden und handelten eine scheinbar „gottgefällige" Sicherheit aus. Albrecht von Brandenburg sollte, um seine Schulden inklusive saftiger Zinsen zurückzahlen zu können, den Ablasshandel in Deutschland als Monopolgeschäft betreiben dürfen. Die Einnahmen sollten halbe-halbe zwischen dem Papst in Rom und Albrecht geteilt werden.

Das Geschäft gefiel allen Beteiligten. Der Papst bekam eine horrende Geldsumme zur Finanzierung seiner italienischen Kriegsgeschäfte, Albrecht erhielt ein zusätzliches Bistum und damit verbunden zwei von sieben Stimmen bei der Kaiserwahl. Und das Bankhaus Jakob Fugger hatte ein feines Kreditgeschäft mit exzellenter Absicherung von Kapital und Zinsen gemacht.

Dieses „Creditum" würde man sich nicht vom „Credo" eines Wittenberger Mönchs zerstören lassen. Martinus Luther hatte jedoch mit seinem Protest gegen den skandalösen Ablasshandel und gegen die Praktiken des römischen Papsttums und deren lokaler Vertreter hunderttausende Anhänger gewonnen, darunter auch zahlreiche Fürsten.

So musste sich Kaiser Karl V. mit diesem leidigen Thema, das ihn wenig interessiert haben dürfte, herumschlagen. Die Ausführungen des Mönchs, der sich zur Feier des Tages eine besonders auffallende Tonsur hatte scheren lassen, bewegten den Spanier, der erst vor Kurzem zum deutschen Kaiser gewählt worden war, kaum.

Der Habsburger sprach kein Wort Deutsch und wollte sich eigentlich zuerst um sein eigentliches Reich, Spanien, kümmern. Dort ging es drunter und drüber, seine Abreise über England und die Niederlande nach Deutschland war eher eine Flucht. Dennoch, die ihm unbekannten deutschen Lande mochte Karl V. nicht. Selbst seine Wahl zum deutschen Kaiser hatte er nur in Abwesenheit angenommen. Und mit der Causa Luther wollte sich der Kaiser schon gar nicht beschäftigen. Die Querelen der deutschen Fürsten, die theologischen Ansichten eines unbedeutenden Mönchs erforderten keine kaiserliche Aufmerksamkeit. Doch die deutschen Reichsstände erzwingen die Vorladung Luthers zum Reichstag in Worms. Und da steht er nun, der Mönch, der gelehrte Professor in brauner Kutte.

In „Disputationes" – also Streitgesprächen – war Luther geübt. Der Gelehrte hatte nicht nur im Oktober 1518 vor dem

Augsburger Reichstag das Verhör des extra aus Rom angereisten Kardinals Thomas Cajetan de Vio mit Bravour bestanden und dem römischen Papst vorgeworfen, er sei schlecht informiert. Luther trat auch im Hochsommer 1519 in Leipzig mit dem Theologen Johannes Maier aus Eck (kurz Johann Eck genannt) in einen dreiwöchigen „Disput". Dieser Johann Eck galt zu seiner Zeit als gefeierter Streitredner und wortgewaltiger Verteidiger des Papsttums. In diesem Leipziger Streitgespräch bilden sich die Eckpunkte der Lutherschen Lehre aus: Die Kirche braucht kein weltliches Oberhaupt, weil Christus der eigentliche Führer ist. Die Kirche ist auf dem Felsen des Christus-Glaubens gebaut und keineswegs auf den Apostel Petrus und alle seine Nachfolger in Rom. Und Luther greift nicht nur die Institution des Papsttums und damit die gesamte katholische Hierarchie an. Er attackiert auch die Konzile und zweifelt ihre Urteilsfähigkeit an. Konzile können sich nicht nur irren, sie haben nachweislich Irrtümer begangen, wirft Luther seinem Gegenspieler Johann Eck den endgültigen Fehdehandschuh hin. Nicht Päpste, nicht Konzile können den christlichen Glauben definieren. Was zählt, ist einzig die Heilige Schrift als Quelle und Richtschnur des Glaubens. Das ist das Prinzip der Reformation.

Vor dem Kaiser in Worms formuliert Martin Luther seine erprobten Thesen. Der Kaiser muss sich die Verteidigung übersetzen lassen. Denn Luther spricht deutsch, obwohl ihm, dem Gelehrten aus Wittenberg, die entscheidenden Fragen zuerst auf Latein vorgetragen werden. Johann von Eicken, ein bischöflicher Beamter aus Trier, stellt die Fragen an Luther. Stammen die vorgelegten Schriften von ihm, widerruft er deren Inhalt? Mehr gibt es nicht zu fragen, kurze klare Antworten werden eingefordert. In der Stube auf der Reichspfalz ist es eng. Der Kaiser, der ohnehin nichts versteht, will seine Zeit für Wichtigeres verwenden. Doch Martin Luther erkennt die Schriften als aus seiner Feder stammend an, bittet aber um Bedenkzeit in Sachen Widerruf. Kaiser Karl V. zeigt sich nicht abgeneigt, dem Mönch eine Frist zu gewähren, die Kardinalspartei opponiert dagegen, es gehe schließlich um einen Widerruf, um nichts anderes.

Luthers Taktik geht auf. 24 Stunden lang kann er über seine Antwort nachdenken. Im Gasthof skizziert Luther seine Verteidigungsrede, er darf sie nicht vom Blatt lesen. Er muss in freier Rede antworten. Für den erfahrenen Prediger sollte dies kein Problem sein, aber diesmal geht es um Kopf und Kragen.

Am nächsten Tag wird Luther neuerlich zum Verhör geführt, in Begleitung von sechs Doktoren der Universität Wittenberg bringen ihn Reichsmarschall Ulrich von Pappenheim und der Reichsherold Caspar Sturm vor den Reichstag. Auf den Straßen steht das Volk dicht gedrängt. Schon die Fahrt von Wittenberg nach Worms hatte sich zum Triumphzug gewandelt. Doch Luther ist Angeklagter, nicht Held. So wird der Mönch über Hinterhöfe und Hintertreppen in die Pfalz gebracht.

Diesmal sind noch mehr hochadelige Zuschauer gekommen. Sie spüren den weltgeschichtlichen Moment. Dieser Tag wird die Spaltung des Deutschen Reichs markieren. Er wird eine weitere Teilung der Kirche, den Abfall vieler Millionen Katholiken vom alten, römischen Glauben bringen. Und die Worte in Worms werden schon in wenigen Jahren zum Kampf unter den deutschen Fürsten führen. Ein knappes Jahrhundert später verwüstet der Dreißigjährige Krieg Europa, ein Drittel der Bevölkerung wird ausgerottet, werden Wunden hinterlassen, die Jahrhunderte brauchen, bis sie verheilen. Und bis heute die politische Landkarte Deutschlands zeichnen: katholische Länder und protestantische Fürstentümer.

Im Gedränge und Gewühl der Versammlung kommt Luther mitten unter die deutschen Reichsfürsten zu stehen. Dort gehört er nicht hin, aber an seiner Person wird sich ein Land spalten.

Seine Verteidigungsrede baut Luther geschickt auf, er widerruft nicht, deutet aber ein Nachgeben an. Falls ihn der Kaiser beziehungsweise die Fürsten auf Basis der Heiligen Schrift widerlegen könnten, ihm Fehler oder Irrtümer nachweisen sollten, dann würde er selbstverständlich nicht zögern, seine „buecher in das feür zue werffen" (seine Bücher ins Feuer zu werfen).

Der Mönch will den Kaiser auf sein Feld locken, mit ihm theologisch disputieren. Ein wagemutiges Ansinnen. Im Grunde darf sich der Kaiser auf keine Diskussion, keinen Handel einlassen. Der Papst in Rom hat gesprochen, Karl V. muss eigentlich das Urteil des Stellvertreters Christi auf Erden umsetzen. Und in einer theologischen Disputation hätte der 20-jährige Kaiser gegen den gelehrten Universitätsprofessor keine Chance. Außerdem hat Luther die Wahrheit auf seiner Seite.

Eine zeitgenössische Flugschrift aus dem Jahre 1521, gedruckt in Augsburg, gibt das Geschehen wieder: Luther wird von Johann Eck ermahnt, die Fragen klar zu beantworten.

Der Reichstag sei nicht der Ort, um über Dinge zu disputieren, die vonseiten der Kirche längst verworfen worden wären. Luther beharrt standhaft auf seinen Meinungen. Er gibt an, weder dem Urteil des Papstes noch dem der Konzile zu trauen, sondern er würde sich lieber auf sein Gewissen verlassen: „So mag ich, noch will, kain wort nit Corrigiern oder widerruffen, dieweyl wider das gewissen beschwärlich und unhaylsam zuhandlen auch geferlich ist".

Den Reichsständen und Fürsten reicht diese Antwort. Im Saal ist es unbequem, selbst bedeutende Kurfürsten haben keinen Sitzplatz erhalten. Man drängt zum Aufbruch. Dem deutschen Kaiser, der nichts verstanden hat, reicht es auch. Er winkt den Herold herbei und befiehlt, Luther aus dem Saal zu führen: Abführen oder rausführen? Luthers Anhänger fürchten eine Verhaftung: Gemurre, Proteste, der Griff zum Schwert. Doch Kaiser Karl V. hält sich an sein Versprechen: freies Geleit für 21 Tage. Danach gilt die Reichsacht.

Am nächsten Morgen verkündet der Kaiser sein „Credo". Ein Habsburger-Kaiser darf sich im Glauben nicht von einem Häretiker übertreffen lassen. Die Einheit von Papst- und Kaisertum muss zumindest formal gewahrt werden. Er grenzt sich von

Luther ab und trennt seine Welt von der des Mönchs Martin Luther. Eine klare Sache für den Kaiser. Er ahnt nicht, dass er damit die Kurfürsten des Deutschen Reichs spaltet und Jahrzehnte blutiger Kriege auslöst. Es bricht eine neue Zeit an.

Für den Kaiser ist die Sache abgetan, er kann endlich Deutschland verlassen. Er glaubt, einen Schlusspunkt gesetzt zu haben. Ein weltgeschichtlicher Irrtum.

Luther ist zu diesem Zeitpunkt bereits verschollen. Sein Landesfürst Friedrich von Sachsen hatte ihn in aller Heimlichkeit auf der Rückreise in einem Waldstück „entführen" und auf die Wartburg bringen lassen. Dort wird der „Junker Jörg" versteckt gehalten. Die reformatorische Bewegung entfaltet die Kraft ohne Mitwirkung von Martin Luther. Die mächtigen Fürsten des Reichs hatten schon längst begonnen, die Ideen des Augustinermönchs für ihre Zwecke zu nutzen.

Maximilien de Robespierre

„Ich fühle mich berufen, das Verbrechen zu bekämpfen, nicht aber, über das Verbrechen zu herrschen"

Man muss die Verräter bestrafen, die Büros des Sicherheitsausschusses neu besetzen, den Ausschuss selbst säubern und ihn dem Wohlfahrtsausschuss unterordnen; man muss den Wohlfahrtsausschuss selbst säubern, die Einheit der Regierung unter der höchsten Autorität des Nationalkonvents, der der Mittelpunkt und der Schiedsrichter sein soll, wiederherstellen, und also alle Parteien unter dem Gewicht der nationalen Autorität erdrücken, um auf ihren Trümmern die Macht der Gerechtigkeit und der Freiheit aufzurichten. Das sind die Grundsätze ...

Ich fühle mich berufen, das Verbrechen zu bekämpfen, nicht aber, über das Verbrechen zu herrschen. Die Zeit ist noch nicht gekommen, wo die rechtschaffenen Menschen ohne Gefahr dem Vaterland dienen können; solange die Horde der Schurken regiert, werden die Verteidiger der Freiheit geächtet sein."

Maximilien de Robespierre vor dem Nationalkonvent am 26. Juli 1794 (8. Thermidor II)

*

Es ist die letzte Rede Maximilien de Robespierres.

Sie wird eine weltgeschichtliche Wende einläuten. Das Ende der Französischen Revolution. Robespierre hat das Rad zu weit und zu schnell gedreht. Aus der Revolution gegen ein bankrottes und korruptes Adelsregime mit König Ludwig XVI. an der Spitze hat sich in den fünf Jahren seit dem Sturm auf die Bastille in Paris eine Schreckensherrschaft etabliert. Die Revolutionäre werden Opfer der Revolution.

Robespierres Kopf fällt unter der Guillotine, der eigens für rationelle, „saubere" Hinrichtungen entworfenen Tötungsmaschine, die zum Wahrzeichen der Revolution geworden war. Mit dem Anspruch auf „Freiheit, Gleichheit und Brüderlichkeit" hat die Revolution 26 Millionen Franzosen und darüber hinaus ganz Europa in ihren Bann gezogen. Sie endet im Terror-Regime.

Die Französische Revolution, vor allem ihr Scheitern, hat den Boden für die Militärdiktatur von Napoléon Bonaparte und den Siegeszug der französischen Armeen quer durch Europa bis vor die Tore Moskaus ermöglicht.

Am 8. Thermidor – die Jakobiner haben eine eigene Zeitrechnung eingeführt – hält Robespierre eine lang erwartete Rede im Konvent. Er verlangt trotz des immer stärker werdenden Überdrusses gegen die Politik der staatlichen Willkür die Fortsetzung der Herrschaft der „Tugend und des Terrors" und einen „gesäuberten" Wohlfahrtsausschuss.

Die Rede ist voll von dunklen, aber unbestimmten Drohungen. Jeder muss sich bedroht fühlen. Als Robespierre aufgefordert wird, die Namen der von ihm Beschuldigten zu nennen, schweigt der Revolutionsführer und sorgt damit dafür, dass die Zahl derer, die um ihr Leben zittern, weiter wächst. Er fällt damit sein Todesurteil. Schon am nächsten Tag schlägt der Nationalkonvent zu. Robespierre und seine Anhänger werden verhaftet und zur Guillotine gekarrt.

Mit ihren Köpfen fällt das Schreckenssystem zusammen. Über fünf Jahre hatte sich die Revolution, die sich 1789 vor allem gegen die sozialen Nöte, gegen den Hunger in weiten Bevölkerungskreisen und gegen die Verschwendungssucht der herrschenden Adelsclique des „Alten Regimes" formiert hatte, in immer neuen Wellen radikalisiert.

Und schuld daran war das Wetter.

Schon Ende des 18. Jahrhunderts verursachte ein Klimawandel Missernten und Hungersnöte. Die Preise für Getreide und Brot waren explodiert. Die Nachfrage war eingebrochen. Hunderttausende hatten ihre Arbeit verloren. Das verarmte Volk hungerte. „Wenn sie kein Brot haben, dann gebt ihnen Kuchen zu essen." Dieser Königin Marie Antoinette zugeschriebene, aber nie von ihr getätigte Ausspruch verweist auf die wahren Ursachen der Revolution: Hunger und Not. Der Hass steigt, weil eine Konspiration zwischen den regierenden Adeligen und den Getreide-Großhändlern unterstellt wird. Ein „Hunger-Pakt" gegen das Volk. Das sind die Grundlagen der Revolution. Die hehren Ideale von „Freiheit, Gleichheit und Brüderlichkeit" werden erst später aufgesetzt.

Das Frankreich Ludwigs XVI., eines schwächlichen Nachfahren des einstigen „Sonnenkönigs" Ludwig XIV., ist von der Staatspleite bedroht. Das Königreich hat zu viel Geld für Prunk, Luxus und Repräsentation ausgegeben. Die Zinszahlungen für die angehäufte Staatsschuld fressen schon mehr als die Hälfte des Staatshaushalts. Das Land befindet sich in einer schweren Wirtschaftskrise. Der König will – er muss – die Steuern erhöhen lassen. Dazu benötigt er die Zustimmung der „Generalstände", des Parlaments der Adeligen, Geistlichen und Bürger. Das gemeine Volk selbst hat nichts zu reden.

Vor allem das Bürgertum verlangt politische Zugeständnisse für die Zustimmung zu neuen Steuern. Der König ist wegen so viel Bürgersinns empört, verkennt die Lage und seine Macht vollkommen. Er lässt die Vertreter der Bürger aussperren. Als sich diese im Ballhaus, dem Salle du Jeu de Paume, versammeln, schlägt die Geburtsstunde der Nationalversammlung. Die Angehörigen des Bürgertums, des niederen Klerus und einiger reformbereiter Adeliger leisten in diesem Saal außerhalb des Schlossbereichs einen Schwur. Sie wollen die Versammlung nicht verlassen, ehe sie für Frankreich eine Verfassung durchgesetzt haben. Der

König muss die neue Volksvertretung anerkennen. Sein absolutistisches System ist am Ende.

Mit dem Sturm auf das Pariser Bastille-Gefängnis beginnt die eigentliche Revolution. Jedenfalls feiert Frankreich heute noch den 14. Juli als Nationalfeiertag. Der Adel flieht aus der brodelnden Hauptstadt. Angst vor der Wut des ausgebeuteten Volks regiert Paris. Unruhen brechen im ganzen Land aus.

Auch das ist nur eine Seite der Wahrheit. In einem verzweifelten Versuch, seine Hauptstadt Paris unter Kontrolle zu bringen, lässt der König die Armee antreten. 17.000 Soldaten marschieren nach Paris. Aber die königlichen Generäle wagen es nicht mehr, ihre Truppen gegen das Volk auf den Straßen einzusetzen. Sie fürchten eine Meuterei. Die Revolutionäre haben eine eigene Ordnungsmacht aufgestellt. Beim Sturm auf die Bastille geht es nicht um die Befreiung von Gefangenen, sondern um den Besitz des Waffenlagers. Die Dämme sind gebrochen. Das Volk hat sich bewaffnet.

In einer stürmischen Nachtsitzung erlässt die Nationalversammlung feierlich die Deklaration der Menschen- und Bürgerrechte. Damit soll der Absolutismus endgültig beendet werden. Prinzipien wie die Gleichheit vor dem Gesetz, Presse- und Religionsfreiheit und Schutz vor staatlicher Willkür werden zu Grundpfeilern des radikal gewandelten Frankreich.

Mit der versuchten Flucht der königlichen Familie, ihrer Festsetzung in den Tuilerien inmitten von Paris, ist der König ein Gefangener, und die Monarchie ist diskreditiert. Die Drohung des englischen Herzogs von Brunswick, die Pariser Bevölkerung mit Feuer und Schwert zu bestrafen, falls der königlichen Familie etwas passieren sollte, lässt die Emotionen explodieren. Das Volk von Paris stürmt den königlichen Palast, Ludwig XVI. und seine als „Österreicherin" verhasste Königin werden in den Kerker geworfen.

Die Revolution hat eine neue Stufe der Radikalisierung erreicht. Beim Prozess gegen den König fordert der Advokat Robespierre den Tod des Monarchen wegen Hochverrats. Der Konvent wurde zum Gerichtshof und zum Forum erbittert geführter Auseinandersetzungen zwischen den gemäßigten und den radikalen Fraktionen der revolutionären Bewegung. Am 18. Januar 1793 stimmte die Nationalversammlung mehrfach über die Todesstrafe für den König ab. Die letzte Abstimmung endet mit dem denkbar knappen Votum von 361 zu 360 Stimmen. Ludwig XVI. wird drei Tage später enthauptet.

Jetzt regiert Robespierre. Und es herrscht Krieg. Nach anfänglichen Erfolgen gegen die miteinander verbündeten Engländer, Deutschen und Österreicher geraten die Revolutionsarmeen unter Druck. Frankreich hat praktisch allen Nachbarstaaten den Krieg erklärt. Der revolutionäre Nationalkonvent versucht 300.000 Männer in die Armee zu zwingen und löst damit einen Bürgerkrieg aus. In der Vendée kommt es zum Aufstand gegen die Pariser. Mehr als 400.000 Menschen sterben in den Kämpfen oder werden von Revolutionsgarden hingeschlachtet.

Die Macht liegt jetzt beim „Wohlfahrtsausschuss", er ist die Plattform und das Instrument für die Diktatur der Revolution und die Organisation einer Terrorherrschaft. In diesem Gremium zieht Robespierre die Fäden. Ihm zur Seite steht der charismatische Politiker Louis Antoine de Saint-Just: „In Anbetracht der Umstände, denen sich die Republik gegenwärtig ausgesetzt sieht, kann die Verfassung nicht in Kraft gesetzt werden; man würde die Republik durch die Verfassung selbst zugrunde richten ... Das Schwert des Gesetzes muss allerorts mit reißender Geschwindigkeit dazwischenfahren, und eure Macht muss allgegenwärtig sein, um dem Verbrechen Einhalt zu gebieten." Saint-Just wird zum Todesengel der Revolution.

In unheilvoller Wechselwirkung zwischen dem Druck der Straße, den aufgehetzten Volksmassen und der militärischen Bedrohung von außen wird der Terror verschärft. Urteile fällt nun das Revolutionstribunal. Verdächtig kann jeder sein. Eigene „Überwachungsausschüsse" erstellen Listen von Revolutionsfeinden, verhaften und drängen auf „kurze Prozesse". Im Macht-kampf um die Führung der Revolution fallen – unter vielen ande-ren – die Köpfe von Marie Antoinette, Charlotte Corday und der Feministin Olympe de Gouges. Sie hatte eine erste Deklaration der Frauenrechte verfasst.

Pierre Vergniaud, einer der prominentesten Vertreter der ge-mäßigten Girondisten, kommentiert das Geschehen mit einem Satz, der Geschichte schreibt: „Die Revolution, gleich Saturn, frisst ihre eigenen Kinder."

Noch glaubt Maximilien de Robespierre, dass dieser Satz nicht auf ihn gemünzt ist.

Doch am Höhepunkt des Terrors im Sommer 1794 dreht sich die Schraube der Eskalation ein weiteres Mal. Durch die Nieder-lage der Österreicher in der Schlacht von Fleurus ist die militä-rische Gefahr gebannt. Die Bevölkerung ist der Revolution, den Jahren immer schriller werdender ideologischer Debatten und des öffentlichen Mordens, überdrüssig geworden.

Robespierre ist müde und krank. Er hat sich zurückgezogen, taucht in der Öffentlichkeit mehrere Wochen nicht auf. Hinter seinem Rücken werden Intrigen gesponnen. Polizeiminister Jo-seph Fouché, dem Stefan Zweig in seinem Buch „Bildnis eines po-litischen Menschen" ein historisches Denkmal setzt, zieht wieder einmal die Fäden.

Die Rede am „8. Thermidor" ist Robespierres letzter Auftritt. Mit ihm endet de facto die Revolution. In ganz Europa wurden die Schrecken des Pariser Terrors wahrgenommen und kommen-tiert. Unter Verweis auf die Auswüchse der Revolution können reaktionäre Kräfte in Europa über Jahrzehnte Reformen verhin-dern. Die Gesellschaft Frankreichs ist militarisiert. Ein tüchtiger korsischer General spricht das Bedürfnis nach Ruhe und Ord-nung an: Napoléon Bonaparte. Die große Freiheit endet in einer Militärdiktatur.

„O Freiheit, was für Verbrechen werden in deinem Namen begangen!"

Otto von Bismarck
„Blut und Eisen"

*Die öffentliche Meinung wechselt, die Presse ist nicht die öffent-
liche Meinung; man wisse, wie die Presse entsteht; die Abgeordneten haben die höhere Aufgabe, die Stimmung zu leiten, über ihr
zu stehen. Wir haben zu heißes Blut, wir haben die Vorliebe, eine
zu große Rüstung für unsern schmalen Leib zu tragen; nur sollen
wir sie auch utilisieren. Nicht auf Preußens Liberalismus sieht
Deutschland, sondern auf seine Macht; Bayern, Württemberg,
Baden mögen dem Liberalismus indulgieren, darum wird ihnen
doch keiner Preußens Rolle anweisen; Preußen muss seine Kraft
zusammenfassen und zusammenhalten auf den günstigen Augenblick, der schon einige Male verpasst ist; Preußens Grenzen nach
den Wiener Verträgen sind zu einem gesunden Staatsleben nicht
günstig; nicht durch Reden und Majoritätsbeschlüsse werden die
großen Fragen der Zeit entschieden – das ist der große Fehler von
1848 und 1849 gewesen – sondern durch Eisen und Blut.*

Ministerpräsident Otto von Bismarck im preußischen Abgeordnetenhaus am 30. September 1862.

*

Der gerade frisch ernannte preußische Ministerpräsident Otto
von Bismarck (1815–1898) hielt seine berühmt gewordene „Blut-
und-Eisen"-Rede vor der Budgetkommission des preußischen Abgeordnetenhauses. Der Text ist nur indirekt überliefert. Der Inhalt und die politischen Ziele kommen dennoch klar zum Ausdruck. Bismarck setzte sich für einen preußisch dominierten deut-

schen Nationalstaat ein und lehnte Forderungen nach liberalen Reformen entschieden ab.

Bismarck stellte mit dieser Rede die entscheidenden Weichen für eine europäische Staatenordnung, die im Kern bis heute die politische Landschaft Europas prägt. Mit seiner Kampfansage gegen die europäische Ordnung nach dem Wiener Kongress von 1814/15, der wiederum eine Folge der Niederlagen Napoléons war, bereitete der Preußen-Kanzler nicht nur den Krieg gegen das Habsburgerreich vor, sondern auch den Waffengang gegen Frankreich. In beiden Kriegen siegten Preußen und seine Verbündeten (1866 bei Königgrätz gegen die österreichischen Truppen und 1870/71 gegen Frankreich). Das Deutsche Kaiserreich als weitaus mächtigste europäische Macht auf dem Kontinent war geschaffen.

Dabei vermochte Bismarck keineswegs mit volltönender Stimme oder ausgefeilter Redekunst zu überzeugen. Er redete mit hoher Fistelstimme. Wenn er versuchte, mit Emphase zu sprechen, bekam sie einen „scharf schneidenden, nicht eben angenehmen Klang" (Hans-Peter Goldberg). Bismarck redete stockend und in komplizierten Satzgefügen. Quälende Pausen wechselten mit Sätzen, die in einer Geschwindigkeit hervorgestoßen wurden, dass kein Stenograf folgen konnte. Ein Ohrenzeuge berichtete: „Er sucht nach Worten, holt den passenden Ausdruck gleichsam mit Gewalt herbei. Zuweilen zögert er vor dem entscheidenden Wort. Dazwischen räuspert er sich oder greift nach dem Glas, um einen Schluck seiner Wasserkognakmischung zu trinken. Man hat zuweilen den Eindruck, dass er die Bewegung nach dem Glase ausführt, um über das Folgende zu sinnen. Es entstehen Pausen, die fast peinlich wirken." Für ein Massenpublikum war diese Redeweise unattraktiv, aber Radio und Fernsehen waren ohnehin noch nicht erfunden, Politikeransprachen vor Menschenmassen unüblich. Die Akten des preußischen Landtags wie die späteren Stenographischen Berichte über die Verhandlungen des Reichstags enthalten keine originalgetreuen Wiedergaben von Bismarcks Reden. Die Protokolle sind (nicht allein bei Bismarck) Produkte einer sorgfältigen, nachträglichen Überarbeitung und Stilisierung (vgl. Hans-Peter Goldberg).

Mit der „Blut-und-Eisen"-Rhetorik griff Bismarck auf das Gedicht „Das eiserne Kreuz" von Max von Schenkendorf zurück, der als Freiwilliger an den Befreiungskriegen von 1813 und auch an der Völkerschlacht bei Leipzig teilgenommen hatte: „Denn nur Eisen kann uns retten. Uns erlösen kann nur Blut, von der Sünde schweren Ketten, von des Bösen Übermut."

Max von Schenkendorf wurde in Ostpreußen geboren und studierte in der Kant-Stadt Königsberg. Bei einem Duell wurde der Freimaurer so schwer verletzt, dass er seine rechte Hand nicht mehr bewegen konnte. Der spätere Regierungsrat in Koblenz galt als einer der bedeutendsten Lyriker der Befreiungskriege. Die politische Bedeutung seines Gedichts „Von wegen des heiligen Deutschen Reichs – An Jahn" wird in den divergierenden Schlusszeilen deutlich. Während es im Original heißt: " Wir woll'n das Wort nicht brechen, nicht Buben werden gleich, woll'n predigen und sprechen von Kaiser und von Reich.", wurden die letzten Worte bald zu „vom heil'gen Deutschen Reich", in den österreichischen Ländern der Habsburgermonarchie zu „von unserem Österreich". In diesen Varianten spiegelt sich der lange Konflikt zwischen den „Großdeutschen" und den „Kleindeutschen" wider.

Während die Habsburger am mittelalterlichen Reichsgedanken festhielten und unter der Deutschen Kaiserkrone, die noch heute in der Schatzkammer der Wiener Hofburg aufbewahrt wird, alle Fürstentümer auf deutschem (und zentraleuropäischem) Boden versammeln wollten, setzten Preußens Könige auf eine Einigung der deutschen Fürstentümer und Kleinstaaten unter preußischer Vorherrschaft.

Bismarck griff ganz bewusst die Worte des Dichters auf und stellte seine politischen Ziele damit in den Zusammenhang mit den „deutschen" Befreiungskriegen gegen die Vorherrschaft Napoleons. So bereitete der preußische Ministerpräsident den Boden für die politischen, wirtschaftlichen und gesellschaftlichen Voraussetzungen zur deutschen Reichsgründung von 1871. Gegen die dynastische Tradition der vielen deutschen Fürstentümer setzte Bismarck den nationalen Gedanken. Die gesellschaftliche und wirtschaftliche Umformung des Landes sollte nicht über den demokratischen Weg durch gewählte Volksvertreter in parlamentarischen Versammlungen und durch Gesetzesbeschlüsse erfolgen, sondern durch militärische Stärke erzwungen werden. Ein erster Schritt hierzu war die preußische Heeresreform und Aufrüstung, für die Bismarck die Budgetkommission des liberal dominierten preußischen Abgeordnetenhauses mit seiner Rede gewinnen wollte. Er griff damit in einen schon länger schwelenden Konflikt zwischen König Wilhelm I. und dem Parlament ein. Dieses hatte schon fast ein Jahr den Haushaltsplan des Königs und seiner Regierung blockiert. Doch ohne genehmigtes Budget zu regieren, war auf Dauer mit der preußischen Verfassung unvereinbar. Dennoch war der König dazu fest entschlossen. Er verachtete die gewählten Volksvertreter, fühlte sich von seiner Regierung verraten und dachte sogar an Abdankung. „Was wäre, wenn…"-Fragen sind zwar in der Geschichtsschreibung verpönt, doch sie haben ihren Reiz: Wäre damals der vergleichsweise liberale Kronprinz Friedrich König geworden, so wären die Weichen für die deutsche Geschichte wohl eher in eine liberal-parlamentarische Richtung gestellt worden. Der deutsche „Sonderweg" wäre schon damals verlassen worden - und Europa vielleicht Unheil erspart geblieben.

Auf Anraten des preußischen Kriegsministers Albrecht von Roon berief Wilhelm I. den preußischen Gesandten in Paris, Otto Eduard Leopold von Bismarck, zum Ministerpräsidenten und fragte ihn, ob er auch bereit wäre, die Militärreorganisation zu übernehmen und gegen die Mehrheit des Abgeordnetenhauses zu regieren. Bismarck ließ seinen König nicht im Stich. Seine Zusage ist überliefert: „Ich fühle mich wie ein kurbrandenburgischer Vasall, der seinen Lehnsherrn in Gefahr sieht. Was ich vermag, steht Eurer Majestät zur Verfügung."

Ein Pakt war geschlossen, der 26 Jahre währte. Der wankel-mütige und mutlose König hatte im Grunde einen solch entschlossenen Politiker wie Bismarck herbeigesehnt. Als Bismarck 1862 die Hebel der Macht in die Hand bekam, hatte er ein genaues Konzept und feste Vorstellungen, welche Richtung seine Außenpolitik einschlagen sollte.

Zugleich revolutionär und konservativ war die Politik des damals 47-jährigen Bismarck: „Seine Absicht war, eine ideologie-freie Außenpolitik zu betreiben, hinter der als Motiv ein Verständnis des preußischen Staatsinteresses stand, das eine Expansion Preußens im nördlichen Deutschland forderte, nötigenfalls um den Preis eines Krieges mit Österreich." (Otto Pflanze)

Der offene Kampf um die Vorherrschaft zwischen dem alten Habsburgerreich und dem „Aufsteiger" Preußen hatte 1862 schon längst begonnen. Im Wirtschaftskrieg war Österreich unterlegen. Preußen vereitelte alle Versuche der Habsburger, dem Deutschen Zollverein (gegr. 1834) beizutreten. Mit dem freien Handel gingen damals wie heute wirtschaftliche und politische Macht Hand in Hand. Die deutschen Kleinstaaten hatten - nolens volens - keine Wahl, als sich der wirtschaftlichen Führungsrolle Preußens unterzuordnen. Preußen wollte als Vorreiter der nationalen Einigung Deutschlands dastehen, durch das Hinausdrängen Österreichs sollte diese Vormachtstellung im dann geeinten Deutschland sichergestellt werden. Bismarcks Machtpolitik blieb bei vielen Zeitgenossen nicht ohne Widerspruch, selbst ein konservativ-nationaler Historiker wie Heinrich von Treitschke schrieb nach der Rede im Budgetausschuss an einen befreundeten Politiker: „Du weißt, wie leidenschaftlich ich Preußen liebe; höre ich aber so einen flachen Junker, wie diesen Bismarck, von dem ‚Eisen und Blut' prahlen, womit er Deutschland unterjochen will, so scheint mir die Gemeinheit nur noch durch die Lächerlichkeit überboten."

Der Versuch des preußischen Landadeligen, die Abgeordneten von seinen teuren Plänen zur Heeresreform zu überzeugen, scheiterte. Der Haushalt wurde von der Mehrheit nicht gebilligt. Der Ministerpräsident (noch war er nicht Reichskanzler) musste vier Jahre ohne Budget regieren. Die Mehrheit der Bevölkerung stand hinter den gewählten Parlamentariern, die Zeitungen kritisierten die königliche Regierung und ihren Verfassungsbruch hart. Bismarck änderte jedoch nicht seine Politik, sondern knebelte die veröffentlichte Meinung mit einer „Presse-Verordnung". Erst nach dem Sieg des mit modernen Hinterladergewehren ausgestatteten Preußen-Heeres über die mit Vorderladern kämpfenden Truppen der Österreicher und Sachsen billigte das preußische Abgeordnetenhaus nachträglich die Staatsausgaben für die Heeresreform.

Die „Blut-und-Eisen"-Politik führte schließlich zur Reichsgründung im Jahre 1871. König Wilhelm ließ sich in Versailles zum Deutschen Kaiser krönen. Bismarcks Politik schien neun Jahre nach seiner ersten berühmten Rede auf dem Gipfel angelangt zu sein. Doch es gab hellsichtige kritische Zeitgenossen. Der Sozialdemokrat August Bebel beklagte den Charakter dieses deutschen Reiches: "... Das mit ‚Blut und Eisen' mühsam zusammengeschweißte Reich ist kein Boden für die bürgerliche Freiheit, geschweige für die soziale Gleichheit! Staaten werden mit den Mitteln erhalten, durch die sie gegründet wurden. Der Säbel stand als Geburtshelfer dem Reich zur Seite, der Säbel wird es ins Grab begleiten!"

Doch die warnenden Stimmen blieben im Getöse deutsch-nationalen Überschwangs ungehört. Die Forderung nach „nationaler Selbstbestimmung" war im 19. Jahrhundert die revolutionäre Idee, die Massen bewegen konnte. Der Nationalismus war weit populärer als die ebenfalls revolutionären Vorstellungen von Demokratie und sozialer Gerechtigkeit. Dem preußischen Junker Bismarck gelang es, die nationale Idee mit den konservativen Kräften von Monarchie, Bürokratie, Offizierskorps und evangelischer Kirchenhierarchie zu verknüpfen. So sicherte er deren Macht bis ins 20. Jahrhundert hinein.

Und dies alles erreichte Bismarck, obwohl er weder ein großer Redner noch ein charismatischer Politiker war. Doch erst im Nachhinein wurde er wegen seiner überragenden Bedeutung für die deutsche Politik im 19. Jahrhundert zum Retter Deutschlands stilisiert: in pompösen Denkmälern, populären Publikationen wie auch in der Geschichtsschreibung. An diesem bis heute verbreiteten Bild sind jedoch Zweifel angebracht.

Theodor Herzl

„Der Zionismus ist die Heimkehr zum Judentum noch vor der Rückkehr ins Judenland"

Wir wollen den Grundstein legen zu dem Haus, das dereinst die jüdische Nation beherbergen wird. Die Sache ist so groß, dass wir nur in den einfachsten Worten von ihr sprechen sollen ...

... Wir werden Berichte hören über die Lage der Juden in den einzelnen Ländern. Sie alle wissen, wenn auch vielleicht nur in einer unbestimmten Weise, dass diese Lage mit wenigen Ausnahmen eine nicht erfreuliche ist. Wir fänden uns wohl kaum zusammen, wenn es anders wäre. Die Gemeinsamkeit unserer Geschicke hat eine lange Unterbrechung erlitten, obwohl die versprengten Teile des jüdischen Volkes allenthalben Ähnliches erdulden mussten. Erst in unserer Zeit ist durch die neuen Wunder des Verkehrs die Möglichkeit einer Verständigung und Verbindung der Getrennten gegeben. Und in dieser Zeit, die sonst so hoch ist, sehen, fühlen wir uns überall vom alten Hass umgeben. Antisemitismus ist der Ihnen nur zu wohlbekannte moderne Name der Bewegung. Der erste Eindruck, den die Juden von heute davon hatten, war Überraschung, die in Schmerz und Zorn überging. Unsere Gegner wissen vielleicht gar nicht, wie tief im Innersten sie gerade diejenigen unter uns verletzt haben, die sie möglicherweise nicht in erster Linie treffen wollten. Das moderne, gebildete, dem Ghetto entwachsene, des Schacherns entwöhnte Judentum bekam einen Stich mitten ins Herz. Wir können das heute ruhig sagen, ohne uns verdächtig zu machen, dass wir an die Tränendrüsen unserer Gegner appellieren wollen. Wir sind mit uns im Reinen ...

... Schon hat der Zionismus etwas Merkwürdiges, ehedem für unmöglich Gehaltenes zuwege gebracht: die enge Verbindung der modernsten Elemente des Judentums mit den konservativsten. Da sich dies ereignet hat, ohne dass von der einen oder der anderen Seite unwürdige Konzessionen gemacht, Opfer des Intellektes gebracht worden wären, so ist dies ein Beweis mehr, wenn es noch eines Beweises bedürfte, für das Volkstum der Juden. Ein solcher Zusammenschluss ist nur möglich auf der Grundlage der Nation ...

... Unsere Bewegung hat folglich nur dann einen vernünftigen Zug, wenn sie öffentlich-rechtliche Bürgschaften anstrebt. Die bisherige Kolonisation hat das erreicht, was sie nach ihrer Anlage erreichen konnte. Sie hat die viel bestrittene Tauglichkeit der Juden zur Landarbeit erhärtet. Sie hat diesen Beweis, wie es in der Rechtssprache heißt, zum ewigen Gedächtnis erbracht. Aber die Lösung der Judenfrage ist sie nicht und kann sie in der bisherigen Form nicht sein. Sie hat auch, gestehen wir es uns offen, einen bedeutenden Anklang nicht gefunden. Warum? Weil die Juden rechnen können, es wird sogar behauptet, dass sie es zu gut können. Wenn wir nun annehmen, dass es neun Millionen Juden gibt und dass es der Kolonisation gelänge, jährlich zehntausend Personen in Palästina anzusiedeln, so würde die Lösung der Judenfrage neunhundert Jahre in Anspruch nehmen. Das sieht unpraktisch aus.

Nun wissen Sie aber, dass die Ziffer von zehntausend Ansiedlern jährlich geradezu fantastisch ist, unter den jetzigen Verhältnissen nämlich. Die türkische Regierung würde bei einer solchen Ziffer sofort die alten Einwanderungsverbote auffrischen – und das wäre uns gerade recht. Denn wer da glaubt, dass die Juden sich in das Land der Väter gleichsam einschmuggeln könnten, der täuscht sich oder täuscht andere. Nirgends wird das Auftauchen von Juden so schnell signalisiert wie in der historischen Heimat des Volkes, eben weil es die historische Heimat ist. Und es wäre auch gar nicht in unserem Interesse gelegen, verfrüht dahin zu gehen. Die Einwanderung der Juden bedeutet einen Kräftezufluss von unverhoffter Fülle für das jetzt arme Land, ja für das ganze

Osmanische Reich. Seine Majestät der Sultan hat übrigens mit seinen jüdischen Untertanen die besten Erfahrungen gemacht, gleichwie auch er ihnen ein gütiger Souverän ist. Es liegen also Bedingungen vor, die bei einer klugen und glücklichen Behandlung der ganzen Sache zum Ziele führen können. Die finanzielle Hilfe, welche die Juden der Türkei bieten können, ist nicht unbeträchtlich und würde zur Beseitigung manchen innern Übels dienen, an dem dieses Land jetzt leidet. Wenn ein Stück Orientfrage mit der Judenfrage zugleich gelöst wird, so ist dies gewiss im Interesse aller Kulturvölker. Die Ansiedlung der Juden wäre wohl auch eine Besserung der Lage der Christen im Orient.

Aber nicht nur von dieser Seite her darf der Zionismus auf die Sympathien der Völker rechnen. Sie wissen, dass der Judenstreit in manchen Ländern zur Kalamität für die Regierung geworden ist. Ergreift man für die Juden Partei, so hat man die aufgewühlten Massen gegen sich. Ergreift man gegen die Juden Partei, so hat dies beim eigentümlichen Einfluss der Juden auf den Weltverkehr oft schwere wirtschaftliche Folgen. Es gibt dafür Beispiele in Russland. Verhält sich endlich die Regierung neutral, so sehen sich die Juden ohne Schutz in der bestehenden Ordnung und flüchten in den Umsturz ...

... Der Zionismus, die Selbsthilfe der Juden, eröffnet nun den Ausweg aus diesen mannigfachen und sonderbaren Schwierigkeiten. Der Zionismus ist einfach der Friedensstifter. Es geht ihm freilich dabei wie Friedensstiftern gewöhnlich: Er muss sich am meisten herumschlagen. Nur wenn unter den mehr oder minder ehrlichen Argumenten gegen unsere Bewegung auch das vorkommt, dass man uns des Mangels an Patriotismus zeihen werde, so richtet sich dieser verdächtige Einwurf von selbst. Von einem vollständigen Auszug der Juden kann wohl nirgends die Rede sein. Die sich assimilieren können oder wollen, bleiben zurück und werden resorbiert. Wenn nach einem gehörigen Abkommen mit den beteiligten politischen Faktoren die Judenwanderung in aller Ordnung beginnt, so wird sie für jedes Land doch nur so *lange dauern, als dieses Juden abgeben will. Wie der Abfluss zum Stillstand kommen soll? Einfach durch das allmähliche Abschwellen und endliche Aufhören des Antisemitismus. So verstehen, so erwarten wir die Lösung der Judenfrage.*

Theodor Herzl auf dem ersten Zionistenkongress in Basel am 29. August 1897

*

Ein Wiener Journalist verändert die Welt. Und seine eigene Zeitung weigert sich, auch nur eine Zeile darüber zu berichten.

Theodor Herzl arbeitet als Leiter der Feuilleton-Redaktion in der angesehenen „Neuen Freien Presse". Das Blatt gilt in den Tagen des Fin de Siècle als Zentralorgan des liberalen – in großen Teilen – jüdischen Wiener Bürgertums. Als Chef des Kultur-Ressorts hat Herzl eine mächtige Position. Es ist ein prestigeträchtiger Posten, er ist nicht schlecht bezahlt.

Der Journalist Herzl schreibt selbst Theaterstücke, eher Boulevard. Man kann am Ende des 19. Jahrhunderts vom Schreiben gut leben.

Theodor Herzl ist Jude. In Budapest geboren, lebt seine Familie nicht mehr traditionell, sondern „religiös aufgeklärt". Er besucht zwar eine jüdische Grundschule, wechselt aber an das evangelische Gymnasium. Als Jus-Student tritt er in eine schlagende deutsche Burschenschaft „Albia" ein, die er aber nach zwei Jahren verlässt. In einem Klima des aufkeimenden Antisemitismus und deutschnationaler Fanatismen werden Juden aus den Burschenschaften entfernt.

Nach seiner Promotion versucht Theodor Herzl als Jurist Fuß zu fassen, er scheitert an der zunehmenden Judenfeindlichkeit in der Wiener Gesellschaft. Herzl beginnt Feuilletons zu schreiben, schickt eine Serie an die „Neue Freie Presse" und wird in die Redaktion aufgenommen. Er ist ein begabter Journalist und macht in dem damaligen Weltblatt Karriere. 1891 entsendet ihn die Redaktion nach Paris. Er wird Korrespondent des Blattes in der Weltmetropole. Ein Karrieresprung, ein Privileg.

In Paris taucht er in die Wirklichkeit der Politik ein. Aus dem gelehrten Wiener Salon-Juden Herzl wird ein engagierter Kämpfer für die jüdische Sache. Seine Erfahrungen bei der Berichterstattung über die Dreyfus-Affäre beeinflussen Herzl stark. Die öffentliche und erniedrigende Degradierung des – unschuldigen – jüdischen Offiziers ließ die Pariser „Tod den Juden!" auf den Straßen schreien. Der Journalist ist mit der bösen Fratze des Antisemitismus konfrontiert. Auch in Österreich wird die Lage zusehends angespannter. Der populäre christlich-soziale Politiker Karl Lueger erringt – auch mit antisemitischen Parolen – Wahlsiege. Zwar weigert sich der Kaiser mehrfach, den Populisten zum Wiener Bürgermeister anzugeloben, doch die „Judenfrage" wird auch für die assimilierten Wiener Juden zum spürbaren Problem.

Herzl beginnt Überlegungen zur Lösung der Judenfrage anzustellen. Er sucht – originelle – Zugänge: So erwägt Herzl zunächst eine Massentaufe aller Juden vor dem Stephansdom in Wien. Diese Idee verwirft er jedoch sehr schnell. Er erkennt, dass der Antisemitismus keine Frage der Religionszugehörigkeit ist. In seinem Drama „Das neue Ghetto" beschreibt Herzl die Erkenntnis, dass Religionswechsel und Assimilation keine Antwort auf das Phänomen des Judenhasses sein können.

Der Journalist Herzl schreibt an den damals bekanntesten jüdischen Philanthropen Baron Maurice de Hirsch. Bei einem persönlichen Treffen stellt der 34-Jährige dem Baron seine Ideen von einem eigenen Judenstaat vor. Hirsch ist nicht besonders begeistert, er hält den Journalisten für einen Fantasten. Die Gesprächsunterlage für das Treffen mit dem einflussreichen Maurice de Hirsch baut Herzl schließlich zur programmatischen Schrift „Der Judenstaat" aus. „Der Gedanke, den ich in dieser Schrift ausführe, ist ein uralter. Es ist die Herstellung des Judenstaates", schreibt Herzl im Vorwort.

Nach einer weiteren Überarbeitung legt Herzl schließlich in Wien am 14. Februar 1896 das 86 Seiten dünne Büchlein „Der Judenstaat. Versuch einer modernen Lösung der Judenfrage" vor. Um das Werk von seinen – weniger seriösen – Theaterstücken zu unterscheiden, zeichnete er mit „Theodor Herzl, Doctor der Rechte". Da kein angesehener Verlag die Broschüre drucken wollte, erschien das Werk bei einem kleinen nicht jüdischen Buchhändler auf der Wiener Währingerstraße. Die erste Auflage betrug 500 Exemplare.

In der „Neuen Freien Presse" waren seine Vorgesetzten und Kollegen von den Plänen des Kulturredakteurs wenig angetan. Herzl versuchte seine Herausgeber Bacher und Benedict für die Sache zu gewinnen. Eine ganze Ausgabe der „Presse" sollte dem Herzl-Plan gewidmet sein. Doch Benedict lehnte bei einem Spaziergang durch die bürgerliche Wiener Villensiedlung Mauer ab. In seinem Buch „Theodor Herzl" zitiert Amos Elon den Journalisten. Schon bei der Rückfahrt vom Spaziergang habe Herzl von einem „historischen Gespräch" gesprochen: „Die Tat hat begonnen, weil ich entweder die ‚Neue Freie Presse' mit mir oder gegen mich habe".

Die „Neue Freie Presse" war nicht irgendeine Zeitung. Sie hatte in der Kaiserstadt Wien ungeheure politische Macht. Doch die Herausgeber standen dem fantastischen Plan mit ungläubiger Skepsis gegenüber. In Wien war Herzl bald ein bespötteltes Faktotum. Es kursierten Herzl-Witze: „Ich bin ja sehr für einen jüdischen Staat, wenn man mich zum Botschafter in Wien ernennt".

Obwohl die „Neue Freie Presse" das Buch des eigenen Kultur-Chefs mit keinem Wort erwähnte, war Herzl bald Tagesgespräch in Wien. In seinen Lebenserinnerungen schreibt Stefan Zweig, die bürgerlichen Juden Wiens seien allgemein verärgert über diesen „Unfug, dieses abstruse Traktat" gewesen.

Die im Buch „Der Judenstaat" formulierte Idee eines eigenen jüdischen Staates wurde mehrheitlich skeptisch aufgenommen. Die meisten weitgehend assimilierten Juden in Westeuropa lehnten seine Idee strikt ab. Seine Gegner waren assimilierte, aber auch orthodoxe Juden, die den Zionismus im Widerspruch zu den messianischen Verheißungen im Judentum sahen. Herzl wurde nicht nur in seiner Heimatstadt Wien verspottet, auch in Deutschland reagierte die jüdische Intelligenz mit Hohn. Anton Bettelheim schrieb in den „Münchner Allgemeinen Nachrichten" vom „Faschingstraum eines durch den Judenrausch verkaterten Feuilletonisten".

Der Journalist aber brannte für seine Idee und gewann Verbündete. Der Wiener Schriftsteller Arthur Schnitzler etwa hegte Sympathien für den Kollegen. Bei einem Treffen begrüßte Herzl Schnitzler mit dem Satz: „Ich habe das Judenproblem gelöst. Mein Plan ist die krönende Idee in diesem Jahrhundert der Erfindungen."

Schnitzler war begeistert, und Herzl bot ihm – vielleicht ein wenig vorschnell – den Direktorsposten im neu zu schaffenden Nationaltheater an.

Der Tratsch trug Herzl bald den Spott und den Sarkasmus der Wiener Szene zu: „Wir Juden haben 2000 Jahre auf einen jüdischen Staat gewartet, und ausgerechnet mir muss er passieren." Theodor Herzl blieb ungerührt. Er wollte in Argentinien oder in Palästina einen völkerrechtlich gesicherten Staat errichten.

Nach seiner Rede auf dem ersten Zionistischen Weltkongress im Stadtcasino von Basel notiert Theodor Herzl in sein Tagebuch den Satz: „Fasse ich den Baseler Kongress in ein Wort zusammen – das ich mich hüten werde, öffentlich auszusprechen –, so ist es dieses: in Basel habe ich den Judenstaat gegründet. Wenn ich das heute laut sagte, würde mir ein universales Gelächter antworten. Vielleicht in fünf Jahren, jedenfalls in fünfzig wird es jeder einsehen." Der erste Zionistenkongress beschloss einen Forderungskatalog, der für „das jüdische Volk die Schaffung einer öffentlich-rechtlich gesicherten Heimstätte in Palästina" verlangte.

Für diese Idee versuchte er die britische Regierung, den türkischen Sultan, den Zaren in Moskau und den deutschen Kaiser zu begeistern. Herzl erhielt beim Besuch von Wilhelm II. in Palästina tatsächlich eine Audienz beim Monarchen. Die Unterredung in der Nähe Jerusalems verlief enttäuschend.

Wieder in der Wiener Redaktion, wurde Herzl von den beiden Chefredakteuren bestürmt, über seine Begegnung mit dem Kaiser zu berichten. Herzl revanchierte sich für die Ignoranz der Kollegen gegenüber seiner „Judenstaats"-Idee und verriet nichts vom Gespräch mit Kaiser Wilhelm II.

Von der Idee bis zur Umsetzung verging kein halbes Jahrhundert. Am 14. Mai 1948 verlas David Ben Gurion die Unabhängigkeitserklärung des Staates Israel – unter einem Bild von Theodor Herzl.

Herzl starb am 3. Juli 1904 im Kurbad Edlach an den Folgen einer Lungenentzündung.

Er wurde 1904 auf dem Friedhof Döbling bei Wien bestattet, seine Gebeine schließlich 1949 nach Jerusalem überführt. Der Wiener Journalist und „Mahdi aus der Pelikangasse" (so ein Spitzname) liegt heute in einem pompösen Granitsarkophag am Herzl-Berg in Jerusalem begraben. Rund um seine letzte Ruhestätte – der Judenstaat.

Die politischen Auswirkungen der Staatsgründung in Palästina haben die Welt verändert. Israel lebt noch immer nicht in Frieden mit allen seinen Nachbarn. Das Palästinenser-Problem ist weiter ungelöst. Theodor Herzl hätte auch für diesen scheinbar unlösbaren Konflikt ein passendes Wort: „Wenn ihr wollt, ist es kein Märchen!"

Emmeline Pankhurst

„Freiheit oder der Tod!"

*Ich bin nicht als Fürsprecherin hierher gekommen – welche Be-
deutung die Suffragetten-Bewegung in den Vereinigten Staaten
oder in England auch haben möge – sie ist längst der Sphäre des
Lobbyismus entwachsen und im Bereich der realen Politik angelangt. Unsere Forderungen sind Teil einer Revolution und eines Bürgerkriegs. Heute Abend bin ich nicht hier, um eine Lanze
für das Frauen-Wahlrecht zu brechen, die amerikanischen Suffragetten können das schon selbst tun. Ich bin hier als ein Soldat, der für eine kurze Zeit das Schlachtfeld verlassen hat. Ich
bin hier, um zu erklären, wie ein Bürgerkrieg aussieht, wenn er
von Frauen geführt wird. Ich bin hier als eine Person, die gemäß
dem Rechtssystem meines Landes wertlos für die Gemeinschaft
ist. Ich bin als „gefährliche Person" eingestuft, verurteilt zu einer Gefängnisstrafe ...*

*Vor acht Jahren wurde erstmals das Wort „militant" benutzt,
um unsere Aktivitäten zu beschreiben. Dabei waren wir überhaupt nicht „militant", mit der Ausnahme vielleicht, dass wir mi-
litantes Vorgehen auf der Seite unserer Gegner provoziert haben.
Wir haben als Frauen in politischen Versammlungen Fragen gestellt und darauf keine Antworten erhalten. Das war alles andere
als militant. In Großbritannien ist es lang geübte Tradition, Fragen an Mitglieder des Parlaments und an Regierungsmitglieder zu
stellen. Kein einziger Mann wurde je aus einer politischen Versammlung ausgeschlossen, nur weil er Fragen gestellt hat. Es waren Frauen, die aus Versammlungen geworfen wurden, weil sie es
gewagt haben, Fragen zu stellen. Sie wurden brutal misshandelt,*

wurden ins Gefängnis geworfen, ehe auch nur 24 Stunden ver-
gangen waren.

Man bezeichnet uns als „militant", und ich bin gerne bereit,
den Begriff zu akzeptieren. Wir sind entschlossen und gezwun-
gen, die Frage der Gleichberechtigung der Frauen bis zu jenem
Punkt zuzuspitzen, an dem wir nicht länger von den Politikern
ignoriert werden können ...

... Frauen sind sehr langmütig und geduldig, aber wenn sie
einmal aufgebracht sind, wenn sie einmal ein Ziel vor Augen ha-
ben, wird sie nichts auf der Welt und nichts im Himmel zum Auf-
geben zwingen können. Und daher ist diese „Katz und Maus"-Po-
litik, die heute gegen Frauen angewandt wird, total gescheitert. Es
sind Frauen, die, vom Tod gezeichnet, wieder so weit zu Kräften
kommen, dass sie Operationen überstehen können und nicht
nachgeben oder gar kapitulieren. Und diese Frauen werden, wenn
sie vom Krankenbett aufstehen, wieder kämpfen wie zuvor. Es gibt
Frauen, die sich auf einer Bahre zu Versammlungen tragen lassen.
Sie sind schon zu schwach, um zu sprechen, aber sie zeigen sich un-
ter ihren Mitkämpferinnen, um zu beweisen, dass ihr Wille unge-
brochen ist und der Kampfgeist lebt. Sie wollen damit allen zeigen,
dass sie bis an ihr Lebensende damit weitermachen werden ...

... Allen, die glauben, Frauen können diesen Kampf nicht ge-
winnen, möchte ich sagen: Wir haben die Regierung Englands in
eine Lage gebracht, in der sie nur eine Wahl hat, entweder sie tötet
uns Frauen oder sie gibt uns Frauen das Recht, zu wählen. Ich frage
die amerikanischen Männer in dieser Versammlung: Wie würden
Sie entscheiden, wenn Sie hier in Amerika vor diese Wahl gestellt
würden: Ihre Frauen töten oder ihnen die vollen Bürgerrechte zu-
erkennen? Auf diese Frage gibt es nur eine Antwort und nur eine
Entscheidung: Ihr müsst den Frauen das Stimmrecht geben ...

In Amerika wurde die Freiheit durch eine Revolution er-
kämpft, mit Blutvergießen und durch das Opfer menschlichen
Lebens. Ihr habt den Bürgerkrieg durch das Opfer von Men-
schenleben gewonnen, als ihr die Emanzipation der Schwarzen

beschlossen habt. Aber ihr habt es den Frauen in eurem eigenen Land überlassen, die Männer in allen zivilisierten Ländern haben es den Frauen allein überlassen, für ihre Befreiung zu kämpfen. Diesen Weg haben wir Frauen in England eingeschlagen. Das menschliche Leben ist für uns heilig, daher sind wir fest dazu entschlossen: Wenn schon Leben geopfert werden muss, dann unser eigenes. Wir werden uns nicht selbst umbringen, aber wir werden unsere Gegner in eine Position zwingen, in der sie sich entscheiden müssen: Gebt uns endlich unsere uneingeschränkte Freiheit oder tötet uns.

Emmeline Pankhurst am 13. November 1913 in Hartford, Connecticut

*

Eine einzige politische Bewegung hat die Gesellschaften dieser Welt in den vergangenen hundert Jahren tatsächlich verändert, wahrscheinlich wie keine zweite: der Kampf der Frauen um Gleichberechtigung und gesellschaftliche Anerkennung.

In Mitteleuropa haben Frauen erst vor ziemlich genau 90 Jahren die vollen politischen Rechte erhalten. In Deutschland und in Österreich wurde im Jahr nach dem Ende des Ersten Weltkriegs das allgemeine Frauen-Wahlrecht eingeführt. In Großbritannien dauerte es zehn Jahre länger und in Frankreich erhielten Frauen überhaupt erst 1944 das volle und gleiche Wahlrecht. Und natürlich wurden der weiblichen Hälfte der Bevölkerung die fundamentalen politischen Rechte nicht zufällig 1918 und 1919 zugestanden.

Der erste „moderne" Krieg hatte Millionen Männer auf die Schlachtfelder gezwungen, die europäischen Gesellschaften wurden innerhalb weniger Jahre zu Industriegesellschaften. Der Männermangel in den Fabriken wurde durch Frauen ausgeglichen. Sie erhielten von der Kriegswirtschaft ein neues Betätigungsfeld. Plötzlich war es patriotische Pflicht für Millionen Frauen, die drei K: Kinder, Küche, Kirche (oder Kosmetik) gegen die Arbeit am Fließband der Waffenindustrie einzutauschen. Nach dem Ende des Völkerschlachtens ließen sich die Frauen nicht wieder auf ihre „angestammte" Rolle reduzieren. Heim an den Herd, damit war es vorbei.

In allen europäischen Ländern hatten sich schon in der zweiten Hälfte des 19. Jahrhunderts sogenannte Frauenvereine gebildet, die für gewerkschaftliche Rechte, Bildung und politische Rechte in den unterschiedlichsten ideologischen Schattierungen kämpften. Eine englische Dame aus der gutbürgerlichen Welt schlug dabei an der Wende des Jahrhunderts einen radikalen Weg ein: Emmeline Pankhurst.

Sie wurde 1858 in Manchester in eine politisierende Unternehmerfamilie hineingeboren. Ihr Vater Robert Goulden und dessen Ehefrau Sophia beteiligten sich an Protesten gegen die Sklaverei. Ungewöhnlich für die Zeit: Emmeline durfte ihre Mutter bereits mit 14 Jahren auf politische Versammlungen begleiten. In der britischen Mittelschicht galt das gemeinhin als wenig schickliche Freizeitgestaltung für junge Mädchen. Nach einem Internatsaufenthalt in Paris kehrte Emmeline nach Manchester zurück und heiratete den doppelt so alten Rechtsanwalt Richard M. Pankhurst. Die Familie übersiedelte nach London. Während seine junge Frau – durchaus traditionell – in rascher Abfolge fünf Kinder auf die Welt brachte, versuchte sich Richard Pankhurst als liberaler Politiker, mit bescheidenem Erfolg. Er unterstützte aber auch das wachsende sozialpolitische Engagement seiner Frau und trat öffentlich für das Frauen-Wahlrecht ein. Diese politische Haltung war nicht unbedingt geschäftsfördernd. Die konservative Klientel schätzte weder politisierende Frauen noch liberale Ehemänner.

Dennoch bot gerade Großbritannien die gesellschaftspolitischen Voraussetzungen für den Kampf ums Frauen-Wahlrecht. Auf der einen Seite stand eine konservative konstitutionelle Monarchie mit einer starr gegliederten Gesellschaft, auf der anderen Seite bot der seit Jahrhunderten erkämpfte Parlamentarismus eine

Plattform für politische Agitation. Dabei hatten die Frauen, trotz einer für das 19. Jahrhundert weit entwickelten industriellen Gesellschaft, wenig Rechte. Die von den Männern gern kolportierte Einstellung von Königin Victoria, Frauen seien gottgewollt den Männern zur Unterstützung beigegeben und hätten ganz andere Fähigkeiten als Männer, half, den von vielen gebildeten Frauen erhofften Fortschritt zu blockieren. Wenn selbst die Königin dieser Ansicht war, dann sollten Suffragetten wie Emmeline Pankhurst doch schweigen.

Am Anfang des 20. Jahrhunderts hatte die Frau in Großbritannien – wie auch in allen anderen europäischen Staaten – eine sehr von Vorurteilen geprägte Rolle in der Gesellschaft. Wenn Frauen schon arbeiten wollten (mussten), dann in wenigen, sehr traditionellen Berufen. Die überwiegende Mehrheit der arbeitenden Frauen war als Hausmädchen angestellt. Während um 1900 rund 1,7 Millionen Frauen als Dienerinnen in gutbürgerlichen und aristokratischen Haushalten arbeiteten, wurden zwar 124.000 Lehrerinnen in Grundschulen, 68.000 Krankenschwestern, aber nur 212 Ärztinnen und lediglich zwei Architektinnen gezählt.

Emmeline Pankhurst entsprach anfangs diesem Rollenbild. Jung verheiratet, zog sie fünf Kinder groß. Doch nach dem Tod ihres Mannes und einem gescheiterten Versuch, sich und ihre Kinder durch den Betrieb eines Einrichtungsgeschäfts zu ernähren, nahm sie eine Stelle am lokalen Standesamt an und arbeitete ehrenamtlich in der Armenfürsorge. Im Oktober 1903 gründete Emmeline Pankhurst mit vier anderen Frauen die „Women's Social and Political Union" (WSPU) als überparteiliche Frauenplattform. Sie wollten politische Mitbestimmung, vor allem das Wahlrecht für Frauen durchsetzen. Und obwohl sich Pankhurst auch aus persönlicher Betroffenheit für soziale Standards einsetzte, blieben die Suffragetten weitgehend eine bürgerlich-radikale Frauenbewegung. Die soziale Frage wurde nicht in den Vordergrund gerückt.

Anfangs sprach Pankhurst sich für gewaltfreie Aktionen der Frauen zur Erreichung ihrer Ziele aus, sie selbst und ihre Bewegung radikalisierten sich durch Rückschläge und die männliche Arroganz den Anliegen der Frauen gegenüber. Pankhurst trat offen für gewalttätige Aktionen ein: „Wir haben uns viele Jahre lang geduldig Beleidigungen und tätlichen Angriffen ausgesetzt. Frauen wurde die Gesundheit ruiniert, Frauen verloren ihr Leben. Wir hätten sogar das in Kauf genommen, wenn es zum Erfolg geführt hätte, aber es führte nicht dazu. Wir machen mit dem Glasscheibenzerbrechen viel größere Fortschritte mit weniger Verletzungen unsererseits, als wir jemals machten, als wir zuließen, dass sie uns unsere Knochen brachen."

Emmeline Pankhurst erreichte rasch eine große Bekanntheit und ihre Bewegung der Suffragetten (die Bezeichnung leitet sich vom französischen Wort „suffrage", „Wahl" ab) große Popularität unter vielen Frauen, die schon längst in der industrialisierten Gesellschaft Großbritanniens „ihren Mann stehen mussten".

Das Wort „Suffragetten" wurde ursprünglich von einem Zeitungsjournalisten geprägt und war als Schmähung der Frauen gedacht. Bis heute ist „Suffragette" für viele mit einem negativen Image behaftet, obwohl kaum wer den Frauen das Stimmrecht absprechen wollte. Auch wurde die britische Frauenstimmrechtsbewegung nicht allein von den kämpferischen Suffragetten getragen. Es gab auch eine gemäßigte parlamentarische Strömung. Doch die Suffragetten sind zu einem bleibenden Monument geworden. Auch weil die von Männern beherrschte Medienwelt aus den durchaus bürgerlichen Kämpferinnen für das Frauenstimmrecht regelrechte „Weibsteufel" machte. Auch unter Mitwirkung der Suffragetten selbst. Sie verstießen bewusst gegen das viktorianische Rollenbild für Frauen. Die kämpferischen Damen rauchten etwa in der Öffentlichkeit und brachen damit ein weiteres Tabu. Das ungesunde Paffen in Gesellschaft galt als alleiniges männliches Vorrecht. Rauchende Frauen wurden – warum auch immer – als Provokation empfunden.

Michaela Karl geht in ihrem Buch „Wir fordern die Hälfte der Welt!" den Biografien der Exponentinnen nach. Die Suffragettenbewegung wurde als Teil der bürgerlichen Frauenbewegung vorwiegend von Frauen aus der Mittel- und Oberschicht getragen. Für Frauen ohne finanzielle Unabhängigkeit und ohne den Zugang zu höherer Bildung war es besonders schwer, sich für die Emanzipation der Frauen einzusetzen. Dennoch gibt es in der von Pankhurst gegründeten WSPU auch Arbeiterinnen, die in der Industriestadt Manchester schon früh in der Industrie arbeiteten und damit längst dem traditionellen Frauenbild entwachsen waren.

Das Fass zum Überlaufen brachte das ignorante Benehmen des designierten Außenministers Edward Grey. Er wurde bei einer Wahlveranstaltung in der Free Trade Hall von Manchester gefragt, ob er für das Frauen-Wahlrecht eintreten werde. Grey ignorierte die Frage, tat so, als ob er die junge Textilarbeiterin Annie Kenney nicht hören würde. Die Arbeiterin stellte ihre Frage mehrmals in der Versammlung, kletterte auf einen Sessel, um gesehen und gehört zu werden, und wurde von Edward Grey ignoriert. Saalordner schleppten die junge Frau und Christabel Pankhurst, die Tochter von Emmeline, aus dem Saal. Schon am nächsten Tag reagierte die britische Justiz blitzschnell: Beide Frauen wurden zu mehreren Tagen Haft verurteilt, weil sie bei ihrer Festnahme Polizisten bespuckt hätten. Auch Christabels Mutter Emmeline verbüßte im Frühjahr 1908 ihre erste mehrwöchige Haftstrafe. Sie hatte versucht, das britische Parlament zu stürmen.

Die männlichen Aktionen, mit dem Ziel, die weibliche Bewegung zu kriminalisieren, führten zur Solidarisierung breiter Schichten mit den Anliegen der verspotteten Frauen. Schon im Juni 1908 strömte rund eine Viertel Million Menschen in den Londoner Hyde-Park zu einer Versammlung der „Women's Social and Political Union". Die von Emmeline Pankhurst angeführten Suffragetten versuchten wiederholt, zu Premierminister Herbert Henry Asquith vorzudringen und ihm eine Petition mit ihren Anliegen zu übergeben. Die Rangeleien und Schlägereien mit den Polizisten gehörten zur Strategie der Suffragetten. Pankhurst provozierte absichtlich die männliche Ordnungsmacht, ohrfeigte einen Polizisten und wurde mehrfach festgenommen und zu immer längeren Haftstrafen verurteilt.

Die weiblichen Aktivisten setzten dagegen das Mittel des Hungerstreiks ein. Sie erzwangen so, nach etlichen Wochen in Haft, ihre Freilassung. Die Regierung beschloss als Strategie gegen die hungernden Frauen den sogenannten „Cat and Mouse-Act". Die protestierenden Frauen wurden verhaftet, sie hungerten, und wenn ihr körperlicher Schwächezustand gefährlich zu werden drohte, wurden sie entlassen, um kurz nach ihrer Erholung zur Verbüßung der restlichen Freiheitsstrafe wieder im Gefängnis zu landen.

Während die Regierung einerseits Härte und Brutalität zeigte, wollte man doch andererseits keine Märtyrerinnen schaffen. Es gab sie dennoch. Die Suffragetten griffen auch zum Mittel des politischen Selbstmords: Emily Davison sprang beim English Derby in Epsom (Surrey) von den Besucherrängen. Mit der Fahne der „Women's Social and Political Union" in der Hand lief sie auf das galoppierende Pferd von König George V. zu, um so vor elitärem Publikum für das Frauen-Wahlrecht zu demonstrieren. Sie wurde vom Galopper zu Boden gerissen und erlitt einen Schädelbruch. Als sie Tage später ihren schweren Verletzungen erlag, wurde Emily Davison von Emmeline Pankhurst als Märtyrerin gefeiert.

Die Suffragette hatte schon zuvor zu radikalen Methoden gegriffen und einen Bombenanschlag auf das Haus des Schatzkanzlers David Lloyd George verübt. Pankhurst übernahm für diese Tat die Verantwortung und wurde zu drei Jahren Haft verurteilt. Der Prozess wurde zum Fanal. Ihre Anhängerinnen reagierten mit einer Welle der Gewalt, öffentliche Autobusse wurden zerstört, Schaufenster eingeschlagen, Kirchen in Brand gesetzt und der Premierminister mit toten Katzen beworfen.

Emmeline Pankhurst hielt ihre berühmte Rede auf einer Tour durch die Vereinigten Staaten, auf der Geld für die politischen Anliegen der Frauenbewegung gesammelt wurde. Die Suffragetten-Bewegung war innerhalb weniger Jahre auch jenseits des Atlantiks populär geworden. Alice Paul und Lucy Burns demonstrierten und kämpften politisch in den Vereinigten Staaten gegen den als „Kaiser Wilson" verspotteten amerikanischen Präsidenten. Sie waren die ersten Frauen, die vor dem Weißen Haus für Frauenrechte demonstrierten. Zahlreiche Mitglieder der 1913 von Alice Paul als „Congressional Union for Woman Suffrage" gegründeten und später auf „National Woman's Party" (NWP) umbenannten Bewegung waren inhaftiert. Denn die amerikanischen Frauen-Organisationen hatten die Gewalt-Strategie von Emmeline Pankhurst übernommen.

Vor ihrer Rede in Hartford an der amerikanischen Ostküste war Pankhurst bereits zwölf Mal verhaftet worden. Daher konnte sie tatsächlich aus eigener Erfahrung sagen: „Sie haben mich zu drei Jahren Haft verurteilt und mich ins Gefängnis gesteckt. Ich bin nach neun Tagen wieder rausgekommen. Ich habe die Gitterstäbe gebrochen. Vier Mal haben sie mich wieder in den Kerker geworfen. Vier Mal habe ich die Türen wieder aufgesprengt. Ich habe England ganz offen verlassen, um Amerika zu besuchen, obwohl ich nur drei oder vier Wochen meiner dreijährigen Haftstrafe abgesessen habe. Haben wir dadurch nicht ausreichend bewiesen, dass sie Menschen nicht regieren und beherrschen können, wenn deren Wille dazu fehlt?"

Pankhurst war schon längst zum Medienstar geworden. Sie spielte perfekt auf der Klaviatur der Öffentlichkeitsarbeit und erfand den politischen Aktionismus. Zur Finanzierung ihrer Aktivitäten wurden unzählige Metallplaketten mit ihrem Foto um einen Penny verkauft. Sie gab Pressekonferenzen liegend auf einer Krankentrage, geschwächt nach den wiederholten Hungerstreiks. Wenige zeitgenössische Persönlichkeiten wurden häufiger fotografiert als die weibliche Kämpferin, die betont bürgerlich auftrat und stets einen eleganten Hut trug. Und selbst die den Anliegen der Suffragetten feindlich eingestellten Zeitungen honorierten ihren scharfen Humor und ihr Unterhaltungspotenzial. Langweilig waren ihre Auftritte nie.

Die Rede in Hartford sollte eine Begründung und wohl auch eine Entschuldigung für die gewalttätigen Aktionen liefern. Die gepflegte, schlanke und zarte Frau mit ihrer sanften Stimme stand in brutalem Gegensatz zur Härte ihrer Rede. „Taten statt Worte", das war ihr Slogan und diese Worte standen auch auf dem Grabstein von Emily Davison, die sich vor das Pferd des Königs geworfen hatte. Pankhurst versuchte ihr Publikum davon zu überzeugen, dass radikale Maßnahmen – sogar ein politisch motivierter Selbstmord – nötig seien, die Rechte der Frauen durchzusetzen. Unverhüllt erklärt sie die Taktik ihrer Bewegung. Die britische (Männer-)Regierung soll durch die Hungerstreik-Aktionen in die Knie gezwungen werden. Der Tod ist ein Kalkül. Im englischen Originaltext sagt Pankhurst:

„We have brought the government of England to this position, that it has to face this alternative: either women are to be killed or women are to have the vote ... Human life for us is sacred, but we say if any life is to be sacrificed it shall be ours; we won't do it ourselves, but we will put the enemy in the position where they will have to choose between giving us freedom or giving us death."

„Freiheit oder Tod". Im August 1914 war Patriotismus stärker als bürgerlicher Feminismus. Emmeline Pankhurst stellte sich in den Dienst des britischen Empires und beendete die Agitation für das Frauen-Wahlrecht. Mit Kriegsbeginn suchte die britische Regierung auch den Frieden im Inneren. Es gab offizielle Gespräche mit der WSPU, um die Unterstützung der Frauen für Großbritanniens Kriegsanstrengungen zu erhalten. Alle inhaftierten Suffragetten wurden freigelassen. Die Regierung bezahlte sogar 2000 Pfund an die WSPU für die Veranstaltung einer patriotischen Frauendemonstration zur Unterstützung des Krieges.

Pankhursts neuer Slogan hieß nun: „Männer müssen kämpfen, Frauen müssen arbeiten!"

Dass Frauen – kriegsbedingt – in die von Männern dominierte Arbeitswelt eindrangen, hat zur Emanzipation der Frauen mindestens so viel beigetragen wie der politische Kampf der Suffragetten all die Jahre zuvor. Emmeline Pankhurst trat gegen Ende des Krieges – zum blanken Entsetzen ihrer Tochter – in die konservative Partei ein.

1918 war im Vereinigten Königreich einer Minderheit von Frauen das Wahlrecht zugestanden worden. Bei den ersten Unterhauswahlen 1918 schaffte es allerdings keine der 21 Kandidatinnen ins britische Parlament.

Pankhurst kandidierte nicht. Sie widmete die späteren Jahre ihres Lebens dem rhetorischen Kampf gegen den Bolschewismus, scheiterte mit einem Teehaus an der französischen Côte d'Azur. Als 1928 endlich auch im Vereinigten Königreich das allgemeine, gleiche Wahlrecht für Frauen („Equal Suffrage Bill") eingeführt wurde, beobachtete Pankhurst die Abstimmung von der Besuchergalerie des „House of Commons" aus.

Die politische Bewegung der deutschen Geschlechtsgenossinnen war erfolgreicher gewesen. Bereits nach der Gründung der Republik im Jahr 1918 erhielten alle Frauen im Deutschen Reich das Recht, die Volksvertretung mitzubestimmen. Österreich folgte 1919. In den beiden Verliererstaaten des Ersten Weltkriegs waren die alten politischen Eliten so diskreditiert, dass sie den berechtigten Forderungen der Frauen nicht einmal mehr Arroganz entgegensetzen konnten. Der gewalttätige Kampf der englischen Suffragetten hatte ein Jahrzehnt länger gebraucht, bis er ans Ziel führte: dem allgemeinen Wahlrecht für Frauen.

Marie Curie

„Radium ist mehr als hunderttausend Mal kostbarer als Gold"

Ich könnte Ihnen viel über Radium und Radioaktivität erzählen, aber es würde wohl etwas länger dauern. Weil dies in diesem Rahmen nicht möglich ist, werde ich Ihnen hier nur einen kurzen Abriss meiner frühen Arbeit mit Radium geben. Radium ist heute kein Säugling mehr, es ist mehr als zwanzig Jahre alt, aber die Bedingungen, unter denen es entdeckt wurde, waren irgendwie seltsam. Und daher scheint es immer wieder von Interesse, sich daran zu erinnern und die Umstände zu erklären.

... Nun, die spezielle Eigenschaft von Radium liegt in der Intensität der Strahlung, die einige Millionen Mal stärker ist als die Strahlung von Uran. Die Wirkung der Strahlung macht Radium so wichtig. Von einem praktischen Gesichtspunkt aus ist die Auslösung physiologischer Effekte auf die Zellen des menschlichen Organismus die weitaus wichtigste Eigenschaft von Radium. Diese Effekte können genützt werden, um verschiedene Krankheiten zu heilen. In vielen Fällen haben wir gute Resultate erzielt. Als besonders wichtig sehen wir die Behandlung von Krebserkrankungen an. Der Einsatz von Radium für medizinische Zwecke macht es notwendig, dieses Element in ausreichenden Mengen zu erzeugen. Daher wurde eine Fabrik in Frankreich und später auch eine in Amerika gegründet, um mit der Produktion zu beginnen. In Amerika sind große Mengen eines Erzes namens Karbonit verfügbar. Amerika produziert jetzt pro Jahr viele Gramm Radium, aber der Preis bleibt noch immer sehr hoch, weil nur geringe Mengen des Elements Radium

im Erz vorhanden sind. Daher ist Radium mehr als hunderttausend Mal kostbarer als Gold.

Aber wir dürfen nicht vergessen, bei der Entdeckung von Radium wusste niemand, dass sich das Element als sehr nützlich bei der Behandlung von Krankheiten erweisen würde. Die Arbeit an der Entdeckung war „reine Wissenschaft". Es ist für mich ein Beweis, dass wissenschaftliche Arbeit nicht vom Standpunkt der Nützlichkeit und der Verwertbarkeit betrachtet werden darf. Wir müssen Forschung als Selbstzweck betreiben, um der Schönheit der Wissenschaft willen. Dann besteht immer wieder die Chance, dass eine wissenschaftliche Entdeckung eine Wohltat für die Menschheit werden kann, wie etwa Radium. Die wissenschaftliche Geschichte von Radium ist schön ...

Marie Curie bei ihrer Vorlesung am Vassar College in Poughkeepsie, New York, am 14. Mai 1921

*

Marie Curie fuhr 1921 mit dem Ozeandampfer „Olympic" nach Amerika, um dort ein Gramm jenes chemischen Elements geschenkt zu bekommen, das sie selbst entdeckt hatte. Ein Gramm Radium: hunderttausend Mal kostbarer (und teurer) als ein Gramm Gold, wie sie in ihrer Rede am noblen Vassar College im Bundesstaat New York versicherte.

Zum Zeitpunkt ihrer ersten Amerika-Reise war Madame Curie schon ein internationaler Star der Wissenschaft. Sie hatte bereits zwei Mal den Nobelpreis erhalten. Für eine Frau, für eine Physikerin zur Jahrhundertwende eine absolute Sensation. Marie Curie durchbrach die Geschlechterbarriere in der Wissenschaft. Und obwohl sie sich niemals für feministische Politik einsetzte oder in der Frauenbewegung jener Zeit aktiv wurde, so förderte sie doch aktiv Frauen, ermunterte sie zu einer wissenschaftlichen Karriere. Ihre Forschungsleistungen waren so außergewöhnlich, dass auch ein bornierter, männlich dominierter Wissenschaftsbetrieb gezwungen war – nolens volens –, über das Geschlecht hinwegzusehen.

Marie Curie hat die Welt verändert, als Forscherin und als Frau. Ihre Arbeit und ihre Entdeckung beschreibt sie in dem schönen Satz: „A work of pure Science."

Die in Warschau geborene Französin reiste auf Einladung der amerikanischen Journalistin und Herausgeberin Marie Mattingly Meloney über den Atlantik. Die Amerikanerin hatte Curie im Mai 1920 bei einem Interview für ihre Zeitschrift „The Delineator" in Paris kennengelernt. Das Magazin war die größte Frauenzeitschrift des Landes – ein „Journal of Fashion, Culture, and Fine Arts", wie der Untertitel versichert.

Die Journalistin Meloney traf Madame Curie in ihrem Pariser Labor „Institut du Radium" und war von der Persönlichkeit der Wissenschaftlerin tief beeindruckt. Im Rahmen des Gesprächs hatte Curie bemerkt, dass sie zu Forschungszwecken nur noch eine verschwindend geringe Menge an Radium besitze und sie ihre wissenschaftliche Arbeit einschränken müsse. Sie brauche dringend ein Gramm Radium, könne es aber derzeit nicht finanzieren.

Marie Meloney begann nach ihrer Rückkehr in die USA eine Fundraising-Aktion für die französische Forscherin. Sie wollte die damals bedeutende Summe von 100.000 Dollar sammeln, um Curie ein Gramm Radium schenken zu können.

Meloney machte ihr Versprechen wahr. Sie gründete in den Vereinigten Staaten das „Marie Curie Radium Fund Committee", mit dem Ziel, das Kapital für die Beschaffung des Radiums zu sammeln. Produziert wurde das Radium schließlich von der Standard Chemical Company, die seit 1911 Radium erzeugte. Die Amerika-Reise Curies wurde von Meloney mit einer beinahe ausschließlich der Person Curies gewidmeten Ausgabe des „Delineators" vorbereitet.

Innerhalb weniger Monate hatte die Journalistin die gesamte notwendige Summe beisammen. Der amerikanische Präsident Warren G. Harding wollte Madame Curie persönlich im Weißen Haus ein Gramm Radium übergeben. Die wissenschaftliche Reise wurde zum Staatsakt. Curie konnte die Einladung nicht ablehnen, obwohl sie gesundheitlich schon deutlich geschwächt war.

So machte sich Curie in Begleitung ihrer Töchter Irène und Ève und der Herausgeberin des „Delineator" auf dem Schiffsweg auf nach Amerika.

Schon vor der Abreise berichtete die „New York Times" über die Passage der Nobelpreisträgerin für Physik und Chemie. Die angesehene Zeitung konnte den Klischees der Zeit allerdings nicht widerstehen. Marie Curie wird als zerstreute Wissenschaftlerin beschrieben, die untauglich sei, ihren Alltag zu meistern und daher in Begleitung ihrer zwei Töchter reisen müsse. Ein Genie eben, aber ein bisschen verwirrt.

Auch bei ihrer Ankunft dominierten die Sensations-Schlagzeilen. Die „New York Times" ließ ihre Leser wissen, die von Frau Curie entdeckte und von ihr so benannte „Radioaktivität" sei das Wundermittel zur Bekämpfung von Krebs schlechthin. Die Forscherin genoss in Amerika Kultstatus. Bei ihrer Ankunft im Hafen von New York jubelten ihr hunderte Menschen zu.

Tage später und in deutlich dezenterer Aufmachung musste die große „New York Times" zurückrudern: „Radium not a Cure for every Cancer; But Mme. Curie Holds That Substance Is a Specific for Many Forms", korrigierte das Blatt die eigenen Sensations-Schlagzeilen.

Als persönlicher Gast von Frau Carnegie durfte Madame Curie am Vassar College in Poughkeepsie vor den Professoren und Studentinnen des renommierten College eine Vorlesung halten. Auch in dieser Rede betont Curie den medizinischen Nutzen ihrer Entdeckung: Radioaktivität löse physiologische Veränderungen in den Zellen aus. Diese Veränderungen könnten zur Therapie verschiedener Krebsarten verwendet werden. Die wissenschaftliche Entdeckung der Radioaktivität stand also von Beginn der Forschung an in einem engen Bezug zur medizinischen Anwendung und Therapie.

Bereits während des Ersten Weltkriegs entdeckte Curie gemeinsam mit ihrem Ehemann Pierre, dass mittels Radioaktivität etwa Metallteile im Körper sicht- und lokalisierbar gemacht werden können. Auf Anregung Curies wurden damals schon mobile „Röntgen"-Wagen an die Front gebracht, um Kriegsverwundete untersuchen und behandeln zu können. Dafür wurde ein Großteil des am Institut verfügbaren Radiums verwendet. Sie selbst fuhr am 1. November 1914 erstmals mit einem Röntgenwagen zu einem Lazarett rund 30 Kilometer hinter der Front. Während des Ersten Weltkrieges rüstete Marie Curie rund 20 „radiologische Fahrzeuge" aus und machte sogar den Führerschein, damit sie selbst die Wagen fahren durfte.

Ihr Engagement ging auf die Überzeugung zurück, dass die Radioaktivität und die Strahlung von Radium vor allem in der medizinischen Forschung und Behandlung genutzt werden sollten. Sie betont diese Anwendungsmöglichkeit bei ihrer Rede am Vassar College mehrfach, bricht aber eine Lanze für die wissenschaftliche Grundlagenforschung. Die Entdeckung des Elements Radium sei eine Arbeit der „reinen Wissenschaft" gewesen, ohne eine mögliche wirtschaftliche Anwendung anzustreben.

Curie absolvierte während ihres siebenwöchigen USA-Aufenthalts eine Vorlesungstour durch nahezu alle großen Hochschulen des Landes: Dabei wurden ihr neun Ehrendoktorate verliehen. Nur die elitäre Harvard University in Boston verweigerte der Pariser Wissenschaftlerin diese Ehrenbezeugung. Die Herren Professoren in Harvard erklärten, Frau Curie habe seit 1906 nichts Wichtiges geleistet.

Ignoranz musste die Wissenschaftlerin auch in ihrer französischen Wahlheimat erleben. Der zweifachen Nobelpreisträgerin wurde die Aufnahme in die „Académie des sciences" verwehrt. Bei der Abstimmung über die Besetzung eines freien Platzes in der „Académie des sciences" unterlag Curie im Januar 1911 knapp dem Physiker Édouard Branly. Sie hatte im zweiten Wahlgang 28 Stimmen, ihr Konkurrent 30 Stimmen erhalten. Sie wäre die erste Frau in der Akademie der Wissenschaften gewesen. Die Auseinandersetzungen um die Aufnahme Curies lösten eine breite Diskussion in den französischen Zeitungen über die Rolle der Frau in der Wissenschaft aus. Der konservative „Figaro" schrieb etwa: „Man soll nicht versuchen, die Frau dem Manne gleich zu machen!"

Maria Salomea Skłodowska wurde 1867 in Warschau geboren, dieser Teil Polens gehörte damals zum russischen Zarenreich. Das naturwissenschaftliche Interesse wurde Marie Skłodowska von ihrem Vater vererbt, der Mathematik und Physik an verschiedenen staatlichen Schulen und Bildungseinrichtungen unterrichtete. Die Familie zählte zum „niederen" polnischen Adel. Bildung hatte einen hohen Stellenwert. Frauen waren allerdings Ende des 19. Jahrhunderts im Zarenreich noch nicht zum Hochschulstudium zugelassen. Marie musste daher verschiedene Posten als Hauslehrerin übernehmen, ehe sie nach Paris auswandern konnte. Dort nahm sie 1891 ein Studium an der Pariser Sorbonne auf, das sie mit Diplomen für Physik (als Jahrgangsbeste) und Mathematik abschloss. Von den rund 1800 Studenten an der naturwissenschaftlichen Fakultät waren nur zwei Dutzend Frauen.

Im Dezember 1897 begann sie im Gefolge der Entdeckung der Radioaktivität durch Becquerel auf seinen wissenschaftlichen Spuren weiterzuforschen. Sie prägte das Wort „radioaktiv". Gemeinsam mit ihrem Ehemann Pierre, den sie an der Sorbonne kennengelernt hatte, entdeckte das Wissenschaftler-Ehepaar die neuen Elemente Radium und Polonium, bezeichnet nach der polnischen Herkunft Maries.

Die Elemente wurden aus einer Pechblendenprobe aus Sankt Joachimsthal in Böhmen gewonnen. Zwei Eisenbahnwaggons voll Pechblende erhielt Curie auf Vermittlung von Eduard Suess, dem Präsidenten der Akademie der Wissenschaften in Wien, als Geschenk. Das Material war ein Abfallprodukt der Glasindustrie und wurde im böhmischen Bergbaurevier in Wäldern deponiert.

Erst Mitte des 19. Jahrhunderts begann man die Pechblende wirtschaftlich zu nutzen. Es entstand eine k. u. k. Urangelb-Fabrik, die Farben für die Porzellanindustrie herstellte. Damals hatte man keine oder nur sehr oberflächliche Vorstellungen über die chemische und physikalische Zusammensetzung des Materials. Auch die gesundheitlichen Konsequenzen der Arbeit im Uran-Bergwerk waren kaum bekannt. Mindestens jeder dritte Bergarbeiter erkrankte an einer „Berg- und Lungensucht", Auswirkung der Radioaktivität. Auch Marie Curie und ihr Mann litten später unter der „Strahlenkrankheit".

Anhand der Pechblendenproben aus Sankt Joachimsthal fand das Forscherpaar beim Vergleich der Strahlungsintensität eine wesentlich höhere Strahlenmenge in den Erzen. Marie vermutete, dass die Strahlung von einem bis dahin unbekannten Element ausging:

„Diese Anomalie hat uns in höchstem Grade verwundert, und als ich völlig sicher war, dass es sich um keinen experimentellen Fehler handelte, musste diese Anomalie begründet werden. Ich habe damals die Hypothese aufgestellt, dass die Minerale des Thoriums und Urans in geringer Menge eine Substanz enthalten, die wesentlich stärker radioaktiv sein musste als Thorium oder Uran. Dabei konnte es sich um keines der bisher bekannten Elemente handeln, denn alle waren bereits untersucht, es musste also ein neues chemisches Element sein …", beschreibt Marie Curies Biografin Olgierd Wolczek die Entdeckung des neuen Elements.

Das Ehepaar Curie machte sich daran, das vermutete Element aus der Pechblende chemisch zu isolieren. In einem barackenähnlichen Labor bereitete es große Mengen von uranhaltigem Erz auf. Obwohl die Curies mehr als zwei Eisenbahnwaggons Uranerz aufbereiteten, stellten sie nur etwa ein Zehntel Gramm Radiumchlorid daraus her.

Nach dem Unfalltod ihres Mannes Pierre durfte Marie 1910 den Lehrstuhl ihres Mannes übernehmen. Auch dabei dauerte es zwei Jahre, bis die Wissenschaftlerin die Geschlechterbarrieren durchbrechen konnte. Sie war damit die einzige Frau, die an der Sorbonne als Professorin lehren durfte. Die Verleihung des zweiten Nobelpreises, diesmal für Chemie, wurde immer wieder verzögert, weil man der allein lebenden Witwe ein Liebesverhältnis mit einem verheirateten Kollegen nachsagte. Marie Curies Briefe an Paul Langevin wurden gestohlen und über Monate ausschnittsweise veröffentlicht. Ein Teil der französischen Presse versuchte Marie Curie als amoralische Ehebrecherin darzustellen. Auch antisemitische und nationalistische Töne wurden dabei angeschlagen. Ungeachtet dieser persönlichen Diffamierungen erhielt Marie Curie 1911 von der schwedischen Akademie den Nobelpreis zugesprochen. Der Schriftsteller Per Olov Enquist hat die Langevin-Affäre in einem Roman („Das Buch von Blanche und Marie") verarbeitet

Im Jahr 2009 wurde Marie Curie von der Wissenschaftszeitung „New Scientist" zur wichtigsten Wissenschaftlerin gewählt. Die zweifache Nobelpreisträgerin, hieß es in der Begründung, sei die „inspirierendste Frau in der Wissenschaft" und Vorbild für Generationen von Naturwissenschaftlerinnen. Marie Curie starb am 4. Juli 1934 in einem Sanatorium in den Bergen von Hochsavoyen an den Spätfolgen ihrer bei den Forschungen zugezogenen Strahlenkrankheit.

Bertha von Suttner

„Frieden ist die Grundlage und das Endziel des Glückes"

Die ewigen Wahrheiten und ewigen Rechte haben stets am Himmel der menschlichen Erkenntnis aufgeleuchtet, aber nur gar langsam wurden sie von da herabgeholt, in Formen gegossen, mit Leben gefüllt, in Taten umgesetzt. Eine jener Wahrheiten ist die, dass Frieden die Grundlage und das Endziel des Glückes ist, und eines jener Rechte ist das Recht auf das eigene Leben. Der stärkste aller Triebe, der Selbsterhaltungstrieb, ist gleichsam eine Legitimation dieses Rechtes, und seine Anerkennung ist durch ein uraltes Gebot geheiligt, welches heißt: „Du sollst nicht töten".

Doch wie wenig im gegenwärtigen Stande der menschlichen Kultur jenes Recht respektiert und jenes Gebot befolgt wird, das brauche ich nicht zu sagen. Auf Verleugnung der Friedensmöglichkeit, auf Geringschätzung des Lebens, auf den Zwang zum Töten ist bisher die ganze militärisch organisierte Gesellschaftsordnung aufgebaut ...

... Sehen wir uns doch ein wenig in der Welt um, ob die Ereignisse und Aspekte wirklich dazu berechtigen, von den positiven Ergebnissen des Pacificismus und von seiner fortschreitenden Entwicklung zu reden. Ein furchtbarer Krieg, wie ihn die Weltgeschichte noch nicht gesehen, hat eben im Fernen Osten gewütet; eine noch furchtbarere Revolution knüpft sich daran, die das riesige russische Reich durchschüttert und deren Ende gar nicht abzusehen ist. Nichts als Brände, Raube, Bomben, Hinrichtungen, überfüllte Gefängnisse, Peitschungen und Massakres, kurz eine Orgie des Dämons Gewalt; im mittleren und westlichen Eu-

ropa indessen kaum überstandene Kriegsgefahr, Misstrauen, Drohungen, Säbelgerassel, Pressehetzen; fieberhaftes Flottenbauen und Rüsten überall; in England, Deutschland und Frankreich erscheinen Romane, in welchen der Zukunftsüberfall des Nachbars als ganz selbstverständlich Bevorstehendes geschildert wird mit der Absicht, dadurch zu noch heftigerem Rüsten anzuspornen; Festungen werden gebaut, Unterseeboote fabriziert, ganze Strecken unterminiert, kriegstüchtige Luftschiffe probiert, mit einem Eifer, als wäre das demnächstige Losschlagen die sicherste und wichtigste Angelegenheit der Staaten, und sogar die zweite Haager Konferenz wird mit einem Programm versehen, das sie zu einer Kriegskonferenz stempelt, und da wollen die Leute behaupten, die Friedensbewegung mache Fortschritte? ...

... Ganz unabhängig von der eigentlichen Friedensbewegung, die ja selber mehr ein Symptom als die Ursache der sich vollziehenden Wandlung ist, geht ein Prozess der Internationalisierung, der Solidarisierung der Welt vor sich. Dazu wirken mit: die technischen Erfindungen, der gesteigerte Verkehr, die sich verzweigenden und international durchdringenden Interessengemeinschaften, die gegenseitige wirtschaftliche Abhängigkeit, und halb unbewusst – wie Triebe schon sind – waltet da der Selbsterhaltungstrieb der menschlichen Gesellschaft, die ja auf dem Wege der ewig gesteigerten Vernichtungsmethode ihrer Zerstörung entgegenginge und sich instinktiv dagegen aufbäumt ...

... Als mich Roosevelt am 17. Oktober 1904 im Weißen Hause empfing, sagte er zu mir: „Der Weltfriede kommt, er kommt gewiss, aber nur Schritt für Schritt." Und so ist es auch ...

... Und hier handelt es sich noch dazu um ein Ziel, das von vielen Millionen noch gar nicht gesehen wird, von dem unzählige Menschen entweder nichts wissen, oder das sie als eine Utopie betrachten. Mächtige Interessen sind auch damit verbunden, dass es nicht erreicht werde, dass alles beim Alten bleibe. Und die Anhänger des Alten, des Bestehenden, haben einen gar mächtigen Bundesgenossen an dem Naturgesetz der Trägheit, an dem

Beharrungsvermögen, das allen Dingen innewohnt gleichsam als Schutz gegen die Gefahr des Vergehens. Es ist also kein leichter Kampf, der noch vor dem Pacificismus liegt. Von allen Kämpfen und Fragen, die unsere so bewegte Zeit erfüllen, ist diese Frage, ob Gewaltzustand oder Rechtszustand zwischen den Staaten, wohl die wichtigste und folgenschwerste. Denn ebenso unausdenkbar wie die glücklichen segensreichen Folgen eines gesicherten Weltfriedens, ebenso unausdenkbar furchtbar wären die Folgen des immer noch drohenden, von manchen Verblendeten herbeigewünschten Weltkrieges ...

Rede Bertha von Suttners bei der Verleihung des Friedens-Nobelpreises vor dem Nobel-Komitee im norwegischen Parlament zu Christiania am 18. April 1906

*

Nie war das Scheitern folgenschwerer.

Etwa acht Jahre nach der Rede Bertha von Suttners anlässlich der Verleihung des Friedens-Nobelpreises begann der Erste Weltkrieg. Bertha von Suttner war die bedeutendste Vertreterin einer weltumspannenden Friedensbewegung, wie sie in der Geschichte der Menschen noch nie aufgetreten war. Sie stirbt eine Woche vor den tödlichen Schüssen auf Erzherzog Franz Ferdinand in Sarajevo.

Ihre letzten Kräfte hatte sie bei den Vorbereitungen für einen großen Friedenskongress in Wien verbraucht. Im September 1914 hätte diese Konferenz stattfinden sollen. Schon vor den Morden in Sarajevo spürte sie die Gefahr eines großen Krieges: „Nichts als gegenseitige Verdächtigungen, Beschuldigungen und Verhetzungen", beschrieb sie kurz vor dem Tod die weltpolitische Lage.

Dabei sprach im Fin de Siècle viel für den Frieden, viele setzten sich dafür ein. Die technologischen Entwicklungen waren bahnbrechend. Kommunikation und Handel hatten die großen Völker und Volkswirtschaften eng miteinander verflochten. Entfernungen wurden rasch überbrückt, der industrielle Fortschritt gaukelte grenzenlose Chancen und Möglichkeiten vor.

Die Herrscherhäuser des „alten Europa" waren miteinander aufs Engste verwoben, verwandt, verheiratet. Die Großmutter des deutschen Königs war die englische Königin. Krieg wäre auch ein Krieg innerhalb der Dynastien gewesen. Und Hellsichtige sahen auch die Folgen der technischen Entwicklungen für eine bewaffnete Auseinandersetzung zwischen europäischen Völkern voraus. Ein neuer Konflikt würde sich nicht mehr lokal auf ein Schlachtfeld, auf einen Tag des Sterbens beschränken lassen. Wie es kommen würde, war genau beschrieben.

Dennoch rüsteten die europäischen Mächte ständig auf. England investierte in seine Flotte, das Deutsche Reich ins Heer und in die Marine. Und die 600 Jahre alte Habsburger Monarchie träumte auch von militärischer Herrschaft über angeblich angestammte Einflusszonen, wie dem Balkan. Dabei hatten Kaiser Franz Joseph I. und seine k. u. k. Armee seit 1848 alle wichtigen Kriege verloren. 1866 folgte dann die Katastrophe von Königgrätz. Das preußische Heer beendete mit einem Schlachtensieg die Debatte um ein großdeutsches Reich unter Einschluss und Vorherrschaft der Habsburger Monarchie. Moderne Hinterladergewehre erzwangen die Einigung Deutschlands unter Preußens Zepter. In den Friedens-Jahrzehnten danach leitete die industrielle Revolution einen ungeahnten wirtschaftlichen Aufstieg ein, der unterbrochen von der Wirtschaftskrise der 1870er-Jahre bis zum Ausbruch des Ersten Weltkriegs dauern sollte. In der Hochblüte des politischen Liberalismus wuchsen politische Massenparteien wie Sozialdemokraten und Christlichsoziale, genährt durch soziale Not breiter Bevölkerungsschichten. Der Boden für Nationalismus, Populismus und Radikalisierung wurde bereitet.

Die österreichische Baronin Bertha von Suttner war zu Beginn des 20. Jahrhunderts die bekannteste Frau ihrer Zeit. Als Erste hatte sie den von Alfred Nobel auch auf ihr Anraten hin gespendeten Friedens-Nobelpreis empfangen. Als einzige Frau durfte sie an der ersten Haager Friedenskonferenz teilnehmen.

Ihr Roman „Die Waffen nieder!" hatte sie zur Bestseller-Autorin gemacht (ohne dass es damals diesen Begriff gegeben hätte). Rund 240.000 Stück dieses Romans wurden verkauft. Die Baronin war zur beachteten internationalen Persönlichkeit geworden.

Als Gräfin von Kinsky wurde die spätere Bertha von Suttner 1843 in Prag geboren. Als sie zehn Jahre alt war, standen, erstmals seit den Kriegen unter Napoléon Bonaparte, europäische Großmächte wieder gegeneinander im Krieg; die „Heilige Allianz" der europäischen Monarchen war zerbrochen. Mit dem Krim-Krieg und den Einigungskriegen Italiens begannen sie sich in wechselnden Konstellationen gegenseitig zu bekämpfen.

Nationale Einigungsbestrebungen, Kolonialkriege und imperialistische Großraumpolitik, das Aufbegehren unterdrückter Ethnien und Klassen bestimmten die Jahrzehnte, die das Leben Bertha von Suttners umfasste, analysiert die Biografin Marianne Hundt: „Dem Krim-Krieg (eine halbe Million Tote) und den italienischen Kriegen folgten der deutsch-dänische, der preußisch-österreichische, der deutsch-französische Krieg, die Fernost-Konflikte mit Boxeraufstand und Opiumkrieg, der Burenkrieg, die Sezessionskriege, der chinesisch-japanische, der russisch-japanische, der spanisch-amerikanische Krieg, die Balkankriege." Kriege, Kriege, Kriege rund um die Welt.

Die junge Gräfin hatte Baron Arthur von Suttner geheiratet. Ihr Mann engagierte sich politisch und hatte einen Verein gegen den in Wien besonders laut werdenden Antisemitismus gegründet. Baron Suttner unterstützte das Engagement seiner Frau für den Frieden. In Paris hatte von Suttner als Sekretärin und Empfangsdame für den schwedischen Industriellen Alfred Nobel gearbeitet. Nobel, der durch die Erfindung und industrielle Produktion des Sprengstoffes Dynamit reich geworden war, widmete sich seinen philantropischen Neigungen und setzte sich aktiv für eine weltumspannende Friedenspolitik ein. Zwischen ihm und Bertha von Suttner entwickelte sich eine tiefe Freundschaft, die in einer umfangreichen Korrespondenz überliefert ist.

In seinem letzten Brief an Bertha von Suttner schrieb Alfred Nobel: „Ich bin entzückt zu sehen, dass die Friedensbewegung an Boden gewinnt, dank der Bildung der Massen und dank besonders der Kämpfer gegen Vorurteil und Finsternis, unter denen Sie einen hohen Rang einnehmen. Das sind Ihre Adelstitel."

Bertha von Suttner überredete den Industriellen, zusätzlich zu seinen wissenschaftlichen und literarischen Preisen einen Friedenspreis zu stiften. 1901 wurde Henri Dunant – fünf Jahre nach dem Tod des Stifters – vom norwegischen König der erste „Nobelpreis" für seine Beiträge zur Erhaltung des Friedens verliehen. Der Geschäftsmann aus Genf („Compagnie genevoise des Colonies de Sétif") hatte mit seinem Augenzeugenbericht über die Grausamkeiten der Schlacht von Solferino (1859) – vor gut 150 Jahren – die Öffentlichkeit aufgeschreckt. Damals kämpften auf dem oberitalienischen Schlachtfeld rund 170.000 österreichische Soldaten gegen 150.000 Italiener und Franzosen. Es war auf einer Frontlänge von 14 Kilometern ein blutiges Gemetzel.

Henri Dunant, der eigentlich vom französischen Kaiser Napoléon III. Handelsprivilegien für seine nordafrikanischen Geschäftsinteressen erhoffte und ihm daher bis aufs Schlachtfeld nachgereist war, war kein unmittelbarer Zeuge der Schlacht. Er sah jedoch am Tage danach das Leid und das Elend zehntausender Verwundeter, die ohne ernsthafte ärztliche Hilfe in den Dörfern rund ums Schlachtfeld starben. Heute noch vermitteln die Beinhäuser in der Region mit tausenden sorgfältig aufgestapelten Totenschädeln einen Eindruck des Grauens dieser Schlacht. Die persönlichen Erlebnisse Dunants führten später zur Gründung des „Roten Kreuz", einer weltumspannenden Hilfsorganisation.

Solferino und Königgrätz. Unter diesen Eindrücken schließt sich Bertha von Suttner der Friedensbewegung an. Ihr Roman „Die Waffen nieder!" beschreibt in quälenden Bildern die Grausamkeiten der Schlachten und das Leiden der Menschen. Und sie attackiert die Staaten jener Zeit (nur jener Zeit?), weil sie unglaubliche Summen für militärische Rüstung, wenig aber für Bildung ausgeben. Schritt für Schritt wandelt sich ihr literarischer Pazifismus hin zur konkreten politischen Aktion. Sie gründet die „Österreichische Gesellschaft der Friedensfreunde" und hält am Internationalen Friedenskongress in Rom ihre erste öffentliche Rede.

In ihren Schriften, Reden, Briefen und Vorträgen befasst sie sich unter anderem mit der Einführung des Bajonetts und den Nahkampf-Vorschriften der deutschen Armee. Sie kritisierte die Militarisierung der noch jungen Luftfahrt („Die Barbarisierung der Luft", 1912) und prangerte die technologische Entwicklung im Dienste des Krieges an. Drei Jahre vor Beginn des Ersten Weltkrieges und kaum zehn Jahre nach der Entdeckung des strahlenden Elements Radium sah Bertha von Suttner die tödliche Energie radioaktiver Waffen voraus. In ihrem Roman „Der Menschheit Hochgedanken" zeichnet die „Friedensfurie" (so eine gängige Verhöhnung in der Presse jener Zeit) die Schreckensvision einer atomaren Bombe. Ganz präzise erkennt Bertha von Suttner das ungeheure Vernichtungspotenzial dieses chemischen Elements. In Kriegen eingesetzt, würde es die totale Auslöschung bedeuten, schreibt sie. „Damit ist eine Machtfülle in unsere Hand gegeben, für die uns noch das Fassungsvermögen fehlt. Ein Kraftquantum ist uns zur Verfügung gestellt, das alle Arbeitswirkung verhundertfachen, vertausendfachen, verhunderttausendfachen kann. Der Radiumkondensator ist erfunden. Mit von Wolkenhöhen herabgesandten Radiumstrahlenbündeln in ein paar Minuten feindliche Flotten und Heere zu vernichten, feindliche Städte zu zertrümmern, ist Kinderspiel. Gegenseitig. Achtundvierzig Stunden nach der sogenannten ‚Eröffnung der Feindseligkeiten' könnten beide kriegsführenden Parteien einander besiegen und im feindlichen Lande kein Gebäude und kein Lebewesen zurückgelassen haben."

Die apokalyptische Vision einer Waffe, die Kriegsgegner binnen Stunden ausradieren kann, deutet Bertha von Suttner in eine Friedensperspektive um. Sie greift damit 34 Jahre vor dem ersten Atombombenabwurf über Hiroshima im August 1945 die Doktrin der atomaren Abschreckung auf. Ein Gleichgewicht des Schreckens als Garant für den Frieden.

Bertha von Suttner war eine Visionärin. Ihre Fantasie stand der von Jules Verne nicht nach. Sie propagiert eine Art „Europäische Union", einen zollfreien Bund europäischer Staaten ohne Grenzen und Festungen – das im Jahr 1892.

Und die Visionärin wird ernst genommen. Verleumdungen und Schmähungen zeigen, dass diese Frau auch politische Kräfte freisetzt, die vom „militär-industriellen Komplex" gefürchtet werden. So wird sie als „Friedensbertha" oder „Judenbertha" beschimpft und als hysterische Frau lächerlich gemacht. Doch sie kann nicht mehr in ein sektiererisches Eck abgedrängt werden.

Die vom russischen Zaren Nikolaus II. betriebene Einberufung der Haager Friedenskonferenz im Jahr 1899 ist für Bertha von Suttner ein großer politischer Erfolg. Ihr Buch „Die Waffen nieder!" war Auslöser der Konferenz. Erstmals wird das Thema Friedenssicherung auch von den Männern (es waren damals nur Männer) aufgegriffen, die tatsächlich Macht hatten und Entscheidungen über „Krieg oder Frieden" treffen konnten. Bertha von Suttner war die einzige Frau, die den Tagungsort im „Huis ten Bosch" betreten durfte. Im niederländischen Haag wurde der erste Versuch überhaupt unternommen, europäische Konflikte zwischen Staaten auf einer übernationalen Ebene zu behandeln und durch Verhandlungen zu lösen. Um die Jahrhundertwende hatte die pazifistische Bewegung international Fuß gefasst. Die Haager Konferenz erörterte die umfassenden Programme der Pazifisten zur Friedenssicherung und forderte ein „Internationales Schiedsgericht".

Damit sollten Konflikte zwischen Staaten auf der Basis eines rechtlich abgesicherten Verfahrens ausgetragen werden.

In ihrer Biografie beschreibt Bertha von Suttner die Tage in Haag. Sie wird als Zivilistin an der Konferenz teilnehmen, den gekrönten Häuptern vorgestellt, sie erlebt aber auch Skepsis und kaum verborgenen Hohn:

„Ankunft im Haag. Die Stadt in Frühlingszauber getaucht. Heller Sonnenschein. Fliederdüfte in der kühlen Luft. Unsere Zimmer im Hotel bereit. Neun Uhr abends. Wir sitzen noch im Speisesaal. Der Korrespondent des ,Neuen Wiener Tagblatt' lässt sich melden. Nehme ihn an, und er setzt sich zu unserem Tisch. Mit großer Heiterkeit beginnt er die Unterhaltung: ,Habe eben mit dem Vertreter einer Großmacht gesprochen: Man ist sich ja so ziemlich im Klaren über die voraussichtlichen Ergebnisse ... Erweiterung der Genfer Konvention ...' – ,Das wäre – wenn weiter nichts erreicht würde – ein arger Betrug an den Hoffnungen der Völker und auch eine Enttäuschung für den Zaren, dessen Wünsche sich auf das Schiedsgericht.'

Der Korrespondent unterbricht mich lachend: ,Darüber ist auch gesprochen worden ... nun, das ist einfach kindisch ... die Staaten würden einem Spruch, der ihnen nicht behagt, nicht Folge leisten.'

Also immer wieder die alten Argumente. Ich hörte sie schon ordentlich kommen, die ,vitale Frage', obwohl keiner recht weiß, was er sich dabei denkt. Was sollen denn diese ,Lebensangelegenheiten' sein, die sich am besten durch hunderttausendfaches Totschlagen fördern lassen?"

Die erste Haager Konferenz wird durchaus konkrete Ergebnisse bringen. Im Anschluss an die Tagung wird die Haager Landkriegsordnung beschlossen, die den Einsatz besonders grausamer Waffen, unter anderem Giftgase, verbietet. Nach und nach treten 49 Staaten dieser Konvention bei. Bertha von Suttner ist beseelt von ihrer Lebens-Idee. Sie reist in die Vereinigten Staaten, nimmt dort am Weltfriedenskongress in Boston teil. Ihr Name und ihr Ruf sind auch jenseits des Atlantiks angekommen. Sie hält zahlreiche Vorträge und wird vom amerikanischen Präsidenten Theodore Roosevelt empfangen, der auch unter ihrem Einfluss die zweite Haager Friedenskonferenz einberuft.

Ihre Schriften und ihre Reden sind – im Rückspiegel der Geschichte betrachtet – nicht frei von schwülstigem Pathos und hehren Worten. Im deutschen Abenteuer-Schriftsteller Karl May findet sie einen Seelen-Vertrauten. Bertha von Suttner und der Old-Shatterhand-Erfinder bestärken einander in ihren politischen Zielsetzungen. Sie besucht nach dem Tode Karl Mays seine Witwe in der „Villa Shatterhand" in Radebeul.

Klara May verrät in ihrem Tagebuch auch etwas über die Rednerin Bertha von Suttner. „Sie scheint nach Worten zu suchen. Und dann spricht sie leise, ganz leise, und langsam, die einzelnen Wörter durch Pausen voneinander trennend. Niemals bewegt sie eine Hand; niemals eine Geste. Wo sie die Rede unterstreichen will, tut sie es durch den Ton, durch ein scharfes Zurückwerfen des Kopfes. Das Ganze erweckt den Eindruck von Hoheit."

Sie spricht leise, langsam, müde und fesselt dennoch ihr Publikum, das sich höchst heterogen zusammensetzt. Dabei ist sie eine geübte Rednerin. Ihre Vortragsreisen sind regelrechte Tourneen. Sie reist durch ganz Europa, hält dutzende Vorträge, rastlos.

Bei allem Pathos, das ihr nicht fremd war, und bei allem Spott, den die „Realisten" über die von einer Friedens-Vision beseelte Frau gossen, Bertha von Suttner blieb fest. Bei einem Vortrag in San Francisco fand sie ihr zeitloses Schlusswort: „Die echten und überzeugten Friedenskämpfer sind immer die Optimisten. Sie sind Optimisten von Natur aus. Sie wünschen nicht nur, sie hoffen nicht nur, sie sind sicher, dass die Welt Fortschritte macht und sich aufwärts entwickelt. Sie wissen es. Für sie ist die zukünftige, friedliche Organisation der Welt nicht bloß eine Möglichkeit, sondern ihr Entstehen unausweichlich. Unser Optimismus macht uns aber nicht blind gegenüber den Ereignissen der Stunde und den Gefahren der Zukunft."

Kaiser Wilhelm II.

„Wir werden uns wehren bis zum letzten Hauch von Mann und Ross!"

An das deutsche Volk!

Seit der Reichsgründung ist es durch 43 Jahre Mein und Meiner Vorfahren heißes Bemühen gewesen, der Welt den Frieden zu erhalten und im Frieden unsere kraftvolle Entwickelung zu fördern. Aber die Gegner neiden uns den Erfolg unserer Arbeit.

Alle offenkundige und heimliche Feindschaft von Ost und West, von jenseits der See haben wir bisher ertragen im Bewusstsein unserer Verantwortung und Kraft. Nun aber will man uns demütigen. Man verlangt, dass wir mit verschränkten Armen zusehen, wie unsere Feinde sich zu tückischem Überfall rüsten, man will nicht dulden, dass wir in entschlossener Treue zu unserem Bundesgenossen stehen, der um sein Ansehen als Großmacht kämpft und mit dessen Erniedrigung auch unsere Macht und Ehre verloren ist.

So muss denn das Schwert entscheiden. Mitten im Frieden überfällt uns der Feind. Darum auf zu den Waffen! Jedes Schwanken, jedes Zögern wäre Verrat am Vaterlande.

Um Sein oder Nichtsein unseres Reiches handelt es sich, das unsere Väter sich neu gründeten. Um Sein oder Nichtsein deutscher Macht und deutschen Wesens.

Wir werden uns wehren bis zum letzten Hauch von Mann und Ross. Und wir werden diesen Kampf bestehen auch gegen eine Welt von Feinden. Noch nie ward Deutschland überwunden, wenn es einig war.

Vorwärts mit Gott, der mit uns sein wird, wie er mit den Vätern war!

„Balkonrede" des deutschen Kaisers Wilhelm II. am 1. August 1914

*

Der Erste Weltkrieg gilt als die „Urkatastrophe des 20. Jahrhunderts". Historiker wie der Brite Niall Ferguson sehen die Periode zwischen 1914 und 1945 als eine Abfolge zweier Kriege, die in letzter Konsequenz erst 1989 mit dem Fall des Eisernen Vorhangs und dem Ende der Teilung Europas abgeschlossen wurden.

Die Katastrophe des 20. Jahrhunderts begann gleichsam offiziell am 1. August 1914 mit der Kriegserklärung des deutschen Kaisers an das russische Zarenreich.

Kaiser Wilhelm II. griff persönlich in die Vorbereitungen des Waffengangs ein, der, als „großer Krieg" begonnen, schließlich zum Weltkrieg mutierte und Millionen Opfer forderte.

Schon am Vortag war der deutsche Kaiser gemeinsam mit seiner Frau auf den Balkon des Berliner Stadtschlosses getreten und hatte vor der versammelten Menschenmenge erklärt: „Eine schwere Stunde ist heute über Deutschland hereingebrochen. Neider überall zwingen uns zu gerechter Verteidigung.

Man drückt uns das Schwert in die Hand. Ich hoffe, dass, wenn es nicht in letzter Stunde Meinen Bemühungen gelingt, die Gegner zum Einsehen zu bringen und den Frieden zu erhalten, wir das Schwert mit Gottes Hilfe so führen werden, dass wir es mit Ehren wieder in die Scheide stecken können. Enorme Opfer an Gut und Blut würde ein Krieg von uns erfordern. Den Gegnern aber würden wir zeigen, was es heißt, Deutschland zu reizen. Und nun empfehle ich euch Gott, geht in die Kirche, kniet nieder vor Gott und bittet ihn um Hilfe für unser braves Heer!"

Die „Münstersche Zeitung" berichtete am 2. August über dieses Ereignis: „Als gegen 8 Uhr abends die Menge stürmisch nach dem Kaiser rief, erschien Seine Majestät mit der Kaiserin und hielt alsbald eine Ansprache".

Im Juli 1914 waren – Zeitzeugenberichten folgend – unglaublich viele Menschen auf den Straßen und den Plätzen. Es gab eine fiebrige Erwartung. Die Menschen spürten die politische Schwüle, sie ahnten das Unwetter des Krieges und Millionen sehnten das scheinbar „reinigende Stahlgewitter" herbei. Im „Spiegel-Archiv" wird ein „Einjährig Freiwilliger" zitiert, der sich bereits am 1. August zum Kriegsdienst gemeldet hatte: „So stumpf, ach so stumpf war der Friede! Nun funkeln die neuen Geschirre im Stall – Wie lange hat's danach uns gelüstet! Kanonen, Haubitzen, Granaten, Schrapnell – Da hilft kein Winden und Drehen, Das klingt so glatt und das jauchzt so hell."

In der Hitze des Sommers 1914 dürstete die Bevölkerung nach Informationen. Buchstäblich allerorts mobilisierten Lokalpolitiker, Journalisten und Universitätslehrer die patriotische Stimmung.

Seit der Ermordung des österreichischen Erzherzogs Franz Ferdinand am 28. Juni 1914 in der bosnischen Hauptstadt Sarajevo durch den serbischen Anarchisten Gavrilo Princip waren die europäischen Großmächte in einer schicksalhaften Maschinerie der Drohungen, der Ultimaten, der Mobilisierung und der patriotischen Aufwallungen verfangen. Der „falsche Krieg" – so ein Buchtitel von Niall Ferguson – schien unaufhaltsam.

Die österreichisch-ungarische Monarchie hatte auf die Ermordung des Thronfolgers mit einem Ultimatum reagiert, das so formuliert war, dass es für das serbische Königreich nicht oder kaum annehmbar war. Zahlreiche Vermittlungsbemühungen scheiterten an Ignoranz oder an den Intrigen des zum Krieg entschlossenen „militärindustriellen" Komplexes.

Die österreichisch-ungarische Vielvölker-Monarchie war in ihren Grundfesten durch den Nationalismus, besonders den slawischen Nationalismus, bedroht. Jahrzehntelang erwies sich die Monarchie unter Kaiser Franz Joseph I. als unfähig, überfällige Reformen durchzuführen. Das „Weiterwursteln" war zur Staatsdoktrin erklärt worden. Die disziplinierte Beharrlichkeit, mit der der zunehmend greise Kaiser die auseinanderstrebenden Völkerschaften verwaltete, hielt das Reich zusammen. Jedem Hellsichtigen war aber klar, dass nach dem Tod des Kaisers, der durch die schiere Länge seiner Regierungszeit zum staatserhaltenden Mythos geworden war, etwas passieren müsse, passieren werde.

Die Reden Kaiser Wilhelms II. waren durch die sich anbahnende Eskalation der sogenannten Julikrise und der finalen Verschärfung zu einem deutsch-russischen Krieg motiviert.

Deutschland kam damit seiner Bündnispflicht gegenüber Österreich-Ungarn nach, das sich seit drei Tagen im Kriegszustand mit Serbien befand. Allerdings hatte das Deutsche Reich Österreich freie Hand für seinen geplanten kurzen Feldzug gegen Serbien gelassen und damit die Habsburger Monarchie praktisch ermutigt, loszuschlagen.

In seiner Thronrede im „Weißen Saal" des Berliner Stadtschlosses versuchte der Kaiser die Reichsratsabgeordneten, insbesondere jene der Sozialdemokraten, „auf Linie" zu bringen. Das Regime hatte große Sorge, dass die Arbeiterschaft nicht in die allgemeine Kriegsbegeisterung einstimmen könnte und die Sozialdemokraten gegen die Mobilmachung Opposition betreiben würden.

Die Befürchtungen von Kaiser Wilhelm II. und der deutschen Militärführung erwiesen sich als grundlos. Die SPD wollte nicht zu den „vaterlandslosen Gesellen" gehören. So hatte der Kaiser noch wenige Jahre zuvor sozialdemokratische Politiker bezeichnet. Nach Kriegsausbruch musste die Monarchie einen „nationalen Schulterschluss" erreichen. In diesem Sinn kam der patriotische „Burgfriede" den Kriegsbestrebungen der national-konservativen Kreise zugute. Kaiser Wilhelms Berliner Thronrede am 4. August 1914 endete laut den stenografischen Protokollen des Reichsrates mit diesen Sätzen: „Sie haben gelesen, was ich zu meinem Volke vom Balkon des Schlosses aus gesagt habe. Hier wiederhole ich: Ich kenne keine Partei mehr, ich kenne nur Deutsche! Zum Zeichen dessen, dass Sie fest entschlossen sind, ohne Parteiunterschied, ohne Stammesunterschiede, ohne Konfessionsunterschied durchzuhalten mit mir durch dick und dünn, durch Not und Tod, fordere ich die Vorstände der Parteien auf, vorzutreten und mir das in die Hand zu geloben."

Die SPD, damals übrigens mit mehr als drei Millionen eingetragenen Mitgliedern die größte Partei Europas, reihte sich in die nationale Kriegsfront ein. In einer offiziellen Fraktionserklärung hieß es: „Es gilt diese Gefahr abzuwehren, die Kultur und die Unabhängigkeit unseres eigenen Landes sicherzustellen. Da machen wir wahr, was wir immer betont haben, wir lassen in der Stunde der Gefahr das Vaterland nicht im Stich." Das stenografische Protokoll vermerkt: „lebhafter Beifall". Und die „Neue Preußische Zeitung" konnte tags darauf zufrieden kommentieren: „Im Inneren unseres Vaterlandes ist voller Burgfriede geschlossen." Der Abmarsch der Soldaten zum Schlachten konnte beginnen.

Die Tage zwischen dem 31. Juli und dem 4. August brachten für die Weltgeschichte eines Jahrhunderts entscheidende Stunden. Die alles überlagernde Frage in diesen Tagen lautete: Wird Großbritannien in einen Krieg gegen das deutsche Kaiserreich eintreten? Wilhelm II. hatte ja beste verwandtschaftliche Beziehungen zum englischen Königshaus. Es wäre – und wurde – ein Krieg unter engen Verwandten. Wilhelm wurde am 27. Januar 1859 in Berlin als Sohn des späteren Kaisers Friedrich III. und der englischen Prinzessin Victoria, der ältesten Tochter Queen Victorias, geboren. Die legendäre englische Königin war also die Großmutter des deutschen Kaisers.

Die diplomatischen Ränke in diesen Tagen, die vielen zweideutigen Botschaften, die ausgetauscht wurden, die unseligen Mechanismen komplizierter Bündnisverpflichtungen ließen dem Frieden aber keine Chance. Obwohl Großbritannien eigentlich weder Krieg gegen Österreich-Ungarn noch gegen das deutsche Kaiserreich führen wollte, kam es zum blutigen Krieg, zum Gemetzel, dem Millionen zum Opfer fielen. Und zu einer europäischen Nachkriegsordnung, die mit den Verträgen von Versailles und St. Germain den Boden für den Nationalsozialismus und den Zweiten Weltkrieg bereitete. Die militärische Logik trat an die Stelle diplomatischer Bemühungen.

Schon in den beiden „Balkonreden" versucht Kaiser Wilhelm II. die Frage nach der Schuld an diesem Waffengang Deutschlands Gegnern zuzuschieben. „Mitten im Frieden überfällt uns der Feind", fantasiert der Kaiser, und „Neider zwingen uns zu gerechter Verteidigung. Man drückt uns das Schwert in die Hand". Die Kriegsschuldfrage, die im Versailler Vertrag und in der alliierten Mantelnote allein zu Lasten des Deutschen Reiches beantwortet wurde, hat in den Folgejahren zur Machtentfaltung und zur Machtergreifung des Nationalsozialismus entscheidend beigetragen. Der Historikerstreit darüber ist bis heute nicht einvernehmlich beigelegt.

Die wissenschaftlichen Arbeiten von Niall Ferguson haben jedenfalls bewiesen: Der Erste Weltkrieg und damit die Zerstörung der politischen und gesellschaftlichen Ordnung Europas war keineswegs „unvermeidlich". Der Friede hätte auch noch in den ersten Augusttagen 1914, selbst nach den „Balkonreden" des deutschen Kaisers, erhalten werden können. Politisches Unvermögen, Charakterlosigkeit, militärisches Machtstreben und eine Verkettung scheinbar zwingender Abläufe haben schließlich zur „Urkatastrophe" des 20. Jahrhunderts geführt.

Am Tage des für Deutschland die Niederlage besiegelnden Waffenstillstands am 9. November 1918 hielt der Revolutionäre Sozialist Karl Liebknecht vom Balkon des Berliner Stadtschlosses eine Rede. Er rief die „Deutsche Sozialistische Republik" aus. War Wilhelms Rede die Ouvertüre zum Weltkrieg, sollte Liebknechts Balkonrede den Schlussakt des millionenfachen Sterbens symbolisieren. Es endete freilich nur ein Zwischenakt, ehe nach einer Pause von zwei Jahrzehnten Europa neuerlich ein Inferno und schließlich die „Götterdämmerung" germanischen Größenwahns erlebte.

116

Wladimir Iljitsch Lenin

„Keine parlamentarische Republik – sondern eine Republik der Sowjets"

In unserer Stellung zum Krieg, der seitens Russlands auch unter der neuen Regierung Lwow und Konsorten, infolge des kapitalistischen Charakters dieser Regierung, unbedingt ein räuberischer, imperialistischer Krieg bleibt, sind auch die geringsten Zugeständnisse an die „revolutionäre Vaterlandsverteidigung" unzulässig.

1. Einem revolutionären Krieg, der die revolutionäre Vaterlandsverteidigung wirklich rechtfertigen würde, kann das klassenbewusste Proletariat seine Zustimmung nur unter folgenden Bedingungen geben: a) Übergang der Macht in die Hände des Proletariats und der sich ihm anschließenden ärmsten Teile der Bauernschaft; b) Verzicht auf alle Annexionen in der Tat und nicht nur in Worten; c) tatsächlicher und völliger Bruch mit allen Interessen des Kapitals.

Organisierung der allerbreitesten Propaganda dieser Auffassung unter den Fronttruppen. Verbrüderung.

2. Die Eigenart der gegenwärtigen Lage in Russland besteht im Übergang von der ersten Etappe der Revolution, die infolge des ungenügend entwickelten Klassenbewusstseins und der ungenügenden Organisiertheit des Proletariats der Bourgeoisie die Macht gab, zur zweiten Etappe der Revolution, die die Macht in die Hände des Proletariats und der ärmsten Schichten der Bauernschaft legen muss.

Diesen Übergang kennzeichnet einerseits ein Höchstmaß an Legalität (Russland ist zurzeit von allen Krieg führenden Ländern das freieste der Welt), andererseits das Fehlen der Anwendung

von Gewalt gegen die Massen, und schließlich die blinde Vertrau-
ensseligkeit der Massen gegenüber der Regierung der Kapitalis-
ten, der ärgsten Feinde des Friedens und des Sozialismus.

Diese Eigenart fordert von uns die Fähigkeit, uns den beson-
deren Bedingungen der Parteiarbeit unter den unerhört breiten,
eben erst zum politischen Leben erwachten Massen des Proleta-
riats anzupassen.

3. Keinerlei Unterstützung der Provisorischen Regierung,
Aufdeckung der ganzen Verlogenheit aller ihrer Versprechungen,
insbesondere hinsichtlich des Verzichts auf Annexionen. Entlar-
vung der Provisorischen Regierung statt der unzulässigen, Illusio-
nen erweckenden „Forderung", diese Regierung, die Regierung
der Kapitalisten, solle aufhören, imperialistisch zu sein.

4. Anerkennung der Tatsache, dass unsere Partei in der Mehr-
zahl der Sowjets der Arbeiterdeputierten in der Minderheit, vor-
läufig sogar in einer schwachen Minderheit ist gegenüber dem
Block aller kleinbürgerlichen, opportunistischen Elemente, die
dem Einfluss der Bourgeoisie erlegen sind und diesen Einfluss in
das Proletariat hineintragen.

Aufklärung der Massen darüber, dass die Sowjets der Arbei-
terdeputierten die einzig mögliche Form der revolutionären Re-
gierung sind und dass daher unsere Aufgabe, solange sich diese
Regierung von der Bourgeoisie beeinflussen lässt, nur in gedul-
diger, systematischer, beharrlicher, besonders den praktischen
Bedürfnissen der Massen angepasster Aufklärung über die Feh-
ler ihrer Taktik bestehen kann. Solange wir in der Minderheit
sind, leisten wir die Arbeit der Kritik und Klarstellung der Feh-
ler, wobei wir gleichzeitig die Notwendigkeit des Übergangs der
gesamten Staatsmacht an die Sowjets der Arbeiterdeputierten
propagieren, damit die Massen sich durch die Erfahrung von
ihren Fehlern befreien.

5. Keine parlamentarische Republik – von den Sowjets der Ar-
beiterdeputierten zu dieser zurückzukehren wäre ein Schritt rück-
wärts –, sondern eine Republik der Sowjets der Arbeiter-, Landar-

beiter- und Bauerndeputierten im ganzen Lande, von unten bis oben. Abschaffung der Polizei, der Armee, der Beamtenschaft.

Entlohnung aller Beamten, die durchweg wählbar und jederzeit absetzbar sein müssen, nicht über den Durchschnittslohn eines qualifizierten Arbeiters hinaus.

6. Im Agrarprogramm Verlegung des Schwergewichts auf die Sowjets der Landarbeiterdeputierten. Beschlagnahme der gesamten Ländereien der Gutsbesitzer. Nationalisierung des gesamten Bodens im Lande …

7. Sofortige Verschmelzung aller Banken des Landes zu einer Nationalbank und Errichtung der Kontrolle über die Nationalbank durch den Sowjet der Arbeiterdeputierten.

8. Nicht „Einführung" des Sozialismus als unsere unmittelbare Aufgabe, sondern augenblicklich nur Übergang zur Kontrolle über die gesellschaftliche Produktion und die Verteilung der Erzeugnisse durch den Sowjet der Arbeiterdeputierten.

Rede Wladimir Iljitsch Lenins vor den Petersburger Sowjets am 17. April 1917

*

Kurz nach seiner Rückkehr aus dem Exil in der Schweiz hielt Lenin am 17. April 1917 auf der Konferenz der Bolschewiki in Petrograd ein programmatisches Referat.

Dabei verlas er – Punkt für Punkt – seine Thesen für die weitere Strategie der Bolschewiken im Kampf um die Macht im ehemals zaristischen Russland. Der Erste Weltkrieg tobte zu diesem Zeitpunkt an allen Fronten.

Die oberste deutsche Heeresführung hatte Lenin aus seinem Schweizer Exil in einem versiegelten Eisenbahnwaggon quer durch Deutschland und Schweden nach Petersburg (Petrograd) gebracht. Das deutsche Kaiserreich erhoffte sich durch Lenin die Beendigung des Krieges an der Ostfront. So sollten umfangreiche militärische Kräfte im Osten frei gemacht und an der Westfront doch noch ein Durchbruch erzielt werden.

Die Rechnung ging, zumindest im ersten Teil, auf. Lenin agitierte zur vollen Zufriedenheit der deutschen Obersten Heeresleitung.

Wohl die seltsamste Koalition der Weltgeschichte. Da die konservativ-aristokratisch-militärische Elite des wilhelminischen Kaiserreichs, dort der kommunistische Revolutionär aus dem Schweizer Exil, der für all das steht, was die deutschen Militärs als Schreckgespenst fürchten und bekämpfen. In einer welthistorischen Sekunde verfolgen sie ein Ziel.

Und die Reise dorthin begann am Zürcher Hauptbahnhof. Es ist Sonntag, der 9. April 1917. Eine Gruppe von 32 Personen steigt in einen Wagen des Schnellzugs 263. Es sind russische Emigranten, die in Zürich während der ersten Jahre des Weltkriegs Zuflucht gefunden haben. Darunter befindet sich ein kleiner Mann: Wladimir Iljitsch Lenin. Lenin lebte beim Ausbruch des Krieges im damals österreichischen Krakau. Er wird unter dem Verdacht, russischer Spion zu sein, verhaftet, aber wenige Tage später auch auf Intervention des österreichischen Sozialdemokraten Victor Adler freigelassen. Zur Vermeidung weiterer Spionagevorwürfe reist Lenin mit seiner Frau nach Zürich. Die Schweiz ist ihm sicherer als Krakau, dort war die österreichisch-russische Front gefährlich nahe.

In Zürich agitiert der Revolutionär, von Geheimdiensten überwacht, für seine große „Weltrevolution". Die Schweizer zeigen sich völlig unbeeindruckt.

Da erreichen Lenin die Nachrichten vom Erfolg der Frühlingsrevolution. Frauen haben zu streiken begonnen, weil sie in St. Petersburg zu lange auf Brot warten mussten. Die Arbeiter in den Fabriken haben sich angeschlossen. Die Soldaten verweigern die Befehle. Russlands Generäle zwingen Zar Nikolaus II. zum Rücktritt. Der Monarch dankt ab.

Die bürgerliche Provisorische Regierung und der neu gegründete „Rat der Arbeiter- und Soldatendeputierten" haben im ehemaligen St. Petersburg, das bis zum Ende der Sowjetunion Leningrad heißen wird, die Regierungsgewalt übernommen. Das ist die Stunde der gewaltbereiten Bolschewiken. Lenin wird – Wahrheit oder Legende – kurz vor der Abreise so zitiert: „Entweder sind wir in sechs Monaten Minister, oder wir hängen."

Nur wenige nehmen von Lenins Abreise Notiz, berichtet Anja Herold in „Lenin: Reise zur Macht". Der weltgeschichtliche Moment ist keiner Zeitung in der Schweiz auch nur eine Kurzmeldung wert. Lenin weiß, worauf er sich einlässt, die Bedingungen und Details der langen Zugfahrt quer durch das deutsche Kaiserreich, durch Schweden bis nach St. Petersburg sind monatelang im Detail besprochen worden. Erste Pläne, den Revolutionär Lenin aus Zürich in seine Heimat zu bringen, sind bereits 1915 aufgetaucht. Die Thesen Lenins kommen der deutschen Heeresleitung entgegen. Eine Revolution von innen soll den Widerstand des zaristischen Russland brechen. Dem Bolschewikenführer ist klar, weshalb ihm das Auswärtige Amt und die Oberste Heeresleitung helfen. Die deutsche Regierung weiß, dass Lenin sie benutzt. Beide Parteien sind überzeugt, den jeweils anderen übervorteilt zu haben.

Die Zugfahrt dauert eine Woche. Um Mitternacht am 16. April fährt die Dampflokomotive in den Finnischen Bahnhof von Petrograd ein. Nach 17 Jahren im Exil kehrt Lenin in die russische Politik zurück. Statt des erwarteten Polizeikommandos ist dort eine Ehrengarde von Matrosen angetreten. Menschen drängen zum Bahnhof.

Unmittelbar nach seiner Ankunft in Petersburg redet Lenin zu Tausenden auf dem Bahnhofsvorplatz. Jeder wahre Sozialist müsse der Regierung den Gehorsam verweigern. „Alle Macht den Sowjets! Alles Land den Bauern! Friede um jeden Preis!" Das hören die deutschen Unterstützer des Bolschewiken gern.

Der Leiter der deutschen Abwehr in Stockholm telegrafiert an die Oberste Heeresleitung nach Berlin: „Lenins Eintritt in Russland geglückt. Er arbeitet völlig nach Wunsch."

Nach der Frühjahrsrevolution im russischen Zarenreich, bei der der Zar und die alte Ordnung gestürzt worden waren, kämpften radikale und gemäßigtere Kräfte um die Vorherrschaft und um die endgültige Macht in Russland. Die ersten drei Kriegsjahre hatten wenige Erfolge gebracht, aber unglaubliche Opfer an Menschen gefordert. Die russische Bevölkerung war kriegsmüde. Da traf die bolschewikische Parole „Brot und Frieden" den Nerv der Massen. An den Fronten befanden sich die schlecht ausgerüsteten und demoralisierten russischen Einheiten in langsamer Auflösung. Der revolutionäre Funke hatte längst auf die Soldaten übergegriffen. Die im April von Lenin vor dem Petersburger Sowjet propagierte Forderung nach „Verbrüderung" fand bereitwillige Aufnahme.

Nachdem es Lenin und den Bolschewiken schließlich in der Oktoberrevolution gelungen war, in Russland die Macht zu übernehmen, die gemäßigten Revolutionäre zu besiegen und sie mit der Errichtung der Diktatur des Proletariats beginnen konnten, brauchten die Bolschewiken Zeit und Ruhe an der Front zur Stabilisierung ihres Regimes. Der Widerstand gegen die Etablierung einer kommunistischen Diktatur war längst nicht gebrochen.

Der russischen Revolutions-„Lokomotive" drohte der Dampf auszugehen. Innerhalb weniger Monate mussten die Bolschewiken das Land aus der Erstarrung der autokratischen Alleinherrschaft des überlebten Zarismus hin zu einer auf den Sozialismus orientierten Räterepublik katapultieren. Und dies inmitten der Katastrophe des Ersten Weltkriegs, des Bürgerkriegs und des Hungers.

Günter Judick analysiert: „Da die erhoffte Revolution im Westen scheiterte, blieb kaum eine andere Möglichkeit als der Aufbau des Sozialismus in einem Land". Dazu noch in einem technisch und kulturell weit zurückgebliebenen Riesenreich mit rund 170 Millionen meist verarmten Bewohnern.

Die neue Sowjetregierung unter Lenin bot am 26. November einen Waffenstillstand an, der der Kapitulation der russischen

Armee gleichkam. Am 15. Dezember 1917 wurden die Kämpfe an der Ostfront eingestellt. Aus deutscher Sicht hat Lenins Reise ihren Zweck perfekt erfüllt. Eine Woche nach dem Waffenstillstand, der plötzlich wieder Hoffnung auf einen „Siegfrieden" für die Mittelmächte aufkommen lässt, treffen die Verhandlungsdelegationen in der früheren zaristischen Festungsstadt Brest-Litowsk ein.

Die zwei Gruppen hätten unterschiedlicher nicht sein können. Auf der einen Seite konservative Militärs, europäischer Hochadel, auf der anderen Seite bolschewikische Revolutionäre, die gerade eben erst den russischen Adel ausgelöscht hatten. Zwei Welten trafen aufeinander und hatten vom jeweils anderen einen denkbar schlechten Eindruck. Ottokar Graf Czernin, der Leiter der österreichisch-ungarischen Delegation, erinnerte sich später an das erste gemeinsame Abendessen: „Der Führer der russischen Delegation ist ein erst vor Kurzem aus Sibirien entlassener Jude namens Joffe ... nach dem Essen hatte ich meine erste lange Unterredung mit Herrn Joffe ... Ich machte ihn aufmerksam, dass wir eine Nachahmung der russischen Verhältnisse nicht unternehmen würden und uns jede Einmengung in unsere internen Verhältnisse kategorisch verbitten ... Herr Joffe blickte mich erstaunt mit seinen sanften Augen an, schwieg eine Weile und sagte dann in einem für mich immer unvergesslichen freundlichen, fast möchte ich sagen bittenden Ton: ‚Ich hoffe doch, dass es uns gelingen wird, auch bei Ihnen die Revolution zu entfesseln.'"

Leo Trotzki, der spätere sowjetische Verhandlungsführer, wird von Sebastian Haffner in seinem Buch „Der Teufelspakt" so zitiert: „Mit dieser Art Menschen kam ich hier zum ersten Mal von Angesicht zu Angesicht zusammen. Es ist unnötig zu sagen, dass ich mir auch früher keine Illusionen über sie gemacht hatte. Aber immerhin, ich gebe zu, ich hatte mir das Niveau höher vorgestellt. Den Eindruck der ersten Begegnung könnte ich mit den Worten formulieren: Diese Menschen schätzen die anderen sehr billig ein, aber auch sich selbst nicht sehr teuer."

Mit dem „Raubfrieden" von Brest-Litowsk hatten die Bolschewiken um Lenin den Rücken frei, die Umgestaltung des ehemaligen Zarenreichs durchzuziehen und den Bürgerkrieg gegen die „Weißen" zu gewinnen.

Dabei hatte Russland in Brest-Litowsk auf ein Drittel seines Staatsgebiets und einen Großteil der Stahl- und Kohleproduktion verzichtet. Innerhalb weniger Jahre wurden Lenins „Aprilthesen" in die Tat umgesetzt. Die Kontroversen um Lenins Thesen waren mit Gewalt entschieden worden.

Wladimir Iljitsch Lenin erlitt 1922 mehrere Schlaganfälle und starb am 21. Januar 1924. Der Revolutionär und Gründer der Sowjetunion wurde nur 53 Jahre alt.

Mohandas Karamchand „Mahatma" Gandhi

„Quit India!"

Ich glaube, in der Geschichte der Welt hat es bisher kein demokratischeres Ringen um Freiheit gegeben als unseren Kampf. Im Gefängnis las ich Carlyles Buch über die Französische Revolution und Pandit Jawaharlal hat mir einiges über die russische Revolution erzählt. Aber es ist meine feste Überzeugung, dass jene Revolutionen, die mit Gewalt erkämpft wurden, gescheitert sind, ihre demokratischen Ideale zu verwirklichen. In einer Demokratie, wie ich sie mir vorstelle, einer Demokratie gegründet auf Gewaltlosigkeit, wird es Gleichheit und Freiheit für alle geben. Jeder wird sein eigener Herr sein. Ich lade euch hiermit ein, gemeinsam mit mir diesen Kampf zu führen. Wenn ihr das erkannt habt, werdet ihr die Differenzen zwischen Hindus und Muslimen vergessen und euch selbst nur noch als Inder betrachten, im gemeinsamen Kampf für die Unabhängigkeit.

Dann stellt sich die Frage nach eurer Einstellung gegenüber den Briten. Ich musste feststellen, dass das indische Volk den Briten mit Hass begegnet. Die Leute sagen, sie seien abgestoßen von deren Benehmen. Das Volk unterscheidet nicht zwischen dem britischen Imperialismus und dem britischen Volk. Für viele Menschen ist dies ein und dasselbe. Dieser Hass lässt sie selbst die Japaner willkommen heißen. Das ist äußerst gefährlich. Es bedeutet lediglich, dass eine Sklaverei gegen die andere Sklaverei eingetauscht wird. Wir müssen uns von dieser Haltung befreien. Wir bekämpfen nicht das britische Volk, wir bekämpfen ihren Imperialismus. Wir haben nicht im Zorn die Forderung nach einem Rückzug der Briten erhoben. Es ist die Voraussetzung da-

für, Indien in die Lage zu versetzen, seine wahre Aufgabe in dieser kritischen Situation wahrnehmen zu können. Während die Vereinten Nationen den Krieg führen, kann ein Land von der Größe Indiens nur mit Geld und Warenlieferungen helfen. Das ist keine glückliche Position.

Wir können den echten Opfergeist nicht wecken, solange wir nicht frei sind. Ich bin sicher, die britische Regierung wird uns nicht länger unsere Freiheit vorenthalten können, wenn wir uns lange genug aufopfern. Wir müssen uns daher selbst vom Hass reinigen. Wenn ich von mir rede, dann kann ich versichern, dass ich nie Hass verspürt habe. Es ist eine Tatsache, dass ich heute größere freundschaftliche Gefühle gegenüber den Briten hege als jemals zuvor. Eine Ursache dafür ist, dass sie heute in Schwierigkeiten stecken. Meine Freundschaft verlangt von mir, dass ich die Briten vor ihren Fehlern bewahre. Nach meiner Lagebeurteilung stehen sie am Rand eines Abgrunds. Es ist daher meine Pflicht, die Briten vor dieser Gefahr zu warnen, selbst wenn sie dadurch so verärgert werden, dass sie selbst die entgegengestreckte Hand ausschlagen. Manche Leute mögen meine Haltung lächerlich finden, dennoch, das ist mein Ziel. Zu einem Zeitpunkt, an dem ich den größten Kampf meines Lebens beginnen muss, möchte ich keinen Hass – gegen wen auch immer – hegen.

Gandhis Rede vor dem All India Congress Committee in Bombay am 8. August 1942

*

Mohandas Karamchand „Mahatma" Gandhi hielt seine wohl wichtigste Rede in der westindischen Hafenstadt Bombay (heute Mumbai) vor dem All India Congress Committee (AICC). In dieser Ansprachen-Serie, die Gandhi auf Englisch und Hindi formuliert hatte, rief er alle Inder zum sofortigen gewaltfreien zivilen Widerstand auf. Er forderte die britische Kolonialmacht offen heraus:

„Quit India" – „Verlasst Indien". Sein Aufruf wurde von hunderttausenden Indern befolgt, die Streik- und Protestwelle erfasste den ganzen Kontinent und brachte die Kolonialmacht am Höhepunkt des Zweiten Weltkriegs in ernste Schwierigkeiten. Die Alliierten waren auf dem asiatischen Kriegsschauplatz in die Defensive geraten. Japanische Truppen hatten die britische Kolonie in Burma angegriffen und rückten auf die indische Grenze vor. Gandhi und seine Mitstreiter vertraten die Ansicht, dass sich nur ein freies Indien gegen die japanische Aggression würde verteidigen können. Er verkündete, dass die britische Herrschaft in Indien nun endlich aufhören müsse. Für die Anhänger des gewaltfreien Widerstands gab Gandhi die Parole aus: „Do or Die" – „Handle oder Stirb".

Die Briten reagierten mit noch stärkerer Unterdrückung. Gandhi wurde am nächsten Tag verhaftet und im Aga-Khan-Palast in Pune eingesperrt. Alle anderen Funktionäre des AICC wurden im Ahmednagar Fort inhaftiert. Das harte Vorgehen der britischen Kolonialmacht verstärkte den Widerstand der Bevölkerung. Das britische Kriegskabinett musste unter dem Druck der Lage eilends eine Delegation nach Indien schicken und versprach für die Zeit nach dem Ende des Krieges die Unabhängigkeit. Das vage Versprechen der Briten wurde damals als unannehmbar zurückgewiesen. Die Kampagne ging weiter.

Geopolitisch hatte Indien nach Ausbruch des Zweiten Weltkriegs eine zentrale Position. Da die indischen Unabhängigkeitsbestrebungen seit Jahrzehnten gegen die britische Kolonialmacht gerichtet waren, mussten die Briten fürchten, durch einen Aufstand in Indien militärische Kräfte zu binden, die im Kampf gegen Hitler auf dem europäischen Hauptkriegsschauplatz gebraucht würden.

Für die Nationalsozialisten wären die „arischen" Inder – das Hakenkreuz stammt ja aus dem indischen Symbolschatz und symbolisiert das „Sonnenrad" – eigentlich natürliche Bundesgenossen gewesen. Doch die Gegnerschaft zur britischen Kolonialmacht verführte Gandhi und seine Mitstreiter keineswegs, auf die Seite der Achsenmächte – Deutschland und Italien – zu wechseln.

Gandhi lehnte den Krieg ab und beharrte auf dem Prinzip der Gewaltlosigkeit. Er sprach sich gegen die Teilnahme Indiens am Krieg aus und boykottierte Waffenlieferungen und die Waffenproduktion.

Nach Kriegsbeginn im Jahr 1939 kam es innerhalb der indischen Unabhängigkeitsbewegung zu einem Richtungsstreit. Exponent der Gandhi-Gegner war der bengalische Politiker Subhash Chandra Bose. Bose bekämpfte zeit seines politischen Lebens die gewaltfreie Strategie Gandhis und wurde in der Auseinandersetzung der Jahre 1939/40 aus den Gremien der indischen Unabhängigkeitsbewegung ausgeschlossen. Bose, der ursprünglich aus dem politisch linken Spektrum kam, erhoffte sich von einer Zusammenarbeit mit Hitler die Unabhängigkeit Indiens. Bose hielt sich in den späten 30er-Jahren wiederholt in Deutschland, Österreich und Italien auf. Er drängte über verschiedene Kanäle die Nationalsozialisten zur Intervention in Indien. Dabei schmiedete er fantastisch anmutende Pläne. Rommels Afrika-Korps sollte bis nach Basra durchbrechen und von dort Indien angreifen. Die indische Armee würde sofort zu den Feinden der Briten überlaufen.

Gandhi selbst wollte zwar die Briten loswerden, sie aber nicht gegen den Nationalsozialismus eintauschen. Solange die Kolonialmacht Großbritannien unmittelbar von den Deutschen bedroht war, verbot sich für Gandhi ein Ausnutzen der Situation aus moralischen und antifaschistischen Überlegungen. Er verfocht daher das Prinzip des individuellen gewaltfreien Widerstands.

Erst als Großbritannien durch den Kriegsverlauf nicht mehr unmittelbar bedroht schien, verschärfte Gandhi den Protest und den Widerstand gegen die Kolonialherren. Der Zeitpunkt der „Quit India"-Bewegung fällt daher nicht zufällig ins Jahr 1942.

Adolf Hitler selbst hielt von den „indischen Plänen" nichts. Er stellte die Interessen der europäischen Kolonialmächte immer über antikoloniale Unabhängigkeitsbestrebungen. Nazi-Rassenideologe Rosenberg hatte zuvor die „arische" Qualität der Inder angezweifelt und dargelegt, dass die angeblich vor 3000 Jahren nach Indien eingewanderten „Arierstämme" mittlerweile durch Rassenmischung „verseucht" seien.

Und von Gewaltlosigkeit hielten Adolf Hitler und seine Parteigenossen ohnehin gar nichts. Der deutsche Diktator soll sogar einen ausgeprägten Hass auf Gandhi und dessen Lebenshaltung entwickelt haben. Er verstand überhaupt nicht, warum die Briten mit Gandhi verhandelten. Dem englischen Politiker Halifax gab Hitler den Rat mit, „Gandhi einfach zu erschießen".

Mohandas Gandhi wurde am 2. Oktober 1869 in Porbandar, einer Küstenstadt in Gujarat im Nordwesten Indiens, geboren. Er entstammte einer wohlhabenden Familie, die der Kaste der Kaufleute angehörte. Die Familie hatte gute Beziehungen zum lokalen Fürsten, Gandhis Vater war „Chefminister".

Seine Mutter, die auf ihn einen großen Einfluss ausübte, war eine strikte Anhängerin der jainistischen Lehren, die auf Gewaltlosigkeit und Vegetarismus bauen. Gandhi wurde schon mit 13 Jahren verheiratet, eine der in Indien üblichen „arrangierten" Hochzeiten, bei der die Eltern den Lebenspartner für ihre Kinder auswählen.

Nach Abschluss seiner nicht besonders erfolgreichen Schulzeit durfte Gandhi – durchaus privilegiert – nach London reisen, um dort Rechtswissenschaften zu studieren. Die Familie finanzierte den Aufenthalt. Er trat dort der Londoner Vegetarischen Gesellschaft und der Theosophischen Gesellschaft bei und interessierte sich stark für Fragen der Ernährung und Religion, nachdem seine Bemühungen, seinen Lebensstil den üblichen Konventionen der britischen Oberschicht anzupassen, kläglich-komisch gescheitert waren.

Nach seinem Jus-Examen versuchte Gandhi in Bombay, dem heutigen Mumbai, eine Karriere als Rechtsanwalt zu beginnen. Er blieb eher erfolglos – zu schüchtern, zu nervös. Sein Bruder, ebenfalls Anwalt, verschaffte ihm einen Auftrag bei einer indischen Firma in Südafrika, wohin er sich 1893 einschiffte. Bis zum Ausbruch des Ersten Weltkriegs 1914 lebte und arbeitete Gandhi an der Südspitze Afrikas. Die Jahre in Südafrika sind auch die ersten

Jahre seines gesellschaftlichen und politischen Engagements. Gandhi setzt sich in Südafrika als Anwalt für die indische Bevölkerung in der britischen Kolonie ein und organisiert passiven Widerstand gegen diskriminierende Gesetze.

Er erprobte Schritt für Schritt Theorie und Praxis einer der Wahrheit und Gewaltfreiheit verpflichteten Lebensweise, die weit über die politische Sphäre hinausreicht. 1904 gründete er eine Landkommune in der Nähe Durbans, die er sechs Jahre später zugunsten der größeren Tolstoi-Farm aufgab. In diesen Kommunen unternahmen die Mitglieder den Versuch, ein einfaches, autarkes Leben zu führen, in dem die Trennung von Hand- und Kopfarbeit aufgehoben war.

Gandhi entwickelt eine Form des gewaltlosen Widerstands, den er als „Satyagraha" („Standhaftigkeit in der Wahrheit") bezeichnet, als politisches Instrument. In der indischen Tradition und den großen Religionen Hinduismus, Buddhismus und Jainismus gibt es die Kultur der Gewaltfreiheit (Ahimsa). Dazu gehören Toleranz gegenüber anderen Religionen und eine möglichst vegetarische Ernährung. Der Weg der Liebe zu Wahrheit (Satya) und Gewaltfreiheit bei Gandhi erklärt sich auch vor dem Hintergrund dieser kulturellen Tradition auf dem indischen Subkontinent, schreibt Peter Rühe, Gründer und Vorsitzender der GandhiServe Stiftung in Berlin. In Gandhis politischer Philosophie sind Religion und Alltag, Denken und Handeln, Ziel und Mittel nicht getrennt. Das letztendliche Ziel menschlichen Strebens nach Wahrheit ist, Gott zu finden und damit seine eigene Erlösung (Moksha) – also den Austritt aus dem Kreislauf des Lebens (Samsara) – zu erlangen.

Diese philosophische und politische Grundhaltung geht über das Konzept des passiven Widerstands hinaus. Es wurzelt in einer positiven und wiederholten Interaktion zwischen den unterschiedlichen Positionen mit dem Ziel einer umfassenden Versöhnung.

Nach seiner Heimkehr aus Südafrika erlangt Gandhi rasch große Bekanntheit und Beliebtheit als Anwalt für die Interessen der indischen Völker. Er wird zum Motor im Kampf für die Unabhängigkeit des riesigen Subkontinents von der britischen Kolonialmacht. Schon kurz nach seiner Ankunft in Indien hält Gandhi in der Benares-Hindu-Universität eine historische Rede, in der er seine Landsleute auffordert, sich für die Unabhängigkeit von der britischen Herrschaft einzusetzen. Gandhis Rede ist ein Appell an die Inder, ihre eigene Sprache, Kultur und Lebensstil gegen die englische Dominanz zu verteidigen.

Die Rede „Es gibt keine Rettung für Indien" steht am Beginn des jahrzehntelangen Kampfes der indischen Bevölkerung für die Unabhängigkeit: „Es ist eine tiefe Erniedrigung und Schande für uns, dass ich heute Abend, im Schatten dieser bedeutenden Universität, gezwungen bin, in dieser geheiligten Stadt, meine Landsleute in einer Sprache anzureden, die mir fremd ist."

Seine Rede ist aber auch ein Angriff auf die herrschende Schicht in Indien, auf ihren unvorstellbaren Reichtum in hartem Kontrast zur ebenso unfassbaren Armut hunderter Millionen indischer Bauern. „Seine Hoheit der Maharadscha, der bei unseren Beratungen den Vorsitz führte, sprach über die Armut in Indien. Auch andere Redner haben dieses Thema besonders hervorgehoben. Aber was haben wir in dem großen Festsaal gesehen, in dem die Gründungszeremonie vom Vizekönig durchgeführt wurde? Sicherlich eine unglaublich prachtvolle Schau, eine Ausstellung von Schmuck und Juwelen, die ein großartiges Fest für die Augen der bedeutendsten Juweliere bot, die dafür extra aus Paris angereist kamen. Ich vergleiche die so reich geschmückten Adeligen mit den Millionen Armen. Und mich drängt es, diesen Adeligen zu sagen: Es wird keine Rettung für Indien geben, ehe ihr nicht diese Juwelen ablegt und sie treuhändig für eure Landsleute verwaltet … Es kann kein großer Geist der Selbstbestimmung entstehen, wenn wir Millionen Bauern beinahe das gesamte Ergebnis ihrer Hände Arbeit wegnehmen, oder anderen erlauben, das zu tun. Unsere Errettung sind unsere Bauern. Weder die Anwälte noch die Ärzte, noch die reichen Großgrundbesitzer können Indiens Rettung garantieren."

Gandhi führte in einem jahrzehntelangen Kampf Indien aus der kolonialen Abhängigkeit in die politische Unabhängigkeit. Seine bedeutendste Kampagne war der sogenannte „Salzmarsch", bei dem er sich im März 1930, von einigen Dutzend Mitstreiterinnen und Mitstreitern begleitet, auf den 380 Kilometer langen Fußmarsch von Ahmedabad (heute Hauptstadt des Unionsstaates Gujarat) nach Dandi (nördlich von Mumbai) begab, um dort das Salz-Gesetz zu brechen, das den Indern verbot, selbstständig Salz herzustellen und zu verkaufen.

Gandhi, dem der Ehrentitel „Mahatma" („Große Seele") verliehen wurde, glaubte daran, dass die Wahrheit dann zum Durchbruch kommen könne, wenn man sie nicht seinem Gegner gewaltsam aufzwingen, sondern selbst leben würde. Der Andersdenkende soll durch „Geduld und Anteilnahme" seine Fehler erkennen und davon abrücken. Für seinen Einsatz nahm Gandhi bewusst Haftstrafen in Kauf. Insgesamt 2338 Tage verbrachte er wegen seiner politischen Aktivitäten in diversen Gefängnissen. Gebrochen wurde er dadurch nicht. Im Gegenteil: Sein Name gilt heute als Synonym für gewaltlosen Widerstand für die Freiheit und die Wahrung der Menschenrechte.

Als Mahatma Gandhi am 30. Januar 1948 von einem radikalen nationalistischen Hindu-Attentäter durch drei Schüsse in den Rücken ermordet wird, ist sein Leben bereits Legende.

Fünf Mal war der indische Politiker für den Friedens-Nobelpreis nominiert. Erhalten hat er ihn nie. Wenn man sich verdeutlicht, wie viele Gestalter des 20. Jahrhunderts sich als Schüler Gandhis bezeichnen, wird klar, dass sein humanistisches Konzept der Fernstenliebe – nicht der Opponent wird bekämpft, sondern dessen Gesinnung – und der Gewaltfreiheit die Menschheit geprägt hat wie kaum ein anderer. Martin Luther King jr., Nelson Mandela, der Dalai Lama, Albert Schweitzer, Mutter Teresa, Michail Gorbatschow, Lech Wałęsa, Aung San Suu Kyi und viele andere haben Gandhi und seine Ideen studiert.

Charles Lindbergh

„In der Zukunft werden wir es mit einem Europa zu tun haben, das von Deutschland beherrscht wird"

Vor einigen Wochen habe ich die ehrenvolle Einladung erhalten, hier in Chicago zu sprechen. Zu dieser Zeit war es unerlässlich, eine starke Opposition gegen die Absichten, dieses Land in den Krieg zu führen, aufzubauen. Die Agitation für einen Kriegseintritt nahm mit alarmierender Geschwindigkeit zu.

… Es gibt noch immer Interessen in diesem Land und in Übersee, die mit allen Mitteln versuchen, uns in diesen Krieg zu hetzen. Gegen diese Absichten müssen wir unentwegt auf der Hut sein. Aber der Grundtenor in der amerikanischen Bevölkerung spricht in einem überwältigenden Maße gegen eine Involvierung. Weiters haben sich die beiden großen politischen Parteien gegen einen Kriegseintritt ausgesprochen. Immer mehr Menschen verstehen, dass die Probleme Europas nicht durch eine Einmischung Amerikas zu lösen sind. Endlich haben auch wir damit begonnen, für die Verteidigung unsres eigenen Kontinents vorzusorgen. Angesichts dieser Tatsachen richtet sich unser Augenmerk einmal mehr in Richtung Sicherheit und Frieden. Wenn unser eigenes Militär stark ist, kann uns keine fremde Macht besetzen. Und wenn wir uns nicht in deren Angelegenheiten einmischen, lassen sie uns auch in Ruhe.

Nun, da wir uns gegen einen Kriegseintritt in Europa entschieden haben, wird es Zeit, darüber nachzudenken, welches Verhältnis wir mit Europa nach diesem Krieg haben werden. Nur wenn es uns mit allergrößter Intelligenz gelingen wird, dieses Ver-

hältnis aufzubauen und aufrechtzuerhalten, können wir Amerika auch in Zukunft aus Kriegen heraushalten.

Ich spreche hier nicht als Experte, sondern als einfacher Bürger, der sich um die von Experten verursachte politische Lage sorgt. Uns Laien wird immer wieder gesagt, die Lösung komplizierter Probleme den Experten zu überlassen. Aber da sich die Experten mit ihren Lösungsvorschlägen immer widersprechen, müssen sie uns das Privileg einräumen, wenigstens entscheiden zu dürfen, welcher Meinung wir uns anschließen wollen. Und da schließt sich der Kreis. Am Schluss müssen wir uns schon unsere eigenen Gedanken machen.

… Für mich war es seit Jahren offensichtlich, dass sich die politische Situation in Europa ändern muss, sei es durch neue Abkommen oder eben durch Krieg. Ich habe gehofft, dass wir einen Grad der Zivilisation erreicht haben, der Veränderung durch Verhandlungen und Abkommen ermöglicht. Aber die Jahre, die ich in Europa lebte, lehrten mich, dass Veränderungen nur durch Gewalt erreicht würden …

… In den Jahren 1936 bis 1939 bin ich durch zahlreiche europäische Länder gereist und sah die phänomenale militärische Stärke Deutschlands ins Riesenhafte wachsen. Dies gegenüber einem alternden und selbstgefälligen England. Frankreich war sich der Gefahr bewusst, aber seine Politiker waren viel zu sehr mit ihren persönlichen Ambitionen, den wirtschaftlichen Schwierigkeiten und mit parteipolitischem Zank beschäftigt, um ernsthafte Anstrengungen zur Wiederbewaffnung zu unternehmen. In England gab es eine Organisation ohne Tatkraft und Temperament. In Frankreich sah ich Temperament ohne jede Organisation. In Deutschland fand ich beides: Organisation und Tatkraft …

Je länger ich in Europa lebte, desto stärker wurde mir bewusst, dass kein Einfluss von außen die Probleme der europäischen Nationen lösen und dauerhaften Frieden garantieren kann. Sie müssen ihr eigenes Schicksal in die Hand nehmen, so wie wir unseres. Ich bin sicher, je besser wir hier in Amerika den Hinter-

grund der europäischen Konflikte verstehen lernen, desto weniger werden wir uns einmischen wollen.

In der Vergangenheit haben wir es mit einem Europa zu tun gehabt, das von England und Frankreich dominiert wurde. In der Zukunft werden wir wahrscheinlich mit einem Europa reden müssen, das von Deutschland beherrscht wird. Es ist egal, ob England oder Deutschland den Krieg gewinnen wird, die westliche Zivilisation wird immer von zwei Zentren bestimmt werden, wobei je eines in jeder Hemisphäre zu finden ist. Trotz aller modernen Wissenschaften wird keines dieser Zentren je stark genug sein, das andere erfolgreich angreifen zu können, solange die Verteidigung auf beiden Seiten einigermaßen stark ist.

… Uns erzählt man immer, wenn Deutschland den Krieg gewinnen sollte, dann wird jede Zusammenarbeit unmöglich und Verträge sind nicht mehr wert als ein Fetzen Papier. Ich antworte darauf: Zusammenarbeit ist nie unmöglich, wenn beide Seiten davon profitieren. Und Verträge werden selten ignoriert, wenn sie eine starke Nation schützen. Ich bin der Letzte, der sich dafür einsetzt, unsere Sicherheit auf das Fundament von Verträgen und Abmachungen zu bauen. Meiner Überzeugung nach soll Amerika für seine Verteidigung voll aufrüsten und sich niemals auf einen Vertrag verlassen, der uns im Falle eines Vertragsbruches jeglichen Schutz vor einer Invasion nimmt …

… Wenn wir tatsächlich hoffen, Amerika aus dem Krieg heraushalten zu können, dann müssen wir die Initiative für einen Friedensplan ergreifen. Dieser Plan sollte auf der Fürsorge Amerikas basieren. Und er sollte durch ein unüberwindliches Verteidigungssystem unterstützt werden. Er sollte Bedingungen im gegenseitigen Einverständnis enthalten. Aber wir sollten uns nicht in die internen Angelegenheiten Europas einmischen. Die Europäer haben nie nach unseren Wünschen gehandelt und werden das auch nie tun.

Lasst uns den Europäern einen Plan für den Fortschritt und den Schutz der westlichen Zivilisation anbieten, von dem wir

beide ein Teil davon sind. Aber wie auch immer ihre Antwort aus-
fallen mag, lasst uns das amerikanische Schicksal weiterführen,
von dem unsere Vorfahren geträumt haben, als sie Land für ihre
Felder aus den unberührten Wäldern gewonnen haben. Was wür-
den die Vorväter von uns denken, dass wir Grenzen irgendwo in
Europa beanspruchen?

Am 4. August 1940 hielt Charles Lindbergh auf dem „Soldier's
Field" in Chicago eine von mehreren Reden gegen die Beteiligung
der USA am Zweiten Weltkrieg.

*

Hat Charles Lindbergh den Zweiten Weltkrieg entschieden? Ab-
surd. Oder doch nicht?

In der amerikanischen Presse der 40er-Jahre wurde diese
Frage jedenfalls ernsthaft diskutiert.

Im Jänner 1939 behauptete der prominente Journalist Walter
Winchell, Lindberghs Berichte über die Aufrüstung der deutschen
Luftwaffe seien ein wichtiges Motiv für den britischen Premierminister Neville Chamberlain gewesen, das „Münchner Abkommen" im September 1938 (siehe S. 145 ff.) zu unterschreiben. Der
Verrat an der Tschechoslowakei, das Nachgeben gegenüber Adolf
Hitlers territorialen Forderungen hatten einen Grund: Großbritannien fühlte sich auf einen möglichen Krieg mit Nazi-Deutschland nicht ausreichend vorbereitet. Die Angst vor einem Bomben-
krieg gegen englische Städte und die Furcht vor einer Invasion der
Britischen Inseln schien berechtigt. Der amerikanische Flieger-
pionier Charles Lindbergh hatte die Stärke der Luftwaffe von
Hermann Göring dramatisch überschätzt.

Nach der Entführung und Ermordung des zweijährigen Sohnes Charles übersiedelte Lindbergh mit seiner Frau Anna nach
Europa. Es war eine Flucht vor dem öffentlichen Interesse und
eine Flucht vor den Medien. In Paris fühlten sie sich sicherer, si-

cherer vor den Blitzlichtern der Fotografen, sicherer vor Entführern und Erpressern. Die Reise war privat, blieb es aber nur kurz: 1936 schon wurde Charles Lindbergh von der US-Armee gebeten, die deutsche Luftwaffe zu inspizieren – und natürlich die Informationen an die amerikanischen Behörden weiterzuleiten.

Zwischen 1936 und 1938 bereiste der Luftfahrt-Held insgesamt sechs Mal Nazi-Deutschland. Seinen nationalsozialistischen Gastgebern gelang es, die Weltberühmtheit für ihre Zwecke zu instrumentalisieren. Lindbergh war vom Aufstieg des nationalsozialistischen Deutschland fasziniert. Er hielt das „Law and Order"-Regime Hitlers für moralisch höherwertiger als den amerikanischen „Way of Life". Lindbergh hatte ein hasserfülltes Verhältnis zur amerikanischen Presse. Pulitzer-Preisträger A. Scott Berg zitiert den Fliegerhelden in seiner Biografie: „Es ist eine groteske Situation, dass jemand nicht einmal in seine Heimat zurückkehren kann, ohne durch ein Gerangel der Fotografen, durch Lügen und Beleidigungen der Presse gehen zu müssen. Diese Situation nimmt der Demokratie die Süße und lässt mich zweifeln, wo die Freiheit endet und das Chaos beginnt".

Lindbergh und seine Frau wurden von den Nazi-Potentaten umschmeichelt und wie Staatsgäste behandelt. Die Höflichkeit und Aufmerksamkeit, die den Lindberghs entgegengebracht wurde, verfehlten die Wirkung nicht. Der offizielle US-„Spion" wurde zum Fahnenträger für das „Neue Deutschland". Die Faszination Lindberghs für Nazi-Deutschland sollte ihn zeit seines Lebens wie ein brauner Schatten begleiten. Denn die NS-Machthaber nutzten Lindberghs weltweite Popularität und sonnten sich im Lichte jenes Mannes, der unbestritten als der größte Held des 20. Jahrhunderts galt.

So wurde die „Spionagereise" Lindberghs, von weltweitem Medieninteresse begleitet, sorgfältig durch die Nazi-Propaganda orchestriert. Hermann Göring hofierte den Piloten, befleißigte sich der üblichen Kameraderie unter Fliegern und zeigte ihm bereitwillig „seine" Luftwaffe. Lindbergh war von Hitlers Paladin angetan. Er beschrieb ihn als „magnetisch, genial, intelligent, furchteinflößend und grotesk".

Während seiner Reisen durch Deutschland öffneten ihm die Nazis alle Türen. Lindbergh durfte eine Junkers 52 selbst fliegen, besuchte die Henkel-Flugzeugwerke und begeisterte sich an den technologischen Errungenschaften der deutschen Ingenieure im Dienste des diktatorischen Regimes. In einem Brief an seinen Anwalt Henry Breckinridge, einem früheren Staatssekretär im amerikanischen Verteidigungsministerium, urteilt Lindbergh: „Deutschland kann schneller als jedes andere europäische Land Kampfflugzeuge produzieren. Möglicherweise sogar schneller, als wir das könnten. Sicherlich haben wir keine vergleichbar großen Flugzeugfabriken, wie die Junkers- und Henkelwerke. In Deutschland herrscht ein Geist, wie ich ihn noch nirgendwo erlebt habe. Es gibt mit Sicherheit eine große Fähigkeit und ich bin versucht zu sagen, es gibt eine intelligentere Führung, als weithin behauptet wird. Man müsste blind sein, um nicht zu erkennen, dass sie bereits eine überwältigende Stärke aufgebaut haben."

Wieder in den USA, wurde Lindbergh zum Oberst ernannt, seine Erfahrungen und Berichte hatten großen Einfluss auf die amerikanische Rüstungspolitik. Selbst Präsident Franklin D. Roosevelt empfing seinen Rivalen um die größte Popularität in den Staaten und ließ sich berichten.

Mit unmittelbaren Konsequenzen. Das Rüstungsbudget wurde um 300 Millionen Dollar aufgestockt, die Modernisierung der Luftwaffe begonnen. Arthur Krock, Kommentator der „New York Times", schrieb: „Wenn die neue Luftwaffe der Vereinigten Staaten abheben wird, dann ist ein Mann für die Größe, die Modernität und die Wirksamkeit verantwortlich, Oberst Charles A. Lindbergh".

1937 reiste Lindbergh wieder nach Deutschland. Dort geriet der amerikanische Nationalheld vollends in die Turbulenzen der Politik. Bei einem Abendessen in der amerikanischen Botschaft, bei dem Hermann Göring und andere führende Nazi-Bonzen geladen waren, wurde Lindbergh der „Verdienstorden vom deutschen Adler" verliehen, eine hohe zivile Auszeichnung. Lindbergh hätte in dieser Situation gar nicht ablehnen können. Dennoch: Der Nazi-Orden sollte Lindbergh für immer als „American Hero" diskreditieren. Obwohl er den Orden nie trug, warfen ihm seine Gegner vor, er habe die Auszeichnung auch nach den November-Pogromen 1938 nicht zurückgegeben. Lindbergh galt fortan als Nazi-Sympathisant. Sein Ruf war ruiniert.

In den folgenden Jahren bestimmte die „große Debatte" die amerikanische Politik. Es ging um die Antwort auf die Frage: Sollen die Vereinigten Staaten in den europäischen Krieg aufseiten der Westmächte eingreifen oder die 1937 beschlossene Neutralität weiter wahren? Lindbergh schloss sich in den USA der „America First"-Bewegung an, die heftig gegen einen Kriegseintritt der USA opponierte. Der einstige Nationalheld war bald bekanntester Sprecher der „Non-Interventionisten".

Lindberghs erste Radiorede wurde am 15. September 1939 von allen drei großen Netzwerken übertragen. Rund 50 Millionen Menschen sollen an den Rundfunkgeräten zugehört haben. Seine Rede „Air Defense of America" stärkte die isolationistische Bewegung enorm. Präsident Roosevelt war alarmiert und erschüttert. Er kommentierte Lindberghs Rede in einem Brief an seinen Kriegsminister Henry Stimpson: „Wenn ich diese Lindbergh-Rede lese, denke ich, sie könnte nicht anders sein, wenn sie Goebbels selbst geschrieben hätte." In seinem Buch „The American Axis" zitiert Max Wallace den Präsidenten: „Wie schade, dass dieser junge Mann seinen Glauben an unsere Form des Regierens vollständig aufgegeben hat und nun Nazi-Methoden akzeptiert, weil sie offenkundig effizient sind".

„America First" hatte – auch durch Lindberghs Engagement – bald mehr als 800.000 Mitglieder und war zu einer (mit)bestimmenden politischen Kraft in Amerika geworden. Unmittelbar nach dem Überfall Deutschlands auf Polen und der Kriegserklärung Großbritanniens an das Dritte Reich war eine überwältigende Mehrheit der Amerikaner gegen einen Kriegseintritt der USA.

Ihre Wurzeln hatte die Bewegung an der Eliteuniversität Yale, sie wurde etwa vom späteren Präsidenten Gerald Ford, den Schriftstellern Sinclair Lewis und Gore Vidal sowie von Filmproduzent Walt Disney unterstützt.

Lindberghs Engagement gegen einen Kriegseintritt wurde durch seine dokumentierten guten Beziehungen zu Nazi-Größen diskreditiert. Vor einem Kongress-Ausschuss weigerte sich Lindbergh, gegen den Nationalsozialismus klar Stellung zu beziehen. „Es ist nicht die Aufgabe der Vereinigten Staaten, Weltpolizist zu spielen." Sein mächtiger Gegenspieler war der amerikanische Präsident Franklin D. Roosevelt. Ihm gelang es, die öffentliche Meinung in Amerika für einen Kriegseintritt zu mobilisieren. Roosevelt sah es als eine moralische Verpflichtung an, gegen die Nazi-Diktatur aufzutreten und die Alliierten in Europa gegen Hitlers Armeen zu unterstützen. Im Kampf gegen Lindbergh ließ der US-Präsident das amerikanische Idol durch das FBI überwachen. Er wollte nachweisen, dass Lindbergh mit den deutschen Nazis kollaborierte und ihn beziehungsweise die Anti-Interventionistische Bewegung diskreditieren. Seinem Finanzminister Morgenthau erklärte Roosevelt: „Ich bin mir absolut sicher, dass er ein Nazi ist."

In der amerikanischen Öffentlichkeit wurde während und nach dem Krieg heftig darüber diskutiert, ob Lindbergh ein Antisemit gewesen sei. Viele seiner Tagebucheintragungen haben jedenfalls einen deutlich antijüdischen Tonfall.

Bei einer Rede in Des Moines, Iowa, am 11. September 1941 eskalierten die Spannungen. Lindbergh nannte als die Triebfedern, die Amerika in den Krieg führten, die Briten, die Regierung Roosevelt und die Juden. Während er Sympathie für die Lage der Juden in Deutschland äußerte, stellte er dar, dass Amerikas Kriegseintritt ihnen nicht helfen würde. Er sagte: „Es ist nicht schwer zu verstehen, warum jüdische Menschen den Sturz Nazi-Deutschlands verlangen. Die Behandlung, die sie in Deutschland erleiden, würde ausreichen, um jede Rasse zu bitteren Feinden zu machen. Keine Person mit Würde kann stillschweigend die Behandlung hinnehmen, die die jüdische Rasse in Deutschland erleidet. Aber auch keine Person mit Ehre und Weitblick kann ihre Pro-Kriegs-Politik betrachten, ohne wahrzunehmen, welche Gefahr in einer solchen Politik liegt, für sie und für uns. ... Anstatt für den Krieg zu agitieren, sollten die jüdischen Gruppen in diesem Land ihm auf jede nur mögliche Art entgegentreten, weil sie die Ersten sein werden, die die Konsequenzen spüren ... Aber die Mehrheit tut es nicht. Die größte Gefahr für dieses Land liegt in deren Besitz und Einfluss auf die Filmindustrie, unsere Presse, unser Radio und unsere Regierung."

Lindberghs Rede wurde von der amerikanischen Rechten heftig akklamiert. In Deutschland hatte Goebbels eindeutige Weisungen erteilt, wie über den Amerikaner zu berichten sei. Zeitungen und Rundfunk durften Lindbergh nicht bejubeln. Goebbels hatte Angst, Lob aus Nazi-Deutschland könnte kontraproduktiv sein und die politische Wirkung Lindberghs zerstören.

Lindbergh musste sich stets gegen den Vorwurf verteidigen, er sei ein Antisemit. Unzweifelhaft waren sein Eintreten für die „weiße Rasse" und seine Abscheu vor dem sowjetischen Kommunismus. Selbst die Luftfahrt diente Lindbergh als Mittel zum Kampf gegen angeblich „minderwertige" Völker. Die Technik sei ein bevorzugtes Instrument für die Bewahrung der Überlegenheit der „weißen Rasse". Die Haltung vieler Menschen in den USA, besonders im sogenannten „Heartland", dem ländlich geprägten Mittelwesten, unterschied sich kaum von der Meinung Lindberghs. Max Wallace zitiert eine Gallup-Umfrage aus dem Januar 1939. Damals sprach sich eine Mehrheit von 83 Prozent der Amerikaner gegen die Aufnahme einer größeren Zahl jüdischer Flüchtlinge aus. Allerdings muss dieses Ergebnis nicht auf antisemitische Gefühle reduziert werden. Geplagt von Arbeitslosigkeit und Wirtschaftskrise, waren viele US-Bürger in den späten 30er-Jahren generell gegen neue Zuwanderer eingestellt.

Die Immigrationsquoten während des Zweiten Weltkrieges wurden daher auch keineswegs erhöht. Und vorhandene Kontingente mit Fortdauer des Krieges nicht einmal ausgeschöpft. So fielen Lindberghs politische Aussagen auf einen durchaus aufbereiteten Boden.

Nicht alle im „America First Committee" teilten freilich Lindberghs Ansichten zu Nazi-Deutschland und zur Überlegenheit der „weißen Rasse". Er war dennoch die Galionsfigur. Wenn er sprach, hörte die Öffentlichkeit zu. Vorrangig wollte das „AFC" Präsident Roosevelt daran hindern, Amerika Schritt für Schritt von der Neutralität zum Kriegseintritt zu führen. De facto hatten die USA mit dem „lend and lease"-Gesetz, das die Lieferung von Kriegsmaterial an die Alliierten ermöglichte, ihre Neutralität bereits aufgegeben. Der Angriff Japans auf die amerikanische Pazifik-Flotte in Pearl Harbor führte zum Kriegseintritt der USA. „America First" löste sich wenige Tage nach Pearl Harbor auf.

In seinem Roman „The Plot against America" (2004) greift Philipp Roth diese Geschichte auf und beschreibt fiktional die Entwicklung Amerikas, hätte sich „Amercia First" durchgesetzt und wäre Charles A. Lindbergh US-Präsident geworden.

Im Mai 1927 wurde aus dem unbekannten jungen Piloten Charles A. Lindbergh das Idol eines Zeitalters. In 33 Stunden überflog Lindbergh von New York mit einem winzigen Flugzeug, der „Spirit of St. Louis", den Atlantik. Der erste Mensch, allein und nonstop. Eine Legende war geboren, ein Mythos entstand. Lindbergh war die erste wirklich weltweite Berühmtheit. „Mit seinem bubenhaften Lachen, seinem wirren blonden Haar und seinen durchdringenden blauen Augen wirkte der fesche junge Pilot für eine starverliebte Öffentlichkeit wie die Verkörperung des amerikanischen Ideals: stark, mutig und intelligent. Hollywood hätte keine bessere Wahl für diese Rolle treffen können. Ihm wurden unglaubliche Summen für Werbung geboten, die er ablehnte. Er gab seinen Namen nur für eine Sache, an die er wirklich glaubte: das war die Luftfahrt", so beschreibt Heather L. Dahl die Persönlichkeit des Jahrhundert-Helden.

Das Leben vor seinem historischen Atlantikflug war weniger spektakulär verlaufen. Geboren im amerikanischen Mittelwesten, hatte Lindbergh eine technische Ausbildung absolviert und war zum Piloten ausgebildet worden. Ein Beruf, der damals vom herben Geruch von Benzin, Öl, Metall, Gefahr und Abenteuer umweht war. Wie sein berühmter französischer Kollege Antoine de Saint-Exupéry verdiente Lindbergh als Postflieger Geld. Er pendelte zwischen Chicago und St. Louis. Lindbergh und Saint-Exupéry, die Fliegerlegenden, lernten sich vor Ausbruch des Zweiten Weltkriegs kennen, und vor allem Lindberghs Frau Anne lernte Saint-Exupéry auch schätzen. Nach der ersten Begegnung mit dem Schriftsteller schrieb Anne Lindbergh verzückte Tagebucheintragungen.

Die Entführung und Ermordung des ersten Sohnes Charles veränderte das Leben der Lindberghs nachhaltig. Die Tragödie wurde zum ersten weltweiten Medienspektakel: das Verbrechen des Jahrhunderts.

Lindbergh machte die Presse und die Öffentlichkeit für den Tod seines Sohnes verantwortlich. Die Auswüchse der Sensationsgier waren tatsächlich erschreckend: Fotografen brachen sogar gewaltsam den Sarg des zweijährigen Mordopfers auf, um ein Bild des toten Kindes zu ergattern. Lindbergh brach unter der persönlichen Tragödie und der hysterischen Anteilnahme Amerikas und seiner Medien beinahe zusammen. Er wurde zum tragischen Nationalhelden. Ein zeitgenössisches Zitat beschreibt die Wandlung: „Innerhalb von nur 15 Jahren wurde Lindbergh von Jesus zu Judas."

Arthur Neville Chamberlain
„Frieden für unsere Zeit"

Wir, der deutsche Führer und Reichskanzler sowie der britische Premierminister, hatten heute ein weiteres Treffen. Übereinstimmend haben wir festgestellt, dass die Frage der britisch-deutschen Beziehungen von größter Wichtigkeit für unsere beiden Staaten und für ganz Europa ist. Wir betrachten die Vereinbarung, die wir gestern Abend unterzeichnet haben, und das deutsch-britische Flottenabkommen als Symbol für die Hoffnungen unserer beiden Völker, niemals wieder gegeneinander Krieg zu führen. Wir sind davon überzeugt, dass gegenseitige Konsultationen auch in Zukunft bei allen Fragen, die unsere beiden Staaten betreffen, die Methode zur Lösung von allfälligen Problemen sein soll. Wir sind weiters übereingekommen, unsere Anstrengungen zur Überwindung möglicher Differenzen fortzusetzen und so einen Beitrag zur Sicherung des Friedens in Europa zu leisten.

Premierminister Arthur Neville Chamberlain am 30. September 1938

*

Der britische Premierminister Arthur Neville Chamberlain verlas diese Erklärung nach seiner Landung aus München kommend auf dem Flughafen Heston Aerodrome am 30. September 1938.

Chamberlain wiederholte diese Erklärung vor dem Amtssitz in der Downing Street 10 und erklärte dann: „My good friends, for the second time in our history, a British Prime Minister has returned from Germany bringing peace with honour. I believe it is peace for our time. Go home and get a nice quiet sleep."

„Geht nach Hause und schlaft ruhig!" Welch ein Irrtum! Es war keine große Rede, eher eine zufriedene Presseerklärung, die der britische Premierminister Arthur Neville Chamberlain vor einer jubelnden Menschenmenge am Heston Aerodrome westlich von London am 30. September 1938 verlas. Dabei schwenkte er eine Kopie des „Münchner Abkommens", das in der Nacht zuvor von ihm und dem deutschen „Führer" und Reichskanzler Adolf Hitler unterzeichnet worden war.

In diesem Vertrag wurde der Untergang der Tschechoslowakei mit Zustimmung der Westmächte besiegelt. Hitler hatte auf dem Verhandlungsweg das erreicht, was er militärisch ohnehin erzwungen hätte. Ein Triumph für den nationalsozialistischen Diktator. Die Münchner Konferenz, an der unter anderem der britische Premier Chamberlain, Frankreichs Regierungschef Édouard Daladier, Adolf Hitler, Italiens Despot Benito Mussolini sowie dessen Außenminister und späterer Schwiegersohn Galeazzo Graf Ciano teilnahmen, ging in die Geschichte als Verrat an den Interessen der erst 1919 gegründeten Tschechoslowakei ein. Ohne den betroffenen Staat auch nur zur Konferenz einzuladen, wurde Hitler-Deutschland einvernehmlich erlaubt, einen großen Teil des tschechoslowakischen Staatsgebiets, das sogenannte Sudetenland, zu annektieren.

Chamberlains Satz vom „Frieden für unsere Zeit" wurde als zynischer Irrtum eines schwachen Politikers zum Geschichtsmythos. Damit wird die Geschichte der Person Chamberlains und der politischen Situation jener Tage nicht gerecht.

Arthur Neville Chamberlain wurde am 18. März 1869 in eine hochpolitische Familie hineingeboren. Schon während des Ersten Weltkriegs arbeitete er in der Koalitionsregierung von David Lloyd George, mit dem er sich freilich bald zerstritt. Die Beziehung zwischen diesen beiden Männern blieb stets von gegenseitiger Abneigung geprägt. Und obwohl Chamberlain ein unbedingter Anhänger einer europäischen Friedensordnung war, leistete er wichtige Vorarbeiten zum Aufbau einer modernen britischen Waffenindustrie.

Der Politiker aus Birmingham, der als einer der wenigen Premierminister des Landes nicht die Elite-Hochschulen Oxford oder Cambridge absolviert hatte, diente in diversen Regierungen unter anderem als Finanzminister und gestaltete bemerkenswerte – auch soziale – Reformen mit.

Eine führende Rolle spielte Finanzminister Chamberlain bei den Verhandlungen über das Abkommen von Lausanne, das einen Schlussstrich unter die Kriegsschulden-Problematik zog und so den langsamen Wirtschaftsaufschwung Europas nach dem Ende der Weltwirtschaftskrise 1929 ermöglichte. Und im auffälligen Gegensatz zu seiner außenpolitischen Friedenshaltung schuf Chamberlain die finanzpolitischen Voraussetzungen für eine neuerliche Aufrüstung des Vereinigten Königreichs.

Chamberlain wurde 1937 nach der Abdankung von König Edward VIII., der vordergründig wegen seiner Beziehung zur amerikanischen Bürgerlichen Wallis Simpson auf den Thron verzichten musste, britischer Premierminister. Als solcher verhandelte er mit Adolf Hitler und schloss das „Münchner Abkommen".

München. Der Name der bayerischen Hauptstadt wird mit dem Vertrag, der in der Nacht vom 29. auf den 30. September 1938 zwischen Hitler-Deutschland, Großbritannien, Frankreich und Italien geschlossen wurde, zur Chiffre für eine der schwersten politisch-moralischen Niederlagen, die von demokratischen Nationen des Westens je hingenommen wurden. Das Münchner Abkommen besiegelt die Zerstückelung der Tschechoslowakei, den Verlust der sogenannten Sudetengebiete mit ihrer mehrheitlich deutschsprachigen Bevölkerung für diesen Staat. Der Vertrag widerspricht eindeutig dem Völkerrecht, das Opfer Tschechoslowakei wird nicht einmal an den Verhandlungstisch geladen. Die demokratischen Staaten des Westens geben den Forderungen des Diktators Hitler ein weiteres Mal nach. Die Motive dafür sind durchaus ehrenhaft, nämlich pazifistisch. Aber sie wurzeln in der Schwäche der Demokratien Großbritanniens und Frankreichs.

Das Münchner Abkommen war nur der formelle Schlussstein unter eine Politik des Westens gegenüber dem aufkommenden nationalsozialistischen Deutschland, der ja auf vielen anderen Entscheidungen aufbauen konnte. Zuerst wurde die deutsche Wiederaufrüstung seit der Machtübernahme Adolf Hitlers stillschweigend geduldet, dann reagierte der Westen nur schwach und zögerlich auf die Besetzung des entmilitarisierten Rheinlandes durch Hitler. Im März 1938 wurde die Besetzung Österreichs durch die deutsche Armee und die darauffolgende Annexion ohne jeden Widerstand hingenommen (einzig das ferne Mexiko protestierte in einer offiziellen Note) und schließlich, nur ein halbes Jahr später, wurde auch die Tschechoslowakei in München den Expansionsgelüsten Hitlers geopfert.

Die Politik des sogenannten „Appeasement" war an einen Endpunkt gekommen. Wenn Chamberlain sich davon „Frieden für unsere Zeit" versprach, wurde er Opfer seiner idealistischen und pazifistischen Grundhaltung. Der Brite wollte zu diesem Zeitpunkt einen neuen Krieg, einen neuen Weltkrieg vermeiden. Der konservative Politiker war von den Erfahrungen der Katastrophe des Ersten Weltkriegs geprägt, er wollte Frieden erhalten, um fast jeden Preis. Die britische Öffentlichkeit war kriegsmüde, das Land befand sich in einer schweren Wirtschaftskrise und war auf einen neuerlichen Waffengang nicht vorbereitet. Die Stimmung gibt ein König George V. zugeschriebenes Bonmot wieder. Der Monarch soll gescherzt haben, er werde eher abdanken und auf dem Trafalgar Square unter der Säule des Lord Nelson „The Red Flag" singen, als seinen Landsleuten neuerlich einen Weltkrieg zuzumuten.

Großbritannien war zu weitgehenden Zugeständnissen an Hitler bereit. Es hatte seit den 30er-Jahren akzeptieren müssen, dass Nazi-Deutschland zur bestimmenden Macht in Mittel- und Osteuropa geworden war.

Der frühere amerikanische Außenminister Henry Kissinger formuliert in seinem Buch über die Geschichte der Diplomatie in der Neuzeit: „München aber war mehr als eine Kapitulation, nämlich eine Geisteshaltung und eine fast unvermeidliche Folge des von demokratischen Staaten unternommenen Versuchs, einen geopolitisch mit schweren Mängeln behafteten Vertrag von Versailles mittels Gerede über kollektive Sicherheit und Selbstbestimmungsrecht aufrechtzuerhalten." Diese geschichtliche Erfahrung hat tiefe Spuren im kollektiven Gedächtnis der diplomatischen Eliten des Westens hinterlassen. Während des „Kalten Krieges" mit der kommunistischen Sowjetunion nach 1945 versuchte der Westen statt dem „Appeasement" eine Strategie der „Eindämmung".

Um einen Weltkrieg zu vermeiden, der dann ein Jahr später doch geführt werden musste, fügten sich die Siegermächte des Ersten Weltkriegs in die Abtretung der sudetendeutschen Gebiete an das Dritte Reich Hitlers und damit in die Amputierung eines Staates, der im Versailler Friedensvertrag von 1919 geschaffen worden war und der als Mitglied des „Völkerbundes" jeden Anspruch auf territoriale Integrität gehabt hätte.

Das Ergebnis der Münchner Konferenz und das Einlenken Chamberlains und Daladiers basierten auf der Überzeugung der beiden demokratischen Politiker, dass die Klagen Hitlers über die Ungerechtigkeiten im Friedensvertrag von Versailles nicht ganz falsch waren und dass das Sudetenland zu Deutschland gehörte. Genauso wurde ja der „Anschluss" Österreichs im März 1938 stillschweigend hingenommen, weil die Westmächte ohnehin nicht an den Lebenswillen und die Lebensfähigkeit der Republik Österreich glaubten.

Der britische Premierminister hoffte, dass die politischen Konflikte mit Hitler-Deutschland dadurch gelöst werden könnten, indem man den – nicht ganz unberechtigten – Forderungen des deutschen Führers nachgab. Der Begriff Appeasement, heute eher negativ besetzt, stammt von Chamberlain selbst. Er beschrieb schon im Jahr 1934 seine Politik als „The general policy of Appeasement".

Das Bemühen der britischen Regierung, durch Verhandlungen den Forderungen Adolf Hitlers zumindest teilweise nachzugeben, entsprang nicht allein dem Friedenswillen der Politik und den Erfahrungen aus der Katastrophe des Ersten Weltkrieges mit den Millionen Toten und der Devastierung eines ganzen Kontinents, sondern der simplen Tatsache, dass das Vereinigte Königreich für einen neuen europäischen Krieg nicht vorbereitet war. Die Briten fühlten sich einem Wettrüsten mit Deutschland, Italien und Japan nicht gewachsen.

Und die englischen Strategen wollten unter allen Umständen einen Krieg an drei Fronten – am Kontinent, im Mittelmeer und in Asien gegen Japan – vermeiden. Die USA verfolgten noch 1938/39 eine strikte Neutralitätspolitik und die militärischen Möglichkeiten der Sowjetunion unter Joseph Stalin wurden von den Briten als eher gering eingestuft.

Daher setzte Chamberlain auf Zeit und versuchte, mit Berlin und Rom Konfliktfelder einzugrenzen. In sein Tagebuch schrieb er im Jänner 1938: „Von Beginn an habe ich mich bemüht, die Beziehungen mit den beiden Zentren des Sturms Berlin und Rom zu verbessern. Es schien mir, dass wir in immer ausweglosere Situationen schlittern, mit der Aussicht, es mit zwei Gegnern auf einmal aufnehmen zu müssen." Die militärischen Möglichkeiten des Verbündeten Frankreich wurden abschätzig beurteilt.

In einem Bericht der Stabschefs von Armee, Flotte und Luftwaffe wird eine schwierige strategische Lage für das britische Empire skizziert. Die Generäle sprachen sich 1937 in dem Report an Premierminister Chamberlain dafür aus, alles zu unternehmen, um die Zahl der potenziellen Kriegsgegner zu reduzieren.

Es waren also die Militärs, die eindringlich vor einem neuen Krieg mit Deutschland warnten und mit Schreckensprognosen – etwa über die Zahl der zu erwartenden zivilen Opfer – Druck auf die Politik ausübten, Adolf Hitler möglichst lange möglichst günstig zu stimmen. Die britische Zivilverteidigung kalkulierte mit mehr als einehalb Millionen Toten nach nur drei Wochen deutscher Bombenangriffe auf England. Dabei wurden die Möglichkeiten der deutschen Luftwaffe kräftig überschätzt. Die „Luftschlacht um England" bewies, dass Hermann Görings Luftwaffe keineswegs ein übermächtiger Gegner war. Die Briten hatten allerdings die Zeit nach dem Münchner Abkommen genutzt und die Royal Airforce dramatisch aufgerüstet. Rund die Hälfte des britischen Staatsbudgets floss 1937 und 1938 in die Verteidigungsanstrengungen. Adolf Hitler räsonierte noch im Frühjahr 1945 – eingeschlossen im Berliner Führerbunker – kurz vor seinem Selbstmord über den Fehler, nicht schon 1938 den Krieg begonnen zu haben.

Chamberlain versuchte aus einer Position der Schwäche, das nationalsozialistische Regime in Deutschland zur Akzeptanz des Status quo in Europa zu überreden. Im Mai 1937 kam es zu Verhandlungen mit dem Präsidenten der deutschen Reichsbank, Hjalmar Schacht. Als sich im Sommer 1938 die Lage zuspitzte und die Briten Informationen erhielten, Hitler werde die Tschechoslowakei im September angreifen, wurde der Druck auf die tschechische Regierung verstärkt, alle Forderungen der Sudetendeutschen zu erfüllen. Gleichzeitig entschloss sich Arthur Neville Chamberlain, seinen „Plan Z" einzuleiten. Der sah vor, dass er persönlich zu Hitler fliegen würde, um mit ihm eine Lösung der tschechischen Frage zu verhandeln.

Es muss dem fast 70-Jährigen nicht leicht gefallen sein. Er bestieg erstmals ein Flugzeug und flog über den Ärmelkanal nach Berchtesgaden und verhandelte auf dem „Berghof". Die Atmosphäre missfiel dem aristokratischen Briten.

Ein weiteres Mal verhandelte Chamberlain mit Hitler in Bad Godesberg. Er war der Meinung, Politik sei eine rationale Angelegenheit, es gelte Interessen abzuwägen und Kompromisse zu finden. Er konnte und wollte nicht verstehen, dass Adolf Hitler kein Politiker der Vernunft war, sondern ein fanatischer Führer.

Für den erhofften Frieden war Chamberlain bereit, die Einheit der Tschechoslowakei zu opfern. Als Ende September die Tage eines deutschen Einmarsches und damit möglicherweise der Kriegseintritt Großbritanniens erwartet wurden, begannen Londoner in den Parks Schützengräben auszuheben. Arthur Neville Chamberlain reagierte aufgebracht. In einer Radio-Ansprache sagte der Premierminister: „Wie schrecklich, wie verrückt ist es, dass wir Gräben bauen und unsere Gasmasken ausprobieren, nur weil in einem fernen Land Streit zwischen Völkern herrscht, über die wir nichts wissen. Ich bin ein Mann des Friedens aus der Tiefe meiner Seele."

Zu diesem Zeitpunkt ging es nur noch um die Frage, bis wann die mehrheitlich von Deutschen bewohnten Sudetengebiete der Tschechoslowakei an Deutschland zu übergeben seien. Es ging dabei um ein Drittel des tschechoslowakischen Staatsgebiets und um mehr als zwei Millionen deutschsprachiger Bürger der CSR. Hitler forderte ultimativ den 1. Oktober als Übergabedatum. Frankreich und Großbritannien wollten der tschechoslowakischen Republik ein halbes Jahr Übergangszeit zugestehen.

Im Kern war die Frage der Sudetengebiete Chamberlain und dem französischen Premier Daladier egal. Insgeheim hatten die Staatskanzleien sowohl in London als auch in Paris Verständnis für die Forderungen Hitlers, alle Deutschsprachigen „heim ins Reich" zu holen. Die Tschechoslowakei interessierte beide Politiker nicht, so wie Österreichs Fall in London höchstens kurzes Bedauern ausgelöst hatte. Wegen fremder Völker, über die man ohnehin nichts wusste, wollte man nicht in den Krieg ziehen. Die Politik des „Appeasement" hatte in der Bevölkerung eine breite Unterstützung.

Doch schon kurz nach der Münchner Konferenz begann Chamberlain zu zweifeln, ob seine „Beschwichtigungspolitik" gegenüber einem Mann mit dem Charakter eines Adolf Hitler tatsächlich Erfolg versprechend sein könnte. In privaten Gesprächen beschrieb er Hitler als „halb verrückt". Und nach der Okkupation der restlichen Tschechoslowakei durch Hitler im März 1939 fühlte sich der britische Regierungschef persönlich von Hitler betrogen. Die Stimmung schlägt um. Chamberlain hatte geglaubt, man könne Hitler vertrauen. Mit der erstmaligen Okkupation nicht deutscher Gebiete hatte das Nazi-Regime eine Grenze überschritten, die Schraube der Eskalation überdreht.

Die Politik des „Appeasement" war gescheitert, der britische Premierminister stellte sich auf einen Krieg ein. Neville Chamberlain hatte erkennen müssen, dass gegenüber einem kaltblütigen Aggressor Friedenspolitik macht- und sinnlos ist.

Während Chamberlain als Ikone einer feigen Beschwichtigungspolitik in die Zeitgeschichte einging, blieb eine bedeutendere Rede des Politikers unbekannt: die Kriegserklärung Großbritanniens an das Deutsche Reich nach Hitlers Überfall auf Polen am 1. September 1939.

Chamberlains Radioansprache klang nicht mehr nach „Frieden für unsere Zeit". Der krebskranke Politiker war entschlossen:

„Ich spreche zu Ihnen aus dem Cabinet Room in Downing Street Nummer 10. Heute früh hat der britische Botschafter in Berlin eine abschließende Note an die deutsche Regierung übergeben. Wir haben festgestellt, dass wir uns im Kriegszustand befinden, falls die deutsche Regierung nicht bis um elf Uhr Vormittag dazu bereit ist, ihre Truppen aus Polen zurückzuziehen. Ich muss Ihnen nun mitteilen, dass keinerlei Bereitschaft dazu erklärt wurde. Konsequenterweise befindet sich dieses Land im Krieg mit Deutschland.

Sie können sich vorstellen, welch bitteren Schlag dies für mich bedeutet. Alle meine langen Bemühungen, den Frieden zu sichern, sind gescheitert. Aber ich kann mir nicht vorstellen, dass ich irgendetwas mehr oder irgendetwas anders hätte machen können, das größeren Erfolg gehabt hätte. Bis zum allerletzten Moment hätte man eine friedliche und ehrenvolle Lösung der Probleme zwischen Deutschland und Polen erreichen können. Aber Hitler wollte das nicht. Er hat offenkundig längst entschieden, Polen anzugreifen, was immer auch geschehen möge.

Und wenn er nun behauptet, er hätte durchaus maßvolle Forderungen an Polen gestellt, die von Polen zurückgewiesen wurden, dann ist dies unwahr.

Die Vorschläge wurden weder uns noch den Polen präsentiert. Und obwohl diese Vorschläge am Donnerstagabend im deutschen Rundfunk verlautbart wurden, wartete Hitler nicht einmal allfällige Reaktionen von unserer Seite ab, er befahl seinen Truppen, am frühen Morgen die polnische Grenze zu überschreiten.

Seine Handlungen zeigen überzeugend, dass dieser Mann niemals seine Praxis aufgeben wird, mit Gewalt seinen Willen durchzusetzen. Er kann nur mit Gewalt gestoppt werden. Wir und Frankreich werden heute unsere Hilfsverpflichtungen gegenüber Polen erfüllen. Polen leistet tapferen Widerstand gegen die heimtückische und nicht provozierte Attacke auf sein Volk.

Wir haben ein reines Gewissen, wir haben alles unternommen, was ein Land tun kann, um den Frieden zu erhalten. Aber wir sind in einer Situation, in der keinem Wort der deutschen Regierung vertraut werden kann. Eine Situation, in der sich kein Volk und kein Staat sicher fühlen dürfen, ist nicht mehr tolerierbar.

Und jetzt, da wir beschlossen haben, die Sache zu beenden, bin ich sicher, dass Sie alle Ihre Aufgabe mit Ruhe und Tapferkeit wahrnehmen werden."

Und weiter im englischen Originaltext:

„Now may God bless you all and may He defend the right. For it is evil things that we shall be fighting against, brute force, bad faith, injustice, oppression, and persecution. And against them I am certain that the right will prevail."

Premierminister Chamberlain erschien am selben Tag im Parlament an der Themse und erklärte:

„This is a sad day for all of us, and to none is it sadder than for me. Everything that I have worked for, everything that I hoped for, everything I have believed in during my public life has crashed into ruins." Ein Lebenstraum war durch den Kriegsbeginn zerstört, ein politisches Konzept zertrümmert worden.

Arthur Neville Chamberlain wurde im Mai 1940 zum Rücktritt gezwungen. Die britische Expedition in Norwegen war gescheitert. Deutschland hatte die Niederlande, Belgien und Frankreich angegriffen und im „Blitzkrieg" überrollt. Polen war schon 1939 von Hitlers Armeen besiegt und zwischen Nazi-Deutschland und der Sowjetunion aufgeteilt worden.

Sein Nachfolger als Premierminister wurde Sir Winston Churchill. Chamberlain blieb im Parlament und auch im Kriegskabinett.

Er starb sechs Monate, nachdem er Downing Street 10 verlassen hatte.

Adolf Hitler

„Seit 5.45 Uhr wird jetzt zurückgeschossen! Und von jetzt ab wird Bombe mit Bombe vergolten!"

Männer des Deutschen Reichstags!

... Ich bin fest entschlossen: Erstens die Frage Danzig, zweitens die Frage des Korridors zu lösen und drittens dafür zu sorgen, dass im Verhältnis Deutschlands zu Polen eine Wendung eintritt, eine Änderung, die ein friedliches Zusammenleben sicherstellt ...

... Polen hat heute Nacht zum ersten Mal auf unserem eigenen Territorium auch bereits durch reguläre Soldaten geschossen. Seit 5.45 Uhr wird jetzt zurückgeschossen! Und von jetzt ab wird Bombe mit Bombe vergolten! Wer mit Gift kämpft, wird mit Giftgas bekämpft. Wer selbst sich von den Regeln einer humanen Kriegführung entfernt, kann von uns nichts anderes erwarten, als dass wir den gleichen Schritt tun. Ich werde diesen Kampf, ganz gleich, gegen wen, so lange führen, bis die Sicherheit des Reiches und bis seine Rechte gewährleistet sind ...

... Wenn ich diese Wehrmacht aufrief, und wenn ich nun vom deutschen Volk Opfer und, wenn notwendig, alle Opfer fordere, dann habe ich ein Recht dazu. Denn ich bin auch selbst heute genau so bereit, wie ich es früher war, jedes persönliche Opfer zu bringen. Ich verlange von keinem deutschen Mann etwas anderes, als was ich selber über vier Jahre freiwillig bereit war, jederzeit zu tun. Es soll keine Entbehrung in Deutschland geben, die ich nicht selber sofort übernehme. Mein ganzes Leben gehört von jetzt ab

erst recht meinem Volk. Ich will nichts anderes jetzt sein als der erste Soldat des Deutschen Reiches ...

... Ich habe damit wieder jenen Rock angezogen, der mir einst selbst der heiligste und teuerste war. Ich werde ihn nur ausziehen nach dem Sieg, oder ich werde dieses Ende nicht erleben!

Adolf Hitler am 1. September 1939 vor dem Reichstag in Berlin

*

Eine Rede – eine Lüge.

Am 1. September 1939 fuhr Adolf Hitler, deutscher Reichskanzler und „Führer" des nationalsozialistischen Deutschland, kurz vor zehn Uhr früh zum Reichstag, dieser tagte in der Kroll-oper. Hitler trat in Wehrmachtsuniform auf. Der graue Tag passte zur Stimmung in Berlin und zur Stimmung in weiten Teilen der Bevölkerung. Der Beginn des Zweiten Weltkriegs mit dem Überfall Nazi-Deutschlands auf Polen löste keine Euphorie aus, dieser Tag war nicht mit dem August 1914 vergleichbar.

William L. Shirer, Europaberichterstatter und Rundfunkreporter für die amerikanische CBS aus Berlin, berichtet in seinem „Berliner Tagebuch. Aufzeichnungen 1934–1941" über die Rede Hitlers. Sie wird ab 10 Uhr vom Rundfunk übertragen: Er habe angestrengt geklungen, sei keineswegs in Höchstform gewesen und auch der Beifall und Jubel unter den „Abgeordneten", deren gelichtete Reihen von Hermann Göring durch Parteifunktionäre „ergänzt" worden waren, sei geringer ausgefallen als sonst üblich.

Es war tatsächlich auch formal keine gute Rede. Hitler mühte sich in einer längeren Rechtfertigung, die angebliche Notwendigkeit für einen militärischen Angriff auf Polen zu erklären. Um einen Kriegsgrund zu (er)finden, war ein „polnischer Überfall" auf den deutschen Rundfunk-Sender Gleiwitz in Oberschlesien inszeniert worden. KZ-Häftlinge waren in polnische Uniformen gesteckt und erschossen worden. Diese Opfer des beginnenden Kriegs wurden in der deutschen Propaganda als Angreifer präsentiert. Es war eine zynische Inszenierung. Hitler schien bei seiner Reichstags-Rede zu spüren, dass seine Rechnungen nicht aufgegangen waren.

Ein kleines Detail zeigt, dass der „Führer" nicht voll konzentriert war. Der Zeitpunkt des Angriffs ist falsch. Hitler spricht von 5.45 Uhr als Beginn des „Zurückschießens", tatsächlich war der Angriffsbefehl mit 4.45 Uhr datiert. Die deutschen Kanonen begannen auch um diese frühe Morgenstunde zu feuern. Ein Bombengeschwader war bereits in der Luft, um die polnische Kleinstadt Wieluń – kaum 21 Kilometer von der deutsch-polnischen Grenze entfernt – anzugreifen. Jeder Stuka hatte 1800 Kilo Bomben an Bord. Es war eine militärisch völlig sinnlose Aktion, die mehr als 1200 Opfer forderte und Hitlers Rede vor dem Reichstag, ehe er sie überhaupt gehalten hat, als zynische Lüge entlarvte. Das Deutsche Reich hatte den Zweiten Weltkrieg mit Terror gegen die Zivilbevölkerung eröffnet. Selbst hohe Funktionäre des Reiches staunten über die kaltblütigen Lügen Hitlers. Der Chef der Auslandsabwehr, Wilhelm Canaris, nannte Hitler, nachdem er die Rede gehört hatte, einen „pathologischen Lügner".

Zur gleichen frühen Morgenstunde begannen die Bordkanonen des deutschen Schulschiffs „Schleswig-Holstein" vor Danzig, die polnischen Munitionsbunker auf der Westerplatte unter Feuer zu nehmen. Das Schiff war angeblich zu einem freundschaftlichen Flottenbesuch nach Danzig gekommen.

In diesen letzten Friedenstagen des Augusts 1939 war der „Führer" verunsichert und enttäuscht. Sein Spiel war das erste Mal nicht aufgegangen. Bis zuletzt hatte er nicht daran geglaubt, dass Großbritannien und Frankreich wegen Polen in den Krieg ziehen würden. Er hatte extrem hoch gepokert und verloren. Sein Spiel war – anders als 1936 bei der Besetzung des entmilitarisierten Rheinlandes, beim „Anschluss" Österreichs 1938 und der Okkupation der Tschechoslowakei im Frühjahr 1939 – durchkreuzt worden. Noch einmal versucht Hitler, Frankreich und das Vereinigte Königreich vom Kriegseintritt abzuhalten: „Ich habe es feierlich versichert, und ich wiederhole es, dass wir von diesen Weststaaten nichts fordern und nie etwas fordern werden. Ich habe es versichert, dass die Grenze zwischen Frankreich und Deutschland eine endgültige ist. Ich habe England immer wieder eine Freundschaft und, wenn notwendig, das engste Zusammengehen angeboten. Aber Liebe kann nicht nur von einer Seite geboten werden. Sie muss von der anderen ihre Erwiderung finden. Deutschland hat keine Interessen im Westen. Unser Westwall ist zugleich für alle Zeiten die Grenze des Reiches nach dem Westen. Wir haben auch keine Ziele für die Zukunft."

Die acht Tage vor dem 1. September waren extrem spannungsgeladen. Hitler versuchte Druck auf Polen und Druck auf Großbritannien auszuüben und hatte Angst vor einem Einlenken oder einer Vermittlung in letzter Minute. Denn er und sein Außenminister Ribbentrop wollten Krieg. Die Führung der Wehrmacht verhielt sich passiv, sie fürchtete einen neuen Weltkrieg, war aber zu schwach und zu uneinig, um den Diktator in die Schranken zu weisen.

Die Aggression gegen Polen war als „Fall Weiß" längst beschlossen.

Am 23. August hatte Hitler die führenden Generäle auf den Berghof am Obersalzberg befohlen und sie über seine Pläne informiert. Die Herren waren in Zivil auf den Berghof beordert worden, Aufsehen sollte vermieden werden. Unter Berufung auf Winfried Baumgart berichtet der britische Historiker Ian Kershaw in seinem 1998 erschienenen Standardwerk „Hitler. 1936–1945": „Ungefähr 50 Offiziere, darunter Hitlers Adjutanten, hatten sich schließlich im großen Saal auf dem Berghof versammelt, als Hitler zur Mittagsstunde mit seiner Ansprache begann. Auch (Außenminister) Ribbentrop war anwesend. Die Generäle saßen in Reihen auf ihren Stühlen. Hitler lehnte sich an einen Flügel und sprach fast ohne einen Blick auf die knappen Notizen, die er in der linken Hand hielt … ‚Es war mir klar, dass es früher oder später zu einer Auseinandersetzung mit Polen kommen musste … Ich fasste den Entschluss bereits im Frühjahr, dachte aber, dass ich

160

mich zunächst in einigen Jahren gegen den Westen wenden würde und dann erst gegen den Osten.'"

Nach langen Analysen der Kräfteverhältnisse möglicher Gegner enthüllte Hitler den Generälen, dass er in den kommenden zwei Tagen mit der Sowjetunion einen Pakt abschließen werde. Dies werde Polen vollständig isolieren. Diese Vereinbarung der zwei totalitären und verbrecherischen Regime zur Aufteilung Polens war Hitlers größter Trumpf in seiner Reichstagsrede. Er hatte freilich eminenten Erklärungsbedarf, warum der nationalsozialistische Staat plötzlich mit dem kommunistischen Sowjetstaat einen Freundschaftsvertrag abgeschlossen hatte: „Sie wissen, dass Russland und Deutschland von zwei verschiedenen Doktrinen regiert werden. Es war nur eine Frage, die geklärt werden musste: Deutschland hat nicht die Absicht, seine Doktrin zu exportieren. Im Augenblick, in dem Sowjetrussland seine Doktrin nicht nach Deutschland zu exportieren gedenkt, im selben Augenblick sehe ich keine Veranlassung mehr, dass wir auch nur noch einmal gegeneinander Stellung nehmen sollen. Und wir sind uns, beide Seiten, darüber ganz klar geworden: Jeder Kampf unserer Völker gegeneinander würde nur anderen einen Nutzen abwerfen. Wir haben uns daher entschlossen, einen Pakt abzuschließen, der zwischen uns beiden für alle Zukunft jede Gewaltanwendung ausschließt, der uns in gewissen europäischen Fragen zur Konsultierung verpflichtet, der uns das wirtschaftliche Zusammenarbeiten ermöglicht und der es vor allem sicherstellt, dass sich die Kräfte dieser beiden großen, gewaltigen Staaten nicht miteinander oder gegeneinander verbrauchen."

Eine Woche vor der Reichstagsrede zu Kriegsbeginn hatte Adolf Hitler in der Offiziers-Besprechung die brutalen Kriegsziele befohlen: „Das Ziel ist die Beseitigung der lebendigen Kräfte, nicht die Erreichung einer bestimmten Linie … Bei Beginn und Führung des Krieges kommt es nicht auf das Recht an, sondern auf den Sieg." Hitler erwartete, dass Polen Widerstand leisten würde, kampflose Siege wie beim „Anschluss" Österreichs oder der Besetzung der Tschechoslowakei waren nicht mehr zu erwarten.

Die militärpolitische Situation wies auf einen Mehrfronten-krieg gegen Deutschland hin. Auf der Beratung am 23. Mai unterstrich die deutsche Führung, dass sie trotzdem dabei bleibe, Polen zu unterwerfen. Die Aussicht auf einen Pakt mit Stalin, der zur Aufteilung Polens zwischen Nazi-Deutschland und der stalinistischen Sowjetunion führen sollte, war ein entscheidender Trumpf für Hitler. Man dürfe sich nicht den Umständen unterordnen, sagte Hitler, sondern es seien „die Umstände den Forderungen anzupassen". Als Ausweg nannte er die Blitzkriegsdoktrin.

Großbritannien und Frankreich hatten nach dem deutschen Einfall in Böhmen und Mähren Polen eine Garantie seiner Unabhängigkeit gegeben und militärischen Beistand für den Fall eines deutschen Angriffs, allerdings kaum mit voller Begeisterung, versprochen.

Polen selbst hatte ein Beistandsangebot der Sowjetunion zurückgewiesen, da Stalin ein Durchmarsch-Recht vorgeblich zur Sicherung der polnischen Westgrenze verlangt hatte. Die polnische Führung unter Marschall Józef Piłsudski (bis 1935) hatte mit Hitler-Deutschland wenige ideologische Probleme, Polen kollaborierte mit den Nationalsozialisten. Piłsudski schloss mit Hitler 1934 einen „Nichtangriffspakt" ab. Die geopolitische Lage war für Polen zwischen den Mächten Hitler-Deutschland und Stalins Sowjetunion prekär, ja verzweifelt. Später zeigte die polnische Regierung Verständnis für die vollständige Eingliederung des Rheinlandes und für die Annexion Österreichs. Dafür erhielt die polnische Regierung Lob von Adolf Hitler – etwa am 18. März 1938. Wenige Tage nach dem Einmarsch deutscher Truppen in Wien sagte der „Führer" in einer Reichstagsrede: Polen gehöre zu jenen Staaten, die „ihre warme Zustimmung" ausgedrückt hätten. Bei der Zerschlagung der Tschechoslowakei besetzte Polen kleinere Gebiete im Norden der Tschechoslowakei. Es waren Landstriche in Schlesien, die ehemals zur Monarchie gehört hatten und teilweise von Polen bewohnt waren.

Ohne die starke britische Einflussnahme hätte wohl Frankreich am 3. September 1939 kaum Deutschland den Krieg erklärt. Das Land befand sich innenpolitisch in einer labilen Lage. Die Wirtschaft hatte sich noch nicht völlig von der Weltwirtschaftskrise von 1929 erholt. Starke rechts- wie linksradikale Kräfte standen sich feindlich gegenüber. Der Wille zum Kampf bei einem eventuellen außenpolitischen Konflikt war in weiten Kreisen nur schwach ausgebildet. Und dass Frankreich 1939 auf Drängen Großbritanniens nur darum Krieg führen sollte, weil das Deutsche Reich eine Autobahn nach Ostpreußen beanspruchte und den Anschluss der durch den Versailler Friedensvertrag als unabhängiger Staat vom Reich abgeschnittenen deutschen Stadt Danzig forderte, das sahen breite Bevölkerungsschichten nicht ein.

„Sterben für Danzig?" Diese Frage war in Frankreich eine weit verbreitete Parole. Das Schlagwort „Mourir pour Dantzig?" geht auf den damaligen französischen Minister für Luftfahrt, Marcel Déat, zurück und stammt aus einem Artikel im „L'Œuvre" vom 4. Mai 1939. Die rhetorische Frage „Mourir pour Dantzig?" wurde zum Schlagwort pazifistischer Franzosen, die eine Kriegserklärung Frankreichs an Deutschland ablehnten.

Acht Monate lang war nach der französischen Kriegserklärung an der Front Ruhe. Die Heere nahmen in den jeweiligen Grenzbefestigungen, der angeblich unbezwingbaren Maginotlinie auf französischer und dem Westwall auf deutscher Seite, ihre Stellungen ein, ohne dass es zu größeren Kampfhandlungen gekommen wäre. Diese Phase des Krieges wurde in Deutschland „Sitzkrieg", in Frankreich „Drôle de guerre" („komischer Krieg") und in Großbritannien „Phony war" genannt.

Diese Nicht-Aktivität der Westmächte kam den Plänen Adolf Hitlers entgegen. An der Westgrenze beabsichtigte man, gestützt auf den „Westwall", den Hitler als das „gewaltigste Festungswerk aller Zeiten" bezeichnete, französische und britische Aktionen hinhaltend abzuwehren.

In seiner „Weisung Nummer 1 für die Kriegsführung", datiert mit 31. August 1939, befiehlt Hitler: „Im Westen kommt es darauf an, die Verantwortung für die Eröffnung von Feindseligkeiten eindeutig England und Frankreich zu überlassen. Geringfügigen Grenzverletzungen ist zunächst rein örtlich entgegenzutreten. Die von uns Holland, Belgien, Luxemburg und der Schweiz zugesicherte Neutralität ist peinlich zu achten. Die deutsche Westgrenze ist zu Lande an keiner Stelle ohne meine ausdrückliche Genehmigung zu überschreiten …

… Das Heer hält den Westwall und trifft Vorbereitungen, dessen Umfassung im Norden – unter Verletzung belgischen oder holländischen Gebietes durch die Westmächte – zu verhindern."

In Deutschland herrschte auch nach dem Angriff auf Polen keine Kriegsbegeisterung. Die Stimmung in der Bevölkerung war besorgt. „Jeder, den ich sprach", notiert der Korrespondent des amerikanischen Radiosenders CBS, William L. Shirer, in seinem „Berliner Tagebuch", „war gegen den Krieg … Wie kann ein Land Krieg führen, wenn die Bevölkerung so dagegen ist? Viele beschwerten sich auch darüber, dass sie nicht informiert werden. Ein Deutscher sagte zu mir: ‚Wir wissen nichts. Warum sagt man uns nicht, was los ist?'" Sogar der Sicherheitsdienst der SS signalisiert in seinen geheimen Lageberichten an die Reichskanzlei „mangelnde Kriegsbereitschaft". Das Nazi-Regime versuchte dem Rechnung zu tragen und untersagte den gleichgeschalteten Zeitungen und dem Rundfunk die Verwendung des Begriffs „Krieg". Die Stimmungslage verbesserte sich erst, als die deutsche Wehrmacht in Polen rasche Erfolge erzielte und bereits nach wenigen Wochen den Angriff erfolgreich entschieden hatte. Dennoch starben schon im Polen-Feldzug mehr als 10.000 deutsche Soldaten, wenige allerdings, verglichen mit den polnischen Opferzahlen, die ein Vielfaches betrugen.

Am Ende des Zweiten Weltkriegs, der mit Hitlers Rede am 1. September 1939 entfesselt wurde, werden ein Kontinent verwüstet und 55 Millionen Menschen getötet sein.

Winston Churchill

„Ich habe nichts anzubieten, außer Blut, Mühen, Tränen und Schweiß"

Ich sage es hier im Parlament, so wie ich es den Ministern gesagt habe, die in diese Regierung eingetreten sind. „Ich habe nichts anzubieten, außer Blut, Mühen, Tränen und Schweiß."

Wir stehen vor einer Feuerprobe der schmerzlichsten Art. Vor uns liegen viele, viele Monate des Kampfes und des Leidens.

Sie fragen, was ist unser Plan? Ich sage: Wir führen Krieg zu Lande, auf See und in der Luft. Krieg mit all unserer Macht und mit all unserer Stärke, die Gott uns gegeben hat. Wir führen Krieg gegen eine monströse Tyrannei, die unübertroffen ist im dunklen und beklagenswerten Katalog der menschlichen Verbrechen. Das ist unsere Politik.

Sie fragen, was ist unser Ziel? Ich kann das mit einem Wort beantworten: Sieg! Sieg um jeden Preis. Sieg ungeachtet aller Schrecken. Sieg, wie lange und schwer der Weg dorthin auch sein mag. Ohne Sieg gibt es kein Überleben.

Lasst uns das klar erkennen. Es gibt kein Überleben für das britische Empire, kein Überleben für die Werte, für die das britische Empire immer gestanden ist, kein Überleben für die Entwicklung, die die Menschheit seit ewigen Zeiten gemacht hat, und kein Voranschreiten zu diesem Ziel.

Ich übernehme meine Verantwortung mit Kraft und Hoffnung. Ich bin sicher, dass unsere Sache nicht scheitern wird. Ich fühle mich in diesem kritischen Augenblick berechtigt, die Unter-

*stützung aller einzufordern: Kommt, lasst uns vorwärts schreiten,
mit unserer vereinigten Stärke!*

*

Am 13. Mai 1940, drei Tage nachdem Sir Winston Churchill von
seiner Majestät König George VI. den Auftrag zur Bildung einer
neuen britischen Regierung, eines Kriegskabinetts, erhalten hatte,
stellte sich der neue Premierminister den Abgeordneten im britischen Unterhaus. Churchill war bereits im Ersten Weltkrieg „Erster Lord der Admiralität" gewesen. Der kriegserfahrene Politiker
löste den konservativen britischen Premierminister Sir Arthur Neville Chamberlain ab, der noch im September 1938 mit Adolf
Hitler jenes „Münchner Abkommen" geschlossen hatte, das Nazi-
Deutschland de facto einen Freibrief zur Annexion Böhmens und
Mährens und zur Zerschlagung der Tschechoslowakei geliefert
hat (siehe S. 145 ff.).

Das Kriegskabinett bestand nur aus fünf Mitgliedern und ermöglichte rasche Entscheidungen. Alle Parteien und politischen
Kräfte waren repräsentiert. So sollte die Einigkeit der britischen
Nation im Kampf gegen das nationalsozialistische Deutschland
demonstriert werden. Churchill stellte im Unterhaus die Vertrau-
ensfrage und erwartete sich dadurch eine rasche und klare Legitimierung seiner Kriegsregierung.

Die Rede war kurz und mit Ausnahme des berühmten Zitats
nüchtern und geschäftsmäßig. Churchill wollte offenbar keine
Zeit mit hohlen Phrasen vergeuden.

Die zur Abstimmung vorgelegte Resolution ist nur wenige
Zeilen lang: „Dieses Parlament begrüßt die Formierung einer Regierung, die die vereinte und unbeugsame Entschlossenheit der
Nation unter Beweis stellt, den Krieg gegen Deutschland zu einem
siegreichen Ende zu führen."

Der berühmt gewordene Satz „blood, toil, tears, and sweat"
ist kein Originalzitat von Winston Churchill. Der Brite folgt da-

mit dem amerikanischen Präsidenten Theodore Roosevelt, der genau diese Worte am 2. Juni 1897 im Rahmen seiner Ernennung zum Staatssekretär für die amerikanische Flotte gebraucht haben soll. Roosevelt setzte sich damals für den massiven Ausbau der amerikanischen Marine ein. Die alten Schiffe mit Holzrumpf sollten gegen moderne Stahlschiffe ausgetauscht werden. Roosevelt vertrat die politische Ansicht, die Vereinigten Staaten könnten eine Weltmachtrolle nur mit einer starken Flotte ausfüllen. Der spätere Präsident sprach sich vehement für einen Krieg gegen Spanien aus, der schließlich 1898 ausbrach und mit einer Niederlage Spaniens endete. Aus der gleichen Rede Roosevelts stammt dieses Zitat, das einen klaren Hinweis auf die politische Gedankenwelt des späteren Friedens-Nobelpreisträgers (1906) gibt.

„Vorbereitung für einen Krieg ist die sicherste Garantie für Frieden. Schiedsgerichtsbarkeit und Vermittlung sind exzellente Einrichtungen, aber schlussendlich sollten alle, die dieses Land in Frieden mit ausländischen Nationen sehen möchten, die weise Entscheidung treffen, sich auf eine erstklassige Flotte mit erstklassigen Kampfschiffen zu verlassen, statt ihr Vertrauen in Vermittlungen und Verträge zu setzen. Schon Admiral Nelson hat festgestellt: Die britische Flotte ist das beste Verhandlungsargument in Europa. Es steckt viel Wahrheit in dieser Aussage. Mehr noch. Während wir ernsthaft für den Frieden eintreten, dürfen wir nicht vergessen, dass ein unehrenhafter Friede schlimmer ist als jeder Krieg.“

Roosevelt war vor seiner Zeit als Präsident ein damals gut bekannter Autor militärhistorischer Bücher. Churchill war als „Erster Lord der Admiralität" in einer vergleichbaren Position wie Roosevelt und kannte mit Sicherheit die Schriften seines amerikanischen Kollegen.

Joseph Goebbels

„Ich frage euch:
Wollt ihr den totalen Krieg?"

... Die Engländer behaupten, das deutsche Volk wehrt sich gegen die totalen Kriegsmaßnahmen der Regierung. Es will nicht den totalen Krieg, sondern die Kapitulation. Ich frage euch: Wollt ihr den totalen Krieg? Wollt ihr ihn, wenn nötig, totaler und radikaler, als wir ihn uns heute überhaupt noch vorstellen können?

... Ich habe euch gefragt; ihr habt mir eure Antworten gegeben. Ihr seid ein Stück Volk, durch euren Mund hat sich damit die Stellungnahme des deutschen Volkes manifestiert. Ihr habt unseren Feinden das zugerufen, was sie wissen müssen, damit sie sich keinen Illusionen und falschen Vorstellungen hingeben ...

... Der Führer hat befohlen, wir werden ihm folgen. Wenn wir je treu und unverbrüchlich an den Sieg geglaubt haben, dann in dieser Stunde der nationalen Besinnung und der inneren Aufrichtung. Wir sehen ihn greifbar nahe vor uns liegen; wir müssen nur zufassen. Wir müssen nur die Entschlusskraft aufbringen, alles andere seinem Dienst unterzuordnen. Das ist das Gebot der Stunde. Und darum lautet die Parole: Nun, Volk, steh auf, und Sturm, brich los!

... Das im Nationalsozialismus erzogene, geschulte und disziplinierte deutsche Volk kann die volle Wahrheit vertragen. Es weiß, wie schwierig es um die Lage des Reiches bestellt ist, und seine Führung kann es deshalb auch auffordern, aus der Bedrängtheit der Situation die nötigen harten, ja auch härtesten Folgerungen zu ziehen. Wir Deutschen sind gewappnet gegen Schwäche und Anfälligkeit, und Schläge und Unglücksfälle des

Krieges verleihen uns nur zusätzliche Kraft, feste Entschlossen-
heit und eine seelische und kämpferische Aktivität, die bereit ist,
alle Schwierigkeiten und Hindernisse mit revolutionärem Elan zu
überwinden.

Es ist jetzt nicht der Augenblick, danach zu fragen, wie alles ge-
kommen ist. Das wird einer späteren Rechenschaftsablegung über-
lassen bleiben, die in voller Offenheit erfolgen soll und dem deut-
schen Volk und der Weltöffentlichkeit zeigen wird, dass das Un-
glück, das uns in den letzten Wochen betroffen hat, seine tiefe,
schicksalhafte Bedeutung besitzt. Das große Heldenopfer, das un-
sere Soldaten in Stalingrad brachten, ist für die ganze Ostfront von
einer ausschlaggebenden geschichtlichen Bedeutung gewesen. Es
war nicht umsonst. Warum, das wird die Zukunft beweisen ...

Joseph Goebbels im Berliner Sportpalast am 18. Februar 1943

*

Das bekannteste – nein, berüchtigtste – Zitat aus der Zeit der nationalsozialistischen Gewaltherrschaft stammt nicht von Adolf
Hitler. Es war der Reichspropagandaminister Dr. Joseph Goebbels, der das Wort vom „totalen Krieg" in die Schlacht warf.

Dem „Führer" – eine Wort-Bildmarke, die auch Goebbels erfunden und jahrelang instrumentalisiert hatte – hatte die Niederlage der 6. Armee bei Stalingrad die Rede verschlagen. Der
Reichskanzler und angeblich geniale Feldherr hatte eine ganze
Armee völlig sinnlos im Kessel von Stalingrad geopfert. 150.000
deutsche Soldaten (darunter tausende Österreicher und Rumä-
nen) verbluteten, erfroren und verhungerten in dieser Entscheidungsschlacht des Zweiten Weltkriegs. 91.000 deutsche Soldaten gerieten in sowjetische Gefangenschaft, nur 6000 kamen
nach dem Krieg wieder in ihre Heimat zurück. Auf russischer
Seite dürften rund 500.000 Soldaten im Kampf um Stalingrad
gefallen sein.

Dem nationalsozialistischen Regime war die Bedeutung der Katastrophe von Stalingrad bewusst. Die Stimmung der Bevölkerung war in diesem vierten Kriegswinter gekippt. Mit den Siegen in „Blitzkriegen" war es vorbei. Die deutschen Angriffswellen gegen die „Rote Armee" waren tief im Inneren der Sowjetunion an der zähen Verteidigung der Russen angebrandet, aber gestoppt. Bis zur Niederlage der 6. Armee bei Stalingrad, die Hitler durch seine Weigerung, einen rechtzeitigen Rückzug zu erlauben, persönlich zu verantworten hatte, war der „Führer" von öffentlicher Kritik weitgehend verschont geblieben. Ian Kershaw: „Seine Verantwortung für die Katastrophe war offensichtlich." Der Diplomat Christian August Ulrich von Hassell notierte in seinem Tagebuch Mitte Februar 1943: „Zum ersten Mal gelingt es Hitler nicht, die Verantwortung abzuwälzen, zum ersten Mal bezieht sich das kritische Raunzen unmittelbar auf ihn. Insofern liegt eine echte Krise vor."

Hitlers Regime musste nicht nur die militärische Front „begradigen", sondern auch die Propagandalinie für den Hausgebrauch der verunsicherten Volksgenossen drehen. Minister Goebbels selbst, der beste Redner des Nazi-Regimes, musste ausrücken. Sein Auftritt konnte kriegsentscheidend sein. Er wusste das. Hitler selbst hatte nach dem „Heldentod" so vieler deutscher Soldaten einfach geschwiegen. Er war nicht in der Öffentlichkeit aufgetaucht. Im engsten Führungszirkel tobte Hitler fassungslos herum, beschimpfte Feldmarschall Paulus, der entgegen Hitlers ausdrücklichem Befehl – viel zu spät – kapituliert hatte, und suchte nach Schuldigen für die Niederlage.

Goebbels wollte mit seiner Rede, die detailgenau vorbereitet wurde, ein Signal an die Kriegsgegner – vor allem die Briten – schicken: Sie sollten nicht glauben, die Niederlage gegen die Sowjetarmee habe die Kampfbereitschaft der Wehrmacht geschwächt, den Einsatzwillen der Deutschen gebrochen. In seiner fast 108 Minuten langen Rede spricht Goebbels ausdrücklich immer wieder die „Engländer" an. Sie sind – neben dem deutschen Volk – die eigentlichen Adressaten dieser heimtückischen Ansprache.

Zwei Wochen braucht Goebbels, um auf das Debakel in Stalingrad zu reagieren. Das Konzept der Rede ist bereits vier Tage vorher diktiert. Goebbels feilt tagelang am Text. Er soll schließlich sofort gedruckt und in großer Zahl verteilt werden. Der Weggenosse Adolf Hitlers möchte seine Chance in der Krise des Systems nützen. Stephan Happel beschreibt in „Der totale Krieg des Dr. Joseph Goebbels" die persönlichen Absichten des ehrgeizigen und fanatischen Nationalsozialisten Goebbels hinter der Propagandakampagne zum totalen Krieg.

Der 45-jährige Sohn eines Buchhalters und nach neun Monaten entlassene Börsenausrufer der „Dresdner Bank" macht seinem „Führer" klar, wie unverzichtbar er dem Regime geworden ist. Und Hitler lässt seinen Propagandaminister machen.

In den Sportpalast lädt die NS-Führung ausgewählte und handverlesene Gruppen der deutschen Bevölkerung. Rund 3000 Menschen versammeln sich in der Mehrzweckhalle, die vor allem für Sportveranstaltungen genutzt wird. Max Schmeling hat im Sportpalast geboxt, Richard Strauss hat zur Eröffnung Beethovens 9. Symphonie dirigiert und nach dem Krieg traten im wieder aufgebauten Sportpalast Musiklegenden wie Ella Fitzgerald oder Pink Floyd auf.

Am 18. Februar 1943 war der Saal fast kirchenartig umgestaltet worden. Ein Mittel- und ein Quergang symbolisierten eine Kreuzform. Ein einziges Transparent an der Stirnseite gibt die Stoßrichtung vor: „Totaler Krieg – kürzester Krieg". Damit will Goebbels die Sehnsucht der Menschen nach einem Ende des Krieges, dem schon hunderttausende deutsche Soldaten zum Opfer gefallen sind, in die Bereitschaft zur schrankenlosen Gewalt umdeuten. Nur mit noch größeren Anstrengungen, noch härterer Brutalität könne der Krieg rasch beendet werden.

Zentrale Passage der Rede ist die Konstituierung einer angeblichen „Volksgemeinschaft". In der beginnenden militärischen und politischen Krise bemüht sich das nationalsozialistische Regime, pseudodemokratische Legitimierung zu suchen und zu finden. Goebbels spricht von „einem Ausschnitt des gesamten deutschen Volkes im besten Sinn des Wortes". Von den Eingeladenen im Saal will er, stellvertretend für „das Volk", die Zustimmung zur weiteren Radikalisierung der NS-Politik einholen. Demokratische Institutionen und demokratische Mitbestimmung kommen dafür nicht in Frage, daher konstruiert Goebbels in seiner Zuhörerschaft die Repräsentation der Volksgemeinschaft, von der er sich auf seine zehn Fragen die Zustimmung einholen wird:

„Ich habe heute zu dieser Versammlung nun einen Ausschnitt des deutschen Volkes im besten Sinne des Wortes eingeladen. Vor mir sitzen reihenweise deutsche Verwundete von der Ostfront, Bein- und Armamputierte, mit zerschossenen Gliedern, Kriegsblinde, die mit ihren Rote-Kreuz-Schwestern gekommen sind, Männer in der Blüte ihrer Jahre, die vor sich ihre Krücken stehen haben. Dazwischen zähle ich an die fünfzig Träger des Eichenlaubes und des Ritterkreuzes, eine glänzende Abordnung unserer kämpfenden Front. Hinter ihnen erhebt sich ein Block von Rüstungsarbeitern und -arbeiterinnen aus den Berliner Panzerwerken. Wieder hinter ihnen sitzen Männer aus der Parteiorganisation, Soldaten aus der kämpfenden Wehrmacht, Ärzte, Wissenschaftler, Künstler, Ingenieure und Architekten, Lehrer, Beamte und Angestellte aus den Ämtern und Büros, eine stolze Vertreterschaft unseres geistigen Lebens in all seinen Schichtungen, dem das Reich gerade jetzt im Kriege Wunder der Erfindung und des menschlichen Genies verdankt. Über das ganze Rund des Sportpalastes verteilt sehe ich Tausende von deutschen Frauen. Die Jugend ist hier vertreten und das Greisenalter. Kein Stand, kein Beruf und kein Lebensjahr blieb bei der Einladung unberücksichtigt. Ich kann also mit Fug und Recht sagen: Was hier vor mir sitzt, ist ein Ausschnitt aus dem ganzen deutschen Volk an der Front und in der Heimat. Stimmt das? Ja oder nein!"

Die Inszenierung ist sorgfältig vorbereitet. In den ersten Reihen sitzen hochdekorierte schwerstverwundete Soldaten, sie werden – wie alle Gruppen der Gesellschaft – angesprochen und in den Vordergrund gerückt. Jörg Bohse analysiert in seinem Buch „Inszenierte Kriegsbegeisterung und ohnmächtiger Friedenswille" die Zielsetzungen der Regie: „Der Vereinheitlichungstrick besteht darin, das Publikum als Solidargemeinschaft anzusprechen. Als emotionaler Kitt dieser Gemeinschaft müssen die Kriegsopfer herhalten. Mit der Hervorhebung der in den ersten Reihen platzierten Kriegsversehrten – den ‚Bein- und Armamputierten mit zerschossenen Gliedern, den Kriegsblinden, die mit ihren Rote-Kreuz-Schwestern gekommen sind' – wird an das menschliche Mitgefühl appelliert. Die Entmündigung des Publikums durch das Aufrühren des schlechten Gewissens geschieht also nicht nur abstrakt, sondern wird ganz konkret und plastisch in die Wege geleitet".

Wer angesichts dieses zur Schau gestellten Leids zu widersprechen wagt oder nicht aufspringt, die Hand zum Hitlergruß erhebt, donnernd „Ja" brüllt, der schließt sich selbst aus dieser Gemeinschaft aus, ist ein Feigling, ein „Charakterschwein", ist ein „Verräter", riskiert buchstäblich Kopf und Kragen.

Zielgruppe ist natürlich nicht das Saalpublikum. Es sind die Millionen an den Volksempfängern daheim und an der Front, es sind die Millionen in den Kinos, die über tausende Kopien der „Deutschen Wochenschau" indoktriniert werden. Schon vor der Rede gibt es an die Kameraleute genaue Anweisungen, wer ins Bild gerückt werden soll. Und Goebbels wird danach den Schnitt persönlich überwachen. Auch die Berichterstattung in den gleichgeschalteten Tageszeitungen ist bis auf die Größe der Titel und Bildunterschriften exakt vom Reichspropagandaminister vorgegeben. Der „Völkische Beobachter", die Parteizeitung der NSDAP, widmet am nächsten Tag der Sportpalast-Rede nicht weniger als vier Seiten. Die Berichterstatter lassen kein Klischee aus: „Die Menge erhebt sich wie ein Mann. Die Begeisterung der Masse entlädt sich in einer Kundgebung nicht dagewesenen Ausmaßes. Vieltausendstimmige Sprechchöre brausen durch die

Halle: ‚Führer befiel, wir folgen!' Eine nicht abebbende Woge von Heilrufen auf den Führer braust auf. Wie auf ein Kommando erheben sich nun die Fahnen und Standarten, höchster Ausdruck des weihevollen Augenblicks, in dem die Masse dem Führer huldigt."

Josepha von Koskull, eine Berlinerin, verfolgte die Sportpalast-Rede und erinnert sich in ihrer vom Deutschen Historischen Museum aufgezeichneten Autobiografie: „Das Gebrüll hörten wir allerdings aus dem kleinen Radioapparat dringen, aber wir waren durchaus nicht begeistert, sondern entsetzt! ‚Führer befiel, wir tragen die Folgen!', wandelten die Hitler-Gegner den Spruch ab. Wir fragten uns, was sich die ‚begeisterte Masse' wohl denken mochte, als sie Goebbels versprach, ‚zehn, zwölf und, wenn nötig, vierzehn und sechzehn Stunden' täglich zu arbeiten – ‚und die übrigen acht Stunden sitzen wir im Keller', ergänzte unsere Nachbarin, Frau Schramm. Schon damals sagten meine Freunde, von den Leuten, die wir da in die Lautsprecher jubeln und ‚Ja' brüllen hörten, wird es später keiner gewesen sein wollen."

Trotz einer zunehmend kritischeren und skeptischeren Haltung der Bevölkerung, die immer stärker die Kluft zwischen dem Pathos der Nazi-Propaganda und der tristen Alltags-Wirklichkeit empfand und daher immer „allergischer" auf die hohlen Phrasen der Nazi-Bonzen reagierte, erzielte die Goebbels-Rede Wirkung.

Das Meisterstück des fanatischen Nationalsozialisten Goebbels ist ein Paradebeispiel für zynische Rhetorik und Propaganda. Dabei schlägt der Reichspropagandaminister gleich mehrere Volten. Erstmals wird der Ton geändert, der Gegner wird nicht mehr kleingeredet, lächerlich gemacht, sondern ist plötzlich stark und mächtig. „Der Russe" (NS-Diktion) wird nunmehr als heroischer Gegner präsentiert. Goebbels räumt sogar schwere strategische Fehleinschätzungen ein: „Es ist verständlich, dass wir bei den groß angelegten Tarnungs- und Bluffmanövern des bolschewistischen Regimes das Kriegspotenzial der Sowjetunion nicht richtig eingeschätzt haben. Erst jetzt offenbart es sich in seiner ganzen wilden Größe". Wenn das nationalsozialistische Gewaltsystem gegen die Sowjetunion auf dem Schlachtfeld verliert, dann muss der Gegner „übermächtig" sein. Das Propagandaministerium hat nach Stalingrad die Weisung erteilt, in Karikaturen den sowjetischen Gegner nicht mehr als lächerlichen Schwächling darzustellen.

Und dann wieder eine Volte: Das Kriegsziel wird umdefiniert. Nein, es geht jetzt nicht mehr um die „Eroberung von Lebensraum im Osten", es geht darum, die Gefahr des Bolschewismus zu bannen – und nur die deutsche Militärmacht sei in der Lage, „die Rettung Europas" zu vollbringen.

Haben die Zuhörer damals im Sportpalast aus diesen Goebbelschen Worten vielleicht den verzweifelten Appell an den Kriegsgegner Großbritannien herausgehört, doch den Deutschen bei der Niederringung des Sowjetreichs nicht in den Arm zu fallen? Plötzlich geht es um Europa, um Kultur und Schönheit. Goebbels im Original: „Das deutsche Volk hat hier seine heiligsten Güter, seine Familien, seine Frauen und seine Kinder, die Schönheit und Unberührtheit seiner Landschaft, seiner Städte und Dörfer, das zweitausendjährige Erbe seiner Kultur und alles, was uns das Leben lebenswert macht, zu verteidigen."

Begann der Krieg mit scheinbar leichten Siegen: der Besetzung des Rheinlands, dem „Anschluss" Österreichs, der Annexion der Sudetengebiete, der Okkupation der Tschechoslowakei und dem Blitzkrieg gegen Polen und Frankreich, so wird jetzt vom Regime die Angst vor dem Untergang der Zivilisation, welcher – Ironie – ausgerechnet von den Nationalsozialisten verhindert werden soll, instrumentalisiert. Jetzt geht es nur noch darum, die Bevölkerung im Deutschen Reich zum Kampf gegen die sowjetische Apokalypse aufzustacheln und die letzten Reserven zu mobilisieren. Bereits einen Monat vor Goebbels' Rede und vor der Kapitulation in Stalingrad hatte Adolf Hitler die totale Ausschöpfung sämtlicher personeller und materieller Ressourcen im Deutschen Reich und in den besetzten Gebieten für den „Endsieg" befohlen. Alle Männer zwischen 16 und 65 sowie Frauen zwischen 17 und 45 Jahren konnten zur Reichsverteidigung herangezogen werden. Die ständig beschworene Angst vor dem „jüdischen Bolschewismus" sowie Propagandaplakate und -broschüren mit einprägsamen Durchhalteparolen sollten aber auch die „opferbereite Heimatfront" zu Höchstleistungen animieren.

Das neue propagandistische Konzept erweist sich als durchaus wirkungsvoll. Weitere zweieinhalb Jahre sollten die Deutschen durchhalten. Millionen Menschen auf beiden Seiten werden im großen Schlachten sterben. Europa wird im Mai 1945 zerstört sein.

Die Rede von Joseph Goebbels und seine alles umfassende Propaganda für das NS-Regime haben dazu einen entscheidenden Beitrag geleistet.

Und Goebbels verschärft auch den klassenkämpferischen Ton. Er greift den offenbar vorhandenen Unmut „des kleinen Mannes" auf, der sich zunehmend gegen Bonzen und Kriegsgewinnler richtet. Der Hass soll kanalisiert und gegen die „bürgerlichen Zimperlichkeiten" gerichtet werden. Denn im vierten Jahr des Krieges werden die Entbehrungen für breite Bevölkerungskreise spürbar. Es gibt kaum noch eine Familie, die keine Opfer zu beklagen hat. Die Bombenangriffe der Alliierten auf deutsche Städte beginnen das Leben „im Reich" zu beeinträchtigen. Die NS-Herren sind über die Stimmungslage im Volk bestens informiert. Der Sicherheitsdienst der Gestapo liefert über zehntausende Spitzel präzise Berichte über die politische Stimmungslage im Land.

Goebbels beginnt mit seiner Rede einen „Pseudo-Klassenkampf" (Jörg Bohse). Es gilt neue Verantwortliche für die Niederlagen an der Front zu finden. Die Juden können es nicht mehr sein, sie wurden ja bereits aus dem gesellschaftlichen Leben entfernt, vertrieben, in Vernichtungslager geschleppt oder ermordet. Totalitäre Weltanschauungen brauchen aber „Schuldige". Also bedient sich der Reichspropagandaminister klassenkämpferischer Phrasen und sozialistischer Stereotype.

Wenn Goebbels seine Zuhörer, also das gesamte deutsche Volk, auffordert, „die Glacéhandschuhe der bürgerlichen Verkehrsformen" auszuziehen und die „Faust zu bandagieren" (für einen Boxkampf), dann verlangt er den Verzicht auf die letzten Reste von Anstand, Zurückhaltung und Menschlichkeit. Er will die nationalsozialistische Gesellschaft weiter radikalisieren, „totaler, als sich das irgendjemand vorstellen kann".

Und das Hitler-Regime wird diese Drohung wahr machen. Mit der Sportpalast-Rede tritt der NS-Staat in eine neue Phase der Gewalttätigkeit gegenüber den militärischen Gegnern, aber auch gegenüber dem eigenen Volk ein. Es ist kein Zufall der Geschichte, dass am Tag der Sportpalast-Rede die Geschwister Hans und Sophie Scholl an der Münchner Universität das sechste Flugblatt ihrer Widerstandsorganisation „Weiße Rose" verbreiten. Und dafür mit ihrem Leben bezahlen werden.

Den letzten Satz seiner Rede – „Nun, Volk, steh auf, und Sturm, brich los!" – hat Goebbels übrigens einem patriotischen Gedicht des Schriftstellers Theodor Körner entliehen. Dieser forderte 1813 die deutschen „Männer und Buben" auf, gegen Napoléon Bonaparte zu den Waffen zu greifen.

„Das Volk steht auf, der Sturm bricht los.
Wer legt noch die Hände feig in den Schoß?
Pfui über dich Buben hinter dem Ofen,
Unter den Schranzen und unter den Zofen!
Bist doch ein ehrlos erbärmlicher Wicht;
Ein deutsches Mädchen küsst dich nicht,
Ein deutsches Lied erfreut dich nicht,
Und deutscher Wein erquickt dich nicht.
Stoßt mit an,
Mann für Mann,
Wer den Flamberg schwingen kann …"

Goebbels hatte diesen Satz bereits während einer Wahlkampfrede im Jahr 1932 verwendet.

Und weitere zehn Jahre zuvor hatte Kurt Tucholsky den Gedichtanfang in seiner satirischen Glosse „Wo kommen die Löcher im Käse her?" nicht ganz im Sinne des anti-napoleonischen Dichters Theodor Körner benutzt.

Das Flugblatt von Hans und Sophie Scholl zitierte ebenfalls den Dichter Körner: „Frisch auf, mein Volk, die Flammenzeichen rauchen". Zuvor hatten die jungen Regimekritiker verzweifelt geschrieben: „Erschüttert steht unser Volk vor dem Untergang der Männer von Stalingrad. Dreihundertdreißigtausend deutsche Männer hat die geniale Strategie des Weltkriegsgefreiten sinn- und verantwortungslos in Tod und Verderben gehetzt. Führer, wir danken Dir!"

Die Gründer der „Weißen Rose" wurden verraten, verhaftet und enthauptet. Eine Rede konnten sie nicht halten. Ihre Worte waren viel leiser. Aber sie waren wahr.

Kaiser Hirohito

„Wir bereiten den Weg für einen großen Frieden, indem wir das Unerträgliche ertragen und das Unduldbare erdulden"

An Unsere guten und getreuen Untertanen!

Nachdem Wir die allgemeine Weltlage und die besonderen Verhältnisse, die heute in Unserem Imperium herrschen, gründlich erwogen haben, beschlossen Wir, eine Regelung der gegenwärtigen Situation herbeizuführen, indem Wir zu einer außergewöhnlichen Maßnahme Zuflucht nehmen.

Wir haben Unsere Regierung angewiesen, den Regierungen der Vereinigten Staaten, Großbritanniens, Chinas und der Sowjetunion mitzuteilen, dass Unser Imperium die Bedingungen ihrer gemeinsamen Erklärung annimmt.

Die feierliche Verpflichtung, die Uns von Unseren Kaiserlichen Vorfahren hinterlassen wurde und die Uns am Herzen liegt, ist es, den Wohlstand und das Glück aller Nationen ebenso wie die Sicherheit und das Wohlergehen Unserer Untertanen zu erstreben. In der Tat, Wir erklärten Amerika und Großbritannien den Krieg in dem aufrichtigen Wunsch, Japans Selbsterhaltung zu sichern und Ostasien zu stabilisieren, und es lag Uns dabei fern, die Souveränität anderer Nationen zu verletzen oder auf territoriale Expansion abzuzielen. Aber nun hat der Krieg fast vier Jahre gedauert. Obwohl alle ihr Bestes getan haben – trotz des tapferen Kampfes der Land- und Seestreitkräfte, trotz des Fleißes und der Emsigkeit Unserer Staatsdiener und trotz der ergebenen Dienste Unseres Hundert-Millionen-Volkes –, hat sich die Kriegssituation

nicht zu Japans Gunsten entwickelt, während die allgemeine Welt-
lage sich gegen Japans Interessen gewandt hat. Darüber hinaus hat
der Feind begonnen, eine neue und äußerst grausame Bombe ein-
zusetzen, deren Zerstörungskraft wahrhaft unabsehbar ist und
den Tribut vieler unschuldiger Leben fordert. Wenn wir den
Kampf fortsetzten, würde er nicht nur zum endgültigen Zu-
sammenbruch und zur Vernichtung der japanischen Nation füh-
ren, sondern er hätte auch das völlige Erlöschen der menschlichen
Zivilisation zur Folge. Wie können Wir unter diesen Umständen
Unsere Millionen Untertanen retten; oder in Übereinstimmung
mit den geheiligten Geistern Unserer Kaiserlichen Vorfahren han-
deln? Das ist der Grund, aus dem Wir befohlen haben, die Bedin-
gungen der gemeinsamen Deklaration der Mächte anzunehmen.
… Gewiss werden die Nöte und Leiden, denen Unsere Nation
hiernach ausgesetzt sein wird, groß sein. Wir sind Uns der inners-
ten Gefühle von euch allen, Unseren Untertanen, zutiefst be-
wusst. Es geschah jedoch unter dem Diktat der Zeit und des
Schicksals, dass Wir Uns entschlossen haben, für alle Geschlech-
ter, die nach uns kommen, den Weg für einen großen Frieden zu
bereiten, indem wir das Unerträgliche ertragen und das Undul-
bare erdulden …

Rundfunk-Ansprache des japanischen Kaisers Hirohito am 15. August 1945

*

Der japanische Kaiser hält die erste Rede an sein Volk, und kaum jemand kann ihn verstehen.

Niemand kennt die Stimme des Kaisers. Der „Sohn des Himmels" ist eine Erscheinung zwischen Mensch und Gott. Bis zum Tag der Kapitulation Japans im Zweiten Weltkrieg ist der Kaiser öffentlich nicht in Erscheinung getreten. Acht Tage nach dem ersten Abwurf einer Atombombe auf die südjapanische Stadt Hiro-

182

shima unterzeichnet Kaiser Hirohito den Erlass, der die Niederlage Japans besiegelt. Die japanische Führung wählt für diesen – aus ihrer Sicht – demütigenden Akt die Hofsprache, sie wird nur von wenigen Japanern verstanden. Schon am Vorabend vor der Ausstrahlung im japanischen Rundfunk spricht der Kaiser den Text auf Schallplatte, am 15. August mittags wird die Rede über den Äther geschickt.

Das japanische Volk reagiert erschüttert, ist paralysiert, versteht die Rede nicht. Doch die Botschaft kommt an: Japan hat bedingungslos kapituliert. Der Kaiser verwendet solche klaren Worte nicht. Es ist ein letzter Versuch, die kaum begreifbaren Formen der japanischen Tradition, einen mittelalterlichen Ehrenkodex aus einer anderen Welt, vor der Wirklichkeit zu retten. Es wird nicht gelingen. Geradezu paradox ist die Umkehrung von Schuld und Verantwortung. Ministerpräsident Kantaro Suzuki bittet im Namen des Volkes den Kaiser um Verzeihung für die Niederlage. „Die Nation entschuldigt sich aufrichtig bei Seiner Majestät für die Art und Weise, wie der Krieg beendet wurde."

Der hochdekorierte Marineoffizier Suzuki war erst im April 1945 im Alter von 77 Jahren zum Regierungschef ernannt worden. Suzuki galt als „Taube". Er setzte sich schon als Vorsitzender des kaiserlichen Rates für eine Beendigung des Krieges ein. Die Kapitulationserklärung von Kaiser Hirohito wird auf seinen Einfluss zurückgeführt. Am Tag der Kaiser-Rede schrieb der Regierungschef einen Beitrag für die Zeitung „Mainichi Shimbum". Er begründete das Eingeständnis der Niederlage damit, dass er darauf vertraue, dass US-Kommandant Douglas MacArthur die Regeln des „Bushido" (Ehrenkodex der japanischen Samurai) einhalten werde: Nach einer eingestandenen Niederlage werde der ehemalige Gegner wie ein Verbündeter behandelt.

Tatsächlich ließen die amerikanischen Sieger die Institution des japanischen Kaiserhauses unangetastet. Ungeachtet der Rolle von Kaiser Hirohito wurde er nicht als Kriegsverbrecher angeklagt.

Kantaro Suzuki gilt als Architekt der Ansprache von Kaiser Hirohito. Sein Kernsatz lautet: Die kaiserliche Regierung wird die Bedingungen der „gemeinsamen Erklärung" annehmen. Er sagt nicht, was diese verlangt: Kapitulation.

Im Rahmen der Potsdamer Konferenz stellten die Republik China, die USA und Großbritannien am 26. Juli Japan ein Ultimatum. Der letzte Artikel der Erklärung lautet: „Wir fordern von der japanischen Regierung, jetzt die bedingungslose Kapitulation aller japanischen Streitkräfte zu verkünden ... Die Alternative für Japan ist dessen schnelle und vollständige Zerstörung."

In den Jahren nach dem Zweiten Weltkrieg wird unter Berufung auf diese Formulierung argumentiert, die USA hätten Japan vor dem Abwurf einer Atombombe gewarnt. Japan habe nicht reagiert und sich daher den erstmaligen Einsatz dieser Massenvernichtungswaffe selbst zuzuschreiben. Tatsächlich haben die USA am Tage des Beginns der Konferenz in Potsdam erstmals eine Atombombe erfolgreich gezündet. Die „Wunderwaffe" hat ihre verheerende Wirkung über der Wüste von New Mexico bewiesen. Zwei Bomben sind auf dem Weg zum pazifischen Kriegsschauplatz. „Fat Man" und „Little Boy" werden zeitgleich zur Insel Tinian im Pazifik verschifft. Der Einsatz der Atomwaffe soll den Kampf amerikanischer Invasionstruppen zur Eroberung der japanischen Insel entbehrlich machen. Die US-Marines hatten trotz einer totalen Luftüberlegenheit beim Kampf um die besetzten Pazifik-Inseln gegen die japanischen Verteidiger schwere Verluste erlitten.

Amerika wollte den Krieg auch im Osten rasch beenden. Jetzt hatte Präsident Harry S. Truman die Mittel dafür in der Hand. Das Kaiserreich Japan, das mit dem Angriff auf den US-Flottenstützpunkt Pearl Harbor den Zweiten Weltkrieg wirklich zum „Weltkrieg" gemacht hatte, war besiegt. Die USA hatten die japanische Luftwaffe zerstört, die Flotte des Kaiserreichs war kaum noch einsetzbar. Das Inselreich musste an allen asiatischen Fronten Niederlagen hinnehmen. Doch der fanatische Kampfeswille der japanischen Armee war ungebrochen. Die kaiserlichen Generäle dachten nicht an Kapitulation. In völliger Fehleinschätzung der weltpolitischen Situation und in totaler Ignoranz gegenüber dem Leiden der eigenen Bevölkerung und der Soldaten träumten die Generäle von der alles verschlingenden Entscheidungsschlacht.

Absurde Ehrbegriffe waren wichtiger als Millionen Menschenleben. Kaiser Hirohito befreite sich erst nach den Atombombenabwürfen auf Hiroshima und Nagasaki, die mindestens 400.000 Opfer forderten, aus dem Stahlkorsett der Generäle. Seinem Motto für die Regentschaft konnte er aber nicht mehr gerecht werden. Er hatte bei seiner Thronbesteigung den Begriff „Showa" gewählt. Er bedeutet: „leuchtender Friede".

George C. Marshall

„Meine Herren, ich muss Ihnen nicht erklären, dass die Lage der Welt sehr ernst ist"

Meine Herren, ich muss Ihnen nicht erklären, dass die Lage der Welt sehr ernst ist ...

In der Beurteilung der Erfordernisse für den Wiederaufbau Europas wurden die Verluste an menschlichem Leben, der sichtbaren Zerstörung von Städten, Fabriken, Bergwerken und Eisenbahnverbindungen korrekt berechnet. Aber während der vergangenen Monate ist klar geworden, dass die sichtbare Zerstörung möglicherweise weniger weitreichende Folgen hatte als die Auflösung der gesamten europäischen Wirtschaftsstruktur ...

... Der Wiederaufbau wird durch die Tatsache ernsthaft verzögert, dass es zwei Jahre nach Kriegsende noch immer keine Einigung auf einen Friedensvertrag mit Deutschland und Österreich gibt. Selbst wenn es eine rasche Lösung dieses schwierigen Problems geben sollte, wird die Wiederbelebung der europäischen Wirtschaftsstrukturen viel größerer Anstrengungen bedürfen und wesentlich länger dauern, als das vorhergesagt wurde ...

... Wir müssen den Teufelskreis durchbrechen und das Vertrauen der europäischen Völker in die wirtschaftliche Zukunft ihrer Staaten und der Zukunft Europas als Ganzes wiederherstellen. Handwerker und Bauer müssen in vielen Regionen bereit sein, ihre Waren gegen Geld einzutauschen, wobei der Geldwert der Währungen dabei nicht in Frage stehen darf.

Es ist logisch, dass die Vereinigten Staaten alles in ihrer Macht Stehende tun müssen, um zu einer normalen wirtschaftlichen Sta-

bilität in der Welt zurückzukehren, da es ohne wirtschaftliche Stabilität auch keine politische Stabilität und keinen gesicherten Frieden geben kann. Unsere Politik richtet sich nicht gegen einen Staat oder eine Ideologie, sondern gegen Hunger, Armut, Verzweiflung und Chaos. Unser Ziel sollte der Wiederaufbau einer funktionierenden Weltwirtschaft sein. Das ist die Voraussetzung für politische und soziale Verhältnisse, in denen freie Institutionen existieren können …

… Eine entscheidende Voraussetzung für ein erfolgreiches Gelingen vonseiten der Vereinigten Staaten ist das Verständnis für die Aufgaben des amerikanischen Volkes, den Charakter des Problems und die Strategien, die angewandt werden sollen. Politische Vorurteile und Leidenschaften haben da keinen Platz. Mit Weitsicht und der Bereitschaft unseres Volkes, sich der ungeheuren Verantwortung zu stellen, die die Geschichte auf unser Land geladen hat, können und wollen wir die oben erwähnten Schwierigkeiten bewältigen.

Rede des amerikanischen Außenministers George Catlett Marshall an der Harvard University am 5. Juni 1947

*

Die Rede des damaligen US-Außenministers George C. Marshall an der Harvard-Universität in Boston im Rahmen einer Sponsionsfeier hat die Welt tatsächlich verändert – zum Positiven. Zwei Jahre nach dem Ende des Zweiten Weltkrieges kündigte der amerikanische Außenminister das „European Recovery Programme" an. Die Vereinigten Staaten wollten mit einem bis dato ungewohnt großzügigen Wirtschaftsprogramm die europäischen Volkswirtschaften wieder in Gang bringen. Marshalls Ideologie war einfach: Nur funktionierende Volkswirtschaften können freie und demokratische Strukturen entwickeln. Wohlstand ist eine Voraussetzung für Demokratie und Frieden. Es war bis dahin die erfolgreichste und sicherlich die teuerste außenpolitische Initiative in Friedenszeiten. Aber sie brachte Zinsen: Amerika etablierte sich weltweit als wirtschaftspolitische Führungsmacht.

Das sogenannte „ERP-Programm" gab tatsächlich in vielen Staaten Europas den Anstoß für einen wirtschaftlichen Aufschwung und für den Wiederaufbau nach den Zerstörungen des Zweiten Weltkriegs. Ein Vergleich der unterschiedlichen wirtschaftlichen Ausgangslagen nach dem Ersten und nach dem Zweiten Weltkrieg verdeutlicht die überragende Bedeutung der amerikanischen Aufbauhilfen.

Für die damaligen Verhältnisse pumpte Amerika, der amerikanische Steuerzahler, viel Geld – mehr als 13 Milliarden Dollar, umgerechnet auf den heutigen Geldwert rund 70 Milliarden Euro – in die europäische Wirtschaft.

Die Rede und der dahinter stehende Plan wurden von Charles E. Bohlen, einem Mitarbeiter des State Department und späteren Botschafter in Moskau, vorbereitet. Marshall selbst machte den Feinschliff. Die Bedeutung dieser Erklärung war auch Zeitgenossen bewusst. So urteilte der britische Außenminister Ernest Bevin: „Diese Ansprache wird als eine der bedeutendsten Reden in die Weltgeschichte eingehen." Die „Washington Post" titelte damals: „Marshall Sees Europe in Need of Vast New U.S. Aid; Urges Self-Help in Reconstruction." Hilfe zur Selbsthilfe. Der Marshall-Plan wird zum größten Ansporn für einen beginnenden europäischen Einigungsprozess. Der US-Kongress verbindet massive Wirtschaftshilfe mit politischen Interessen. Ein Wirtschaftsplan als Antwort auf die politischen Krisen im Nachkriegseuropa.

Saatgut und Traktoren, Lokomotiven und Seilbahnen, Tourismusbetriebe und Produktionsfabriken, Hafenanlagen und Stahlwerke, Wohnhäuser und Lastwagen: Es gab wenige Produkte, auf denen nicht das Schild „gefördert aus ERP-Mitteln" prangte. Als erste Starthilfe erhielt Österreich 42 Millionen Dollar. George Marshall hatte diese Summe im amerikanischen Kongress selbst beantragt und begründet. Saatgut aus Amerika ermöglicht den Wiederaufbau der Landwirtschaft. Amerikanische Zuchtstiere beleben alpenländische Kühe. Die Elektrifizierung der Westbahn wird zu einem nationalen Ereignis. ERP-Mittel haben sie ermöglicht. Ein Land repariert die zerstörte Infrastruktur und legt Schienen für das Wirtschaftswunder. Wer heute in Lech am Arlberg Schi fährt, schwingt auf den Spuren George Marshalls. Mehr als 70 Seilbahnen werden mit US-gestützten Krediten finanziert. Die Basis für die Erfolgsgeschichte des Wintertourismus wird gelegt.

Strom – das weiße Gold der Alpen wird zum nationalen Symbol des Wiederaufbaus. Das Speicherkraftwerk Kaprun – ein Mythos der Nachkriegszeit.

Österreich erhielt nach dem Krieg rund 1,6 Milliarden Dollar Wirtschaftshilfe, eine Milliarde davon im Rahmen des Marshall-Plans. Dafür hätte Österreich allein an Zinsen 3,2 Prozent des Bruttosozialprodukts zahlen müssen. Ohne Geld aus dem „European Recovery Programme" (ERP) wäre Österreich in eine schwere Schuldenkrise gestürzt. In den ersten beiden Nachkriegsjahren finanzierten die USA 88 Prozent der gesamten österreichischen Importe.

Der „Marshall-Plan" war das genaue Gegenteil des sogenannten „Morgenthau-Plans". 1944 hatte der amerikanische Finanzminister Henry Morgenthau jr. in einem Memorandum den Rückbau eines besiegten Deutschland zu einem entindustrialisierten Agrarstaat vorgeschlagen. So hätte jede wirtschaftliche Entwicklung Deutschlands nach 1945 verhindert werden sollen. Ziel war es, Deutschland für „ewig" die Fähigkeit zu nehmen, einen neuerlichen Angriffskrieg zu beginnen.

George Marshall hingegen glaubte an die heilende Kraft wirtschaftlicher Konsolidierung und kurbelte mit insgesamt 13 Milliarden Dollar Europas Wirtschaft wieder an. Das amerikanische Steuergeld blieb im Wirtschaftskreislauf. ERP-Mittel wurden als zinsgünstige Kredite vergeben, die Rückflüsse an Zinsen und Kapital blieben in Sonderfonds und konnten daher wiederum für

Kreditstützungen verwendet werden. Noch heute verwaltet etwa in Deutschland die Kreditanstalt für Wiederaufbau (KfW) mehrere Milliarden Euro „ERP-Mittel", und auch in Österreich werden noch immer ERP-Kredite vergeben.

Welchen Anteil am wirtschaftlichen Aufschwung in den 50er-Jahren die amerikanische Hilfe aber tatsächlich hatte, ist unter Wirtschaftshistorikern umstritten. Alan Greenspan, der ehemalige Chef der amerikanischen Notenbank, schreibt in seinen Lebenserinnerungen dem späteren deutschen Bundeskanzler Ludwig Erhard einen viel größeren Anteil am „Wirtschaftswunder" Deutschlands und Europas zu als dem amerikanischen Hilfsprogramm. Die Deregulierungen Erhards hätten den Wirtschaftsaufschwung bewirkt.

Jedenfalls teilte der „Marshall-Plan" schon in den 50er-Jahren Europa. Denn die Sowjetunion hatte den Staaten in ihrem Einflussbereich, etwa der Tschechoslowakei oder Polen, eine Teilnahme verboten. Im März 1947 sprach US-Präsident Harry S. Truman unmissverständlich aus, dass mit der finanziellen Hilfe aus Amerika die weitere Ausbreitung des Kommunismus verhindert werden sollte. Die propagandistische Antwort aus der sowjetischen Besatzungszone – der späteren DDR – kam mit einem holpernden Reim: „Wir pfeifen auf den Marshall-Plan. Wir kurbeln die Wirtschaft selber an."

Von den 16 europäischen Staaten, die sich um ERP-Mittel beworben hatten, gingen die größten Beträge an Großbritannien und Frankreich, mit jeweils mehr als drei Milliarden US-Dollar. Kriegsverlierer (West-)Deutschland erhielt 1,4 Milliarden Dollar, knapp ein Zehntel des Gesamtvolumens.

Die „Frankfurter Allgemeine Zeitung" urteilt in einem Beitrag zum 70-Jahr-Jubiläum des „Marshall-Plans": „Der außergewöhnliche Aufschwung, den besonders Deutschland nahm, hatte andere Gründe. Bis 1948 war das Land durch staatliche Bewirtschaftung und Preiskontrollen gelähmt, nur der Schwarzmarkt florierte. Erst die Freigabe eines großen Teils der Preise durch den damaligen Direktor der Wirtschaftsverwaltung, Ludwig Erhard, zeitgleich mit der Währungsreform im Juni 1948 gab den Startschuss für die Marktwirtschaft. Allerdings half das ERP, ein politisch stabiles Umfeld für die wirtschaftliche Entwicklung zu schaffen. Auch die psychologische Wirkung ist nicht zu unterschätzen."

Die Initiative des amerikanischen Außenministers, der dafür auch den Friedens-Nobelpreis erhielt, hatte aber auch eine klare ideologische Zielsetzung. Marshall und die USA wollten in Europa die Etablierung einer liberalen Marktwirtschaft fördern und durchsetzen. George Marshall war eigentlich Militär. Während des gesamten Zweiten Weltkriegs fungierte Marshall als „Chief of Staff" der US-Army. Nach 1945 wurde er Außenminister und später amerikanischer Verteidigungsminister. Marshall war jedenfalls der erste Offizier, der im Jahr 1953 den Friedens-Nobelpreis verliehen bekam.

Der Marshall-Plan lieferte aber auch einen ersten Impuls für eine europäische Integration. Zur Verteilung der Mittel wurde in Paris eine Organisation geschaffen, aus der die Organisation für wirtschaftliche Zusammenarbeit (OECD) hervorging.

Mit den „ERP-Mitteln" und dem Zwang, multilateralen Handel zu betreiben, verhinderten die Amerikaner einen neuen Protektionismus und sicherten sich – wahrscheinlich nicht ganz unbeabsichtigt – Europa als Markt für amerikanische Produkte. Mit dem Geld kam auch die Propaganda. Die USA sorgten mit eigenen Filmproduktionen dafür, dass der Ruhm des „Marshall-Plans" bis in den letzten Winkel Europas getragen wurde. Christoph Höllriegl analysierte mehr als 40 Marshall-Plan-Filme, die allein in Österreich produziert wurden. Dabei verstanden sich diese Filme als „Lehrbehelfe" für den Fortschritt amerikanischer Prägung. Der Einsatz von Maschinen in der Landwirtschaft und moderne Produktionsweisen in der Industrie wurden propagiert.

Die kommunistische und sowjetische Propaganda während des „Kalten Krieges" versuchte gegenzusteuern und kritisierte die

„Versklavung" der heimischen Wirtschaft durch die amerikanischen „Imperialisten". Sehr erfolgreich war die publizistische Gegenoffensive der Kommunisten aber nicht. Immerhin zahlte der „unbekannte amerikanische Steuerzahler" so viel an Aufbauhilfe nach Österreich, wie Österreich an die Sowjetunion als Reparationszahlungen leisten musste. Dieser Vergleich machte sicher.

Die Aufgabe der künftigen Generation wird es sein, ihn wieder zum Leben zu erwecken. Die Voraussetzungen dafür sind gegeben. Denn so sehr die Vergangenheit auch verschüttet sein mag, sie läßt sich nicht auslöschen. Es gibt auch im Menschen eine geheime Erinnerung, die ihn mit dem verbindet, was vor ihm gewesen ist. Nur das verschüttete Leben, die gelebte Wirklichkeit kann man wieder ausgraben.

John F. Kennedy

„Wir haben uns entschlossen, zum Mond zu fliegen"

Diese Generation will nicht im Kielwasser des kommenden Weltraum-Zeitalters versinken. Wir wollen ein Teil davon sein, wir wollen dieses Zeitalter anführen. Während die Augen der Welt jetzt in den Weltraum blicken, zum Mond und zu den Planeten, haben wir geschworen, dass wir das All nicht unter einer feindlichen Flagge der Eroberung sehen möchten, sondern unter dem Banner von Freiheit und Frieden. Wir haben gelobt, dass wir den Weltraum nicht mit Massenvernichtungswaffen erobern möchten, sondern mit Wissen und gegenseitigem Verstehen.

Aber warum, fragen sich einige, warum auf den Mond? Warum haben wir das als unser Ziel gewählt? Und sie könnten auch fragen, warum steigen wir auf die höchsten Berge oder warum haben wir vor 35 Jahren den Atlantik überflogen? Warum spielt Rice gegen Texas? Wir haben uns entschlossen, zum Mond zu fliegen. Wir haben uns entschlossen, in diesem Jahrzehnt auf dem Mond zu landen und all die anderen Dinge zu erledigen, nicht weil es leicht wäre, sondern gerade weil es schwer ist und uns dieses Ziel helfen wird, unsere besten Energien und Fähigkeiten einzusetzen und zu erproben. Außerdem sind wir bereit, diese Herausforderung anzunehmen und sie nicht widerwillig aufzuschieben, und wir werden sie zusammen mit anderen Herausforderungen gewinnen.

Präsident John F. Kennedys Rede im Stadion der Rice University Houston, Texas, am 12. September 1962

*

Nach welchen Regeln bleiben Worte und Bilder im kollektiven Gedächtnis der Welt? Wahrscheinlich dann, wenn sie im Nachhinein Wirkung entfalten, das gesprochene Wort später durch Taten oder Ereignisse bestätigt oder überholt wird.

Im Juli 1969, vor mehr als vier Jahrzehnten also, betrat erstmals ein Mensch, diesfalls ein Amerikaner, den Mond. Menschen hatten ihren eigenen Planeten, den ureigensten Lebensraum, verlassen und Menschheitsträume wahr gemacht.

Nur acht Jahre zuvor hatte US-Präsident John F. Kennedy den Startschuss zu diesem riskanten Unternehmen gegeben. Bei einer Rede am 25. Mai 1961 vor den versammelten Kongress-Abgeordneten erklärte der junge Präsident seine hochgesteckten Ziele. Bis zum Ende des Jahrzehnts sollte ein Mann auf den Mond geschickt und sicher wieder auf die Erde zurückkehren. Im Originalton sagte Kennedy: „First, I believe that this nation should commit itself to achieving the goal, before this decade is out, of landing a man on the moon and returning him safely to the earth." Einen Mann auf den Mond zu bringen und ihn sicher wieder auf die Erde zu holen – für den amerikanischen Präsidenten war das ein nationales Anliegen, dem alles andere untergeordnet wurde. Die Eroberung des Weltraums galt als das wichtigste Zukunftsfeld der Wissenschaft. Vier Jahrzehnte später wissen wir, dass Präsident Kennedy die Bedeutung der Raumfahrt für die Menschheit überschätzt hat. Aber damals bedurfte es enormer finanzieller Anstrengungen, Geld, das Kennedy vom Abgeordnetenhaus brauchte, um den Vorsprung der Sowjetunion in der Raketenbautechnik einholen zu können.

Und Kennedy sagte schon in dieser ersten „Mond-Rede" schnörkellos, worum es ging. Nicht ein Mann sollte in die Tiefe des Weltraums aufbrechen. Eine ganze Nation griff nur 16 Jahre nach dem Ende des Zweiten Weltkriegs buchstäblich nach den Sternen. Es ging um die Vorherrschaft in der Technologie, um einen sichtbaren Sieg im Wettrennen der Ideologien. Und dafür investierten die USA in diesem Jahrzehnt Milliarden zusätzliche Dollars in die Forschung und Entwicklung.

Ein Jahr später wiederholte John F. Kennedy seine Vision, die ein strikter Auftrag an die Wissenschaft und an den „militärindustriellen Komplex" war. Und diese Rede und dieser eine Satz gingen in die Geschichte ein, wurden eine Ikone des 20. Jahrhunderts: „We choose to go to the moon!"

Vor tausenden Studenten im Stadion der auf Technik spezialisierten Rice-Universität im texanischen Houston erneuerte der amerikanische Präsident das Ziel: ein Mann auf dem Mond. Gleichzeitig versprach Kennedy der versammelten Raumfahrt- und Technikelite des Landes viel Geld zur Erreichung der politischen Vorgabe. Tosender Applaus war ihm sicher. Dabei schien Kennedy durchaus Erklärungsbedarf zu spüren. In zahlreichen Passagen seiner Rede begründet er die hochgesteckte Ambition, rechnet in bester populistischer Tradition die Kosten klein („Nur zwei Cent pro Tag und Familie") und übersteigert den erhofften Nutzen.

In der Zeit des Kalten Krieges waren die Fronten klar, Bestrebungen zur Erlangung der Technologie-Vorherrschaft mussten nicht versteckt oder verschämt kleingeredet werden. Die Sowjetunion lag in der Weltraumfahrt voran, mehr als nur eine Raketenspitze lang. Dieser Vorsprung sollte aufgeholt werden. Die Amerikaner wollten die sowjetische Vormacht im All brechen. Daher das überaus ehrgeizige Ziel: der Mond. Es war die Zeit nach der Kubakrise, die die Welt an den Rand eines Atomkrieges gebracht hatte.

Das Apollo-Programm sollte den Weg weisen, doch zuvor mussten die USA eine Trägerrakete bauen, die in der Lage wäre, ungeheure Lasten ins All zu transportieren.

Kennedy sprach genau 24 Stunden nach dem erfolgreichen Erststart der gigantischen Saturn-Rakete. Ein kleiner unbemannter Satellit war erfolgreich auf den Weg zur Venus gebracht worden. Das hatte die kommunistische Sowjetunion noch nicht geschafft, endlich waren die USA wieder einen kleinen Schritt voraus. In der bemannten Raumfahrt hinkten die Amerikaner den

Sowjets nach. Das sollte sich ändern. Die NASA würde in Geld schwimmen, die Zahl der Wissenschaftler verdoppeln. 10.000 neue Arbeitsplätze sollten geschaffen, neue Werkstoffe erfunden, Computer perfektioniert werden. Das Weltall war eine wichtige Front im Kalten Krieg. Kennedy erhöhte den Druck, gab ein klares Ziel vor. Schließlich hatte die CIA längst Informationen, dass auch die Sowjets auf dem Weg zum Mond waren. Hammer und Sichel auf dem Erdtrabanten, diese Niederlage des westlichen Systems wollte Kennedy verhindern.

John F. Kennedy

„Ich bin ein Berliner"

Meine Berliner und Berlinerinnen,

ich bin stolz, heute in Ihre Stadt zu kommen als Gast Ihres ehrwürdigen Bürgermeisters, der in allen Teilen der Welt als Symbol für den Kampf- und Widerstandsgeist Westberlins gilt. Ich bin stolz, auf dieser Reise die Bundesrepublik Deutschland zusammen mit Ihrem ehrwürdigen Herrn Bundeskanzler besucht zu haben, der lange Jahre die Politik der Bundesregierung nach den Richtlinien der Demokratie, der Freiheit und des Fortschritts bestimmt hat.

Ich bin stolz darauf, heute zusammen mit meinem amerikanischen Mitbürger General Clays gekommen zu sein, der hier in der Zeit der schwersten Krise, durch die diese Stadt gegangen ist, tätig war und der wieder nach Berlin kommen wird, sollte dies jemals wieder notwendig werden. Vor zweitausend Jahren war der stolzeste Satz, den ein Mensch sagen konnte, der: „Ich bin ein Bürger Roms." Heute ist der stolzeste Satz, den jemand in der freien Welt sagen kann: „Ich bin ein Berliner." Ich danke dem Dolmetscher, dass er mein Deutsch noch besser übersetzt hat. Wenn es in der Welt Menschen geben sollte, die nicht verstehen oder nicht zu verstehen vorgeben, worum es heute in der Auseinandersetzung zwischen der freien Welt und dem Kommunismus geht, dann können wir ihnen nur sagen, sie sollen nach Berlin kommen.

Es gibt Leute, die sagen, dem Kommunismus gehöre die Zukunft. Sie sollen nach Berlin kommen.

Und es gibt wieder andere in Europa und in anderen Teilen der Welt, die behaupten, man könne mit dem Kommunismus zusammenarbeiten. Auch sie sollen nach Berlin kommen.

Und es gibt auch einige wenige, die sagen, es treffe zwar zu, dass der Kommunismus ein böses und ein schlechtes System sei, aber er gestatte ihnen, wirtschaftlichen Fortschritt zu erreichen. Ich sage, lasst auch sie nach Berlin kommen.

Ein Leben in Freiheit ist nicht leicht, und die Demokratie ist nicht vollkommen. Aber wir hatten es nie nötig, eine Mauer aufzubauen, um unsere Leute bei uns zu halten und sie daran zu hindern, woanders hinzugehen.

Ich möchte Ihnen im Namen der Bevölkerung der Vereinigten Staaten, die viele tausend Kilometer von Ihnen entfernt lebt, auf der anderen Seite des Atlantiks, sagen, dass meine amerikanischen Mitbürger stolz, sehr stolz darauf sind, mit Ihnen zusammen selbst aus der Entfernung die Geschichte der letzten 18 Jahre teilen zu können. Ich kenne keine andere Stadt, die 18 Jahre lang belagert wurde und dennoch in ungebrochener Vitalität, mit unerschütterlicher Hoffnung, mit der gleichen Stärke und mit der gleichen Entschlossenheit lebt, wie heute Westberlin.

Die Mauer ist die abscheulichste und stärkste Demonstration für das Versagen des kommunistischen Systems. Die ganze Welt sieht dieses Eingeständnis des Versagens. Wir sind darüber keineswegs glücklich; denn, wie Ihr Regierender Bürgermeister gesagt hat, die Mauer schlägt nicht nur der Geschichte ins Gesicht, sondern auch der gesamten Menschheit. Durch die Mauer werden Familien getrennt, Männer von ihren Frauen, der Bruder von der Schwester, und Menschen werden mit Gewalt auseinandergehalten, die zusammenleben wollen.

All das, was für Berlin gilt, trifft auch für ganz Deutschland zu: Ein echter Friede in Europa kann nicht gewährleistet werden, solange jedem vierten Deutschen das Grundrecht einer freien Wahl vorenthalten wird. In 18 Jahren Frieden und gutem Glauben hat diese Generation der Deutschen sich das Recht verdient, frei zu sein, einschließlich des Rechtes, die Familien und die Nation in dauerhaftem Frieden wiedervereinigt zu sehen, mit Wohlwollen für alle Menschen.

Sie leben auf einer sicheren Insel der Freiheit. Aber Ihr Leben ist mit dem des Festlandes verbunden, und deshalb fordere ich Sie zum Schluss auf, den Blick über die Gefahren des Heute hinweg auf die Hoffnung des Morgen zu richten, über die Freiheit dieser Stadt Berlin und über die Freiheit Ihres Landes hinweg auf den Vormarsch der Freiheit überall in der Welt, über die Mauer hinweg auf den Tag des Friedens mit Gerechtigkeit. Die Freiheit ist unteilbar, und wenn auch nur einer versklavt ist, dann sind nicht alle frei. Aber wenn der Tag kommen wird, an dem alle frei sein werden und Ihre Stadt und Ihr Land wiedervereint sein werden, wenn Europa geeint ist und Bestandteil eines friedvollen und zu höchsten Hoffnungen berechtigten Erdteiles, dann, wenn dieser Tag gekommen sein wird, können Sie mit Befriedigung von sich sagen, dass die Berliner und diese Stadt Berlin 20 Jahre an vorderster Front waren.

Alle freien Menschen, wo immer sie leben mögen, sind Bürger dieser Stadt Westberlin, und deshalb bin ich als freier Mann stolz darauf, sagen zu können: „Ich bin ein Berliner."

US-Präsident John F. Kennedy vor dem Rathaus Schöneberg am 26. Juni 1963

*

Nur acht Stunden dauerte im Juni 1963 der Besuch des amerikanischen Präsidenten John F. Kennedy in Berlin. Diese acht Stunden und ein deutsch gesprochener Satz machten Geschichte. Mit dem Bekenntnis „Ich bin ein Berliner", am Ende seiner Rede vor dem Schöneberger Rathaus vor einigen 100.000 Zuhörern, hatte Kennedy den westlichen Teil Berlins quasi unantastbar gemacht.

Die historische Rede des jungen Präsidenten wurde knapp zwei Jahre nach dem Beginn des Mauerbaus unter DDR-Staats-

und Parteichef Walter Ulbricht gehalten. Das Regime der damals in der sogenannten „Ostzone" regierenden Kommunisten hatte 1961 mit dem Bau des „antifaschistischen Schutzwalls" – so die offizielle Bezeichnung der Mauer im DDR-Jargon – begonnen.

Während die sowjetisch besetzte Ostzone schon länger durch Barrieren von Westdeutschland getrennt war, blieb die Zonengrenze zwischen Ost und West in Berlin bis 1961 durchlässig. Hunderttausende Deutsche aus der Ostzone gelangten über Berlin in den Westen. Es galt der Vier-Mächte-Status. Berlin sollte gemeinsam von den vier Siegermächten – den USA, der Sowjetunion, Großbritannien und Frankreich – verwaltet werden. Es war ein vergleichbarer Status, den Wien nach 1945 bis zum österreichischen Staatsvertrag vom 15. Mai 1955 innehatte.

In den Jahren und Monaten vor dem Besuch Kennedys waren die Spannungen zwischen Ost und West im „Kalten Krieg" eskaliert. Die Blockade der Hauptstadt durch die Sowjetunion hatte weltweit die Angst vor einem neuen Weltkrieg zwischen der damals noch jungen NATO und dem kommunistischen Sowjetblock eskalieren lassen. Nur durch eine massive Luftbrücke über mehrere Monate hinweg konnten die „Rosinenbomber" der Westmächte die eingeschlossene Millionenstadt mit den nötigsten Gütern versorgen.

Im Juni 1963 waren all diese Erinnerungen noch frisch. Amerika und der Westen hatten den Bau der Mauer protestierend, aber untätig hingenommen. Eine ganze Stadt, ein lebender Organismus wurde geteilt, hunderttausende Familien zerrissen.

Der Besuch eines amerikanischen Präsidenten in einer „Frontstadt" des Kalten Krieges sollte die Moral der Berliner stärken, klar machen, dass die USA als uneingeschränkte Führungsmacht des Westens eine Besetzung Berlins durch die Sowjetunion nicht hinnehmen würden. Berlin stellte eine Enklave tief im damals sowjetischen Machtbereich dar. Das westliche Leben, die zur Schau gestellten Leistungen und Errungenschaften des westlichen Wiederaufbaus ragten wie ein hell erleuchtetes Schaufenster in den

Osten hinein. Und dies nicht nur buchstäblich. Wer in der Dunkelheit mit dem Flugzeug in Berlin landete, konnte schon aus der Luft die Grenzen zwischen Ost und West erkennen. Es war die Grenze zwischen hell (erleuchtet) und dunkel.

Die Mauer wurde zum Symbol der Unfreiheit und der Unterdrückung. Die Todesgrenze in der Stadt mit Mauern, Minenfeldern, Stacheldraht und Wachtürmen verhinderte zwar die Flucht aus der kommunistischen „Ostzone", wurde aber doch zum Zeichen der Niederlage eines Gesellschaftssystems, das nur überleben konnte, indem es die eigenen Bürger an der Ausreise hinderte, oft mit tödlicher Gewalt.

Im ideologischen Wettbewerb nutzte John F. Kennedy Berlin und die Mauer als sichtbares Zeichen der Überlegenheit des westlichen Wertesystems. Vom Balkon des Schöneberger Rathauses rief er: „There are many people in the world who really don't understand, or say they don't, what is the great issue between the free world and the Communist world. Let them come to Berlin. There are some who say that communism is the wave of the future. Let them come to Berlin. And there are some who say in Europe and elsewhere we can work with the Communists. Let them come to Berlin. And there are even a few who say that it is true that communism is an evil system, but it permits us to make economic progress. Lass' sie nach Berlin kommen. Let them come to Berlin."

Diesen letzten Satz sprach der amerikanische Präsident übrigens ebenfalls auf Deutsch. Er hatte sich, um bei der Aussprache keinen Schnitzer zu machen, handschriftlich auf einer Karteikarte die phonetische Schreibweise notiert. Die Wirkung der paar deutschen Worte war berechenbar überwältigend. Die Berliner jubelten Kennedy zu, skandierten „Ken-ne-dy"-Sprechchöre und unterbrachen die kaum zehnminütige Rede wiederholt durch Applaus.

„All free men, wherever they may live, are citizens of Berlin, and, therefore, as a free man, I take pride in the words ‚Ich bin ein Berliner'."

Dieser Satz hat seitdem einen Stammplatz in den Geschichtsbüchern, wenn es um die Zeit des Kalten Krieges geht. Er ist
gleichsam eine Wort-Bildmarke für die Zeit des sogenannten
„Kalten Krieges" geworden.

Den entscheidenden Satz hatten ihm seine Berater – angeblich – nicht notiert. Aber auch diese „Improvisation" könnte zu
den gezielten Legenden gehören, die ein Ereignis noch ein wenig
überhöhen. Kennedy soll seinen Dolmetscher Robert H. Lochner
auf dem Weg ins Schöneberger Rathaus gebeten haben, den Satz
„I am a Berliner" zu übersetzen. Im Büro von Bürgermeister Willy
Brandt soll Kennedy die richtige Aussprache geübt haben.

Aber so ganz spontan kamen dem Präsidenten die Worte „Ich
bin ein Berliner" sicher nicht über die Lippen. Der Historiker Andreas W. Daum schreibt in seinem zum 40. Jahrestag der Rede veröffentlichten Buch „Kennedy in Berlin", dass sich Kennedy bereits
eine Woche vor der Rede für die Formulierung entschieden habe.

Für Egon Bahr, den damaligen Pressesprecher des Berliner
Bürgermeisters Willy Brandt, blieb der Tag auch Jahrzehnte später präsent. In einem Interview für den „Stern" sagte Bahr: „Wer
diesen Tag miterlebt hat, wird ihn nicht vergessen." Der berühmte Satz Kennedys sei wie ein „Verlöbnis" gewesen, der Auftritt des Präsidenten ein „nicht wieder erreichter Höhepunkt in
der Geschichte der Beziehungen zwischen Deutschland und Amerika". Egon Bahr sollte dann Jahre später eine entscheidende
Rolle in der Ostpolitik Brandts spielen.

Doch der amerikanische Präsident und seine Berater waren
nicht ganz sicher, ob er wirklich die richtigen Worte getroffen
hatte. Die Rede war doch als klare Auseinandersetzung mit der
Sowjetunion und der kommunistischen Ideologie konzipiert worden. Für Kennedys National Security Advisor, McGeorge Bundy,
war die Ansprache „ein bisschen zu weit" gegangen. Gemeinsam
gingen sie den Text noch einmal durch und rundeten Ecken und
Kanten ab. Bei seiner zweiten Rede am selben Tag an der Freien
Universität Berlin formulierte der US-Präsident schon vorsichti-

ger. Der „russische Bär" sollte gerade in Berlin doch nicht allzu sehr gereizt werden.

Der Ausspruch „Ich bin ein Berliner" wurde später zum „Lapsus Linguae" umgedeutet. Korrekt hätte Kennedy sagen müssen: „Ich bin Berliner". Das Wörtchen „ein" vor „Berliner" habe dem historischen Satz eine ganz andere – profane – Bedeutung verliehen. Ein „Berliner" ist das, was man in Österreich als „Krapfen" bezeichnet, also ein Hefegebäck, in Schmalz herausgebacken. Kennedy habe also eigentlich gesagt: „Ich bin ein Krapfen". Freilich ist dieser Mythos des Versprechers erst Jahre später und da von amerikanischen Journalisten „entdeckt", jedenfalls aber kolportiert worden.

Inhaltlich wurde Kennedys Rede von politischen „Falken" in den USA kritisiert, weil er de facto den „Status quo" der Vier-Mächte-Stadt Berlin akzeptiert habe. Der amerikanische Präsident habe in und mit dieser Rede die Realität anerkannt, dass Ostberlin Teil der DDR und damit Teil des kommunistischen Ostblocks sei.

Kennedy war der erste US-Präsident, der Berlin nach der Teilung Deutschlands besuchte. Sein achtstündiger Aufenthalt bildete den Abschluss einer viertägigen Deutschland-Reise, die ihn zuvor nach Köln, Bonn, Frankfurt am Main und Wiesbaden geführt hatte. An allen Stationen schlug Kennedy eine Sympathie entgegen, die es in Deutschland für keinen seiner Nachfolger mehr geben sollte. Auf seinem von einer Million Berlinern umjubelten Weg durch die Stadt soll Kennedy zu seinen Begleitern scherzhaft gemeint haben, er bedaure es sehr, dass die Deutschen bei den amerikanischen Präsidentenwahlen nicht stimmberechtigt seien.

An diesen Kennedy-Mythos knüpfte der heutige US-Präsident Barack Obama ganz bewusst an, als er vor seiner Wahl ebenfalls nach Berlin reiste und dort vor der Siegessäule eine viel bejubelte Rede hielt. Obama soll mehr Zuhörer als Kennedy versammelt haben. Seine Rede im Herbst 2008 machte freilich nur Geschichte als professionell inszenierter Fernseh-Auftritt.

Die damalige DDR-Führung reagierte – nach heutigen Maßstäben – unglaublich kindisch. Damit der US-Präsident nicht in den Osten blicken konnte, wurden die Sichtachsen des Brandenburger Tors mit roten Stoffbahnen verhängt. Auf einem großen Plakat wurde der US-Präsident in englischer Sprache an die Zusagen von Jalta und Potsdam erinnert und vor dem westdeutschen Militarismus und „Nazismus" gewarnt.

Zwei Tage nach Kennedys Besuch in Berlin war der sowjetische Staatschef und KPdSU-Generalsekretär Nikita Chruschtschow in Ostberlin. Seine Rede sollte wohl ein propagandistisches Gegenstück zu Kennedys „Ich bin ein Berliner"-Satz enthalten. Auch er fuhr im offenen Wagen durch die Stadt, wurde bejubelt und hielt eine Rede am Roten Rathaus, dem Sitz des Ostberliner Magistrats. Chruschtschow rief, ebenfalls auf Deutsch: „Ich liebe die Mauer!" Ein Satz, der nicht in die Geschichtsbücher einging.

Harvey Bernard Milk

„Ich weiß, man kann nicht nur von Hoffnung allein leben, aber ohne Hoffnung ist das Leben nicht wert, gelebt zu werden"

Irgendwo in San Antonio lebt eine junger schwuler Mensch, der sich von einem Tag auf den anderen seiner Homosexualität bewusst wird und befürchtet, dass ihn seine Eltern nach seinem „Outing" aus dem Haus werfen würden ...

... und die Anita Bryants und die John Briggs dieser Welt würden im Fernsehen ihren Teil dazu beitragen. Dieser junge Mensch hat nun zwei Möglichkeiten: Entweder er sperrt sich zu Hause ein und begeht Selbstmord oder er liest eines Tages in der Zeitung: „Ein Homosexueller wurde in San Francisco in den Stadtrat gewählt." Dann hat er zwei Alternativen: Entweder er kommt nach Kalifornien oder er bleibt in San Antonio und kämpft.

Zwei Tage nach meiner Wahl erhielt ich einen Telefonanruf. Die Stimme klang sehr jung.

Der Anruf kam aus Altoona in Pennsylvania. Der Anrufer sagte schlicht „Danke". Was ich damit sagen will: Ihr müsst Homosexuelle in öffentliche Ämter wählen, damit dieser Junge und die tausenden und tausenden anderen die Gewissheit bekommen, dass da draußen eine bessere Welt und Hoffnung für eine besseres Morgen ist. Ohne Hoffnung – und das gilt natürlich nicht nur für Schwule, sondern auch für Schwarze, Asiaten, Behinderte, Alte – geben Leute wie wir, die keine Hoff-

nung haben, auf. Ich weiß, man kann nicht nur von Hoffnung allein leben, aber ohne Hoffnung ist das Leben nicht lebenswert. Und Du und Du und Du, wir alle müssen den Menschen Hoffnung geben.

*

Harvey Milks Rede vor dem mächtigen Rathaus von San Francisco brachte zwei Filmen jeweils einen Oscar. Milk selbst wurde am 27. November 1978 in seinem Büro mit fünf Schüssen ermordet.

Der in den Stadtsenat von San Francisco berufene Homosexuelle war der erste offen bekennende Schwule, der in den USA in ein öffentliches Amt gewählt wurde. Nur elf Monate nach seinem politischen Triumph fiel Harvey Milk einem Mordanschlag zum Opfer. Sein früherer Stadtsenats-Kollege Dan White tötete zuerst Bürgermeister George Moscone und danach Milk.

Milk ist – auch wegen einer mit dem Oscar prämierten Dokumentation („The Times of Harvey Milk") von Robert Epstein, die schon 1984 produziert wurde, und dem Oscar-Film „Milk" mit Sean Penn in der Hauptrolle als Harvey Milk – eine Ikone der amerikanischen Schwulen-Bewegung geworden. Epsteins Film hat seit den 80er-Jahren zur Stärkung der schwulen Bürgerrechtsbewegungen in den USA und auch in Europa beigetragen.

Heute erinnert eine Bronze-Statue in der Rotunde des Rathauses von San Francisco an den Aktivisten der Homosexuellen-Bewegung, der in den USA und damit auch weltweit eine tiefgreifende gesellschaftliche Veränderung im Verhältnis zu homosexuell veranlagten Menschen eingeleitet hat. Die von Milk (und natürlich vielen anderen) ausgelöste Bewegung ist noch heute im Gang.

Geboren wurde Milk als Sohn jüdischer Einwanderer aus Litauen in Woodmere auf Long Island bei New York. Er studierte Mathematik und Geschichte, ging zur Marine und nahm am Korea-Krieg teil. Harvey Milk arbeitete als Lehrer und wechselte dann ins Bankgeschäft zu einer Wallstreet-Firma. Politisiert und seiner homosexuellen Orientierung bewusst wurde Milk durch die sogenannten Stonewall-Riots in New York. 1969 fanden in Greenwich Village gewalttätige Demonstrationen gegen eine Polizei-Razzia statt. Die Ordnungshüter gingen massiv gegen Homosexuelle vor, die sich zur Wehr setzten. Dieser Vorfall gilt als Meilenstein der Schwulen-Bewegung und Beginn des „Gay-Rights"-Movements in den USA.

Harvey Milk, der sich nun offen zu seiner Homosexualität bekannte, zog am Beginn der 70er-Jahre mit seinem Freund Scott Smith ins liberale Kalifornien. San Francisco galt damals im Nachklang der Hippie-Bewegung als „Soddom am Meer". Im prüden Amerika verursachten die sexuelle Freizügigkeit, die liberalen gesellschaftlichen Positionen der „Flower-Power"-Bewegung Kopfschütteln und Gänsehaut. San Francisco wurde zum Sehnsuchtsziel von Millionen junger Menschen weltweit. „If you are going to San Francisco, be sure, to wear some flowers in your hair", so beginnt die Hymne aller Hippies im Geiste von Scott McKenzie.

Im seinerzeitigen Arbeiterviertel „Castro" hatte sich eine stark homosexuell geprägte Community gebildet. Milk zog nach Castro und richtete in einem heruntergekommenen Geschäftslokal mit den letzten verbliebenen tausend Dollar ein Fotogeschäft – „Castro Camera" – ein. Der Laden entwickelte sich bald zum Kommunikationszentrum des Grätzels. Harvey Milk wurde zur Anlaufstelle für lokale und persönliche Probleme und errang rasch örtliche Prominenz. Er wurde zum „Bürgermeister des Castro".

Zwei Versuche, als bekennender Homosexueller für den Stadtrat zu kandidieren, scheiterten. Doch Harvey Milk entwickelte sich zum höchst talentierten Wahlkämpfer, Netzwerker und Politiker, der sich um die Anliegen „seiner" lokalen Community kümmerte. Milk erkannte, dass er für einen Wahlerfolg seine Basis verbreitern und das Image des Bürgerschrecks ablegen musste. Er ließ sich seinen Zopf abschneiden, trug Anzug und Krawatte und verzichtete auf allzu provokantes Auftreten. Sein Traum war es, die lange Marmortreppe im Rathaus von San Francisco als gewählter schwuler Abgeordneter hinaufsteigen zu dürfen. Als es dann 1977 so weit war, benützte Milk tatsächlich niemals den Lift.

„Er hatte ein einmaliges Talent dafür, auf die wichtigen Leute Einfluss zu nehmen", erinnert sich Daniel Nicoletta, der 1974 als 19-Jähriger Harvey Milk in seinem Fotogeschäft kennengelernt hatte. „Castro Camera" galt als Anlaufstelle für Homosexuelle, die aus ganz Amerika in das gesellschaftspolitisch relativ offene San Francisco kamen. Aber auch in der kalifornischen Küstenstadt galt gleichgeschlechtliche Liebe, sofern sie offen propagiert wurde, als strafbar. Es war „ein unanständiger Akt". Dennoch schielten die Parteien auf das große Potenzial der schwulen Wähler. Von den rund 700.000 Einwohnern San Franciscos galten rund 20 Prozent als homosexuell. Dieses Wählerpotenzial war groß genug, sodass es auch von den „seriösen" Parteien nicht mehr ignoriert werden konnte. Daniel Nicoletta leitete später die Wahlkämpfe von Milk und inszenierte ihn als einen Volkstribun, der von einer bunten Regenbogenkoalition unterstützt wurde.

Der Erfolg Milks wurde ausgerechnet durch die Anti-Homosexuellen-Kampagne zweier konservativer Politiker ermöglicht. Anita Bryant hatte als Sängerin während des Vietnam-Kriegs mit Bob Hope die amerikanischen Truppen unterhalten. In ihrer Heimatstadt gründete sie eine Organisation, die gegen die Gleichstellung der Homosexuellen kämpfte. Bryant errang durch ihre schrillen TV-Auftritte Bekanntheit in ganz Amerika. Daniel Nicoletta erinnert sich in einem Interview für die „Frankfurter Allgemeine Zeitung", wie die einstige Schönheitskönigin Harvey Milk und seinem Wahlkampfteam Gelegenheit bot, sich gegen ihre überzogene Hass-Kampagne zu wenden. Die Polarisierung war eine große Chance für Milk. Auch als Senator John Briggs versuchte, im Rahmen einer Volksabstimmung über die sogenannte „Proposition 6" alle schwul lebenden Lehrer des Bundesstaates aus dem Schuldienst zu entfernen, konnte Milk gegen Briggs mobilisieren.

Er stellte den republikanischen Senator bei jeder sich bietenden Gelegenheit und diskutierte mit ihm. Dabei spielte Harvey Milk sein rhetorisches Talent und seine Schlagfertigkeit aus. Briggs' Theorie, Schwule könnten als Lehrer auch Vorbildfunktion bei der sexuellen Orientierung ihrer Schüler haben, zog er ins Lächerliche: „Wenn es stimmt, dass Kinder ihre Lehrer nachahmen, müssten hier doch viel mehr Nonnen herumlaufen." Briggs eckte auch bei seinen Parteifreunden an. Dem späteren US-Präsidenten Ronald Reagan waren die Positionen des Senators gar zu konservativ, er stellte sich gegen Briggs: „Homosexualität ist nicht ansteckend", erkannte der Filmschauspieler Ronald Reagan.

Im Zuge der politischen Kampagne gegen die „Proposition 6" tritt Harvey Milk bei einer Kundgebung der Homosexuellen-Bewegung vor dem Rathaus auf. Es gibt Morddrohungen. Er ist gewarnt. Milk verspricht den Menschen in der Tradition schwarzer Prediger Hoffnung: „Without hope, not only gays, but those blacks and the Asians, the disabled, the seniors, the Us's without hope, the Us's give up. I know, that you cannot live on hope alone, but without it, life is not worth living. And You and You and You got to give them hope."

Das monatelange Händeschütteln in Bars, Coffeeshops und auf den Straßen hatte Erfolg: Mit überwältigender Mehrheit wurde Harvey Milk am 8. November 1977 in den Stadtrat von San Franciscos Bürgermeister George Moscone gewählt.

Wieder gehen Morddrohungen in Milks Fotoladen „Castro Camera" ein. Harvey Milk spricht eine Nachricht auf Tonband, die im Falle seiner Ermordung veröffentlicht werden soll. Es ist ein beklemmendes Zeitdokument, das sich als „roter Faden" durch den 1984 produzierten Dokumentarfilm zieht:

„Diese Worte sollen nur im Falle meines Todes oder meiner Ermordung veröffentlicht werden. Ich bin mir vollständig bewusst, dass eine Person, die für das steht, wofür ich stehe, ein Aktivist, ein schwuler Aktivist, zum Ziel – zum wahrscheinlichen Ziel – von jemandem werden kann, der unsicher ist, verängstigt, verstört ist. Das wissend, besteht die Gefahr, dass ich jeden Moment – jederzeit – einem Anschlag zum Opfer fallen könnte.

Ich glaube daher, dass es wichtig ist, wenn einige Menschen meine Beweggründe erfahren. Ich stand für mehr als das, wofür Kandidaten für ein politisches Amt gewöhnlich stehen, ich habe mich nie als Kandidat gesehen, ich habe mich immer als Teil einer Bewegung gefühlt. Ich wünschte, ich hätte alles erklären können, was ich getan habe. Alles, was getan wurde, wurde im Hinblick auf die Schwulen-Bewegung getan."

Die „Proposition 6" wurde im November 1978 mehrheitlich abgelehnt. Ein großer Triumph für Milk. Schon im Vorfeld hatte er gemeinsam mit seinem Partei- und Gesinnungsfreund Bürgermeister Moscone eine Gesetzesvorlage zur Sicherung der Rechte von Homosexuellen erarbeitet, die auch von der Stadtverordnetenversammlung verabschiedet wurde. Die einzige Gegenstimme kam vom späteren Mörder Dan White, der „ein Zeichen gegen den moralischen Verfall der Stadt" setzen wollte.

Nur drei Wochen danach war Harvey Milk tot.

Dan White, ein ehemaliger Stadtrat, Polizist und Feuerwehrmann, hatte seine Funktion im Stadtrat zurückgelegt, weil er mehr Geld verdienen wollte. Wenige Wochen nach seiner Demission versuchte er eine Rückkehr in die Politik. Sein Wunsch wurde von Bürgermeister George Moscone und Harvey Milk abgelehnt. Aus Rache ermordete Dan White, dem auch gute Chancen auf das Amt des Bürgermeisters von San Francisco nachgesagt worden waren, seine beiden Kollegen mit einer ins Rathaus geschmuggelten Dienstwaffe. Fünf tödliche Schüsse.

Und obwohl White bei der Vorbereitung dieser Anschläge zielgerichtet vorgegangen war, verurteilte das Gericht den Ex-Politiker nicht wegen zweifachen Mordes, sondern nur wegen Totschlags. White erhielt sieben Jahre Gefängnis als Strafe. Es kam zu gewalttätigen Protesten gegen dieses offenbar politisch motivierte Urteil, die als „White Nights" in die Stadtchronik eingingen.

Im August 2009 verlieh der amerikanische Präsident Barack Obama dem Aktivisten Harvey Milk posthum die „Medal of Freedom". Es ist dies die höchste zivile Auszeichnung der USA. Der Film „Milk" des Regisseurs Gus Van Sant wurde mit zwei Oscars ausgezeichnet. Auf einer nach Harvey Milk benannten Plaza steht sein Ausspruch: „Sollte je eine Kugel in mein Gehirn eindringen, dann lass diese Kugel alle verschlossenen Türen öffnen."

Martin Luther King
„Ich habe einen Traum"

... Ich freue mich, dass ich mich diesem heutigen Ereignis anschlie-ßen kann, das in der Geschichte als größte Demonstration für Frei-heit in der Geschichte unserer Nation vermerkt werden wird.

Vor einem Jahrhundert unterschrieb ein berühmter Amerika-ner, in dessen symbolischen Schatten wir heute stehen, die Frei-heitsproklamation. Dieser bedeutungsvolle Erlass kam als heller Leitstern der Hoffnung zu Millionen von Negersklaven, die in den Flammen der vernichtenden Ungerechtigkeit versengt wur-den. Er kam als ein freudiger Tagesanbruch am Ende der langen Nacht ihrer Gefangenschaft.

Aber einhundert Jahre später ist der Schwarze (im Original „Negro") immer noch nicht frei. Einhundert Jahre später ist das Leben des Schwarzen leider immer noch von den Handfesseln der Rassentrennung und den Ketten der Diskriminierung einge-schränkt. Einhundert Jahre später lebt der Schwarze immer noch auf einer einsamen Insel der Armut in der Mitte eines weiten, wei-ten Ozeans des materiellen Wohlstandes. Einhundert Jahre später vegetiert der Schwarze immer noch an den Rändern der amerika-nischen Gesellschaft dahin und befindet sich im Exil in seinem eigenen Land.

Wir sind daher heute hierher gekommen, um diesen beschä-menden Zustand zu beleuchten.

... Es gibt aber etwas, was ich meinen Brüdern sagen muss, die auf der abgenutzten Schwelle stehen, die zum Palast der Ge-rechtigkeit führt. Bei dem Prozess, den gerechten Platz zu errei-chen, dürfen wir nicht ungerechter Taten schuldig werden. Versu-

chen wir nicht, unseren Durst nach Freiheit zufriedenzustellen, indem wir aus dem Kelch der Bitterkeit und des Hasses trinken. Wir müssen unseren Kampf immer mit Würde und Disziplin führen. Wir dürfen nicht erlauben, dass unser kreativer Protest in physische Gewalt ausartet. Wir müssen uns immer wieder zu den majestätischen Höhen erheben und Gewalt mit der Macht der Seele konfrontieren.

Die wunderbare neue Kampfbereitschaft, welche die Gemeinschaft der Schwarzen umgibt, darf nicht zum Misstrauen gegenüber allen Weißen führen. Viele unserer weißen Brüder, das bezeugen sie durch ihre Anwesenheit hier, haben erkannt, dass ihr Schicksal mit unserem Schicksal verbunden ist. Sie haben auch erkannt, dass ihre Freiheit unentwirrbar mit unserer Freiheit verknüpft ist.

Wir können nicht alleine gehen.

Während wir gehen, müssen wir ein Gelöbnis ablegen, dass wir immer weiter marschieren werden.

Wir können nicht umkehren.

… Ich habe einen Traum, obwohl wir den Schwierigkeiten von heute und morgen entgegensehen. Es ist ein Traum, der seine Wurzel tief im amerikanischen Traum hat, dass sich diese Nation eines Tages erheben wird und der wahren Bedeutung seines Glaubensbekenntnisses, „wir halten diese Wahrheiten als offensichtlich, dass alle Menschen gleich geschaffen sind", gerecht wird.

Ich habe einen Traum, dass sich eines Tages die Söhne der früheren Sklaven und die Söhne der früheren Sklavenhalter auf den roten Hügeln von Georgia brüderlich an einen Tisch setzen können …

… Ich habe einen Traum, dass meine vier kleinen Kinder eines Tages in einer Nation leben werden, in der sie nicht wegen der Farbe ihrer Haut, sondern nach ihrem Charakter beurteilt werden …

Ich habe einen Traum, dass eines Tages jedes Tal erhöht und jeder Hügel und Berg erniedrigt werden. Die unebenen Plätze werden flach und die gewundenen Pfade gerade, „und die Herrlichkeit des Herrn soll offenbart werden und alles Fleisch miteinander wird es sehen".

Dies ist unsere Hoffnung. Dies ist der Glaube, mit dem ich in den Süden zurückgehen werde. Mit diesem Glauben werden wir den Berg der Verzweiflung behauen, einen Stein der Hoffnung. Mit diesem Glauben werden wir gemeinsam arbeiten können, gemeinsam beten können, gemeinsam kämpfen können, gemeinsam in das Gefängnis gehen, um gemeinsam einen Stand für Freiheit mit dem Wissen zu machen, dass wir eines Tages frei sein werden. Und dies wird der Tag sein. Dies wird der Tag sein, wenn alle Kinder Gottes mit neuer Bedeutung singen können: „Mein Land, es ist über dir, süßes Land der Freiheit, über das ich singe, Land, wo mein Vater starb, Land des Pilgers Stolz, von jedem Berghang, lass die Glocken der Freiheit läuten." Wenn Amerika eine großartige Nation sein soll, dann muss dies wahr werden.

Lass daher die Glocken der Freiheit von den wunderbaren Hügeln New Hampshires läuten. Lass die Glocken der Freiheit läuten von den mächtigen Bergen New Yorks. Lass die Glocken der Freiheit von den Höhen der Alleghenies in Pennsylvania läuten. Lass die Glocken von den schneebedeckten Gipfeln der Rockies in Colorado läuten. Lass die Glocken der Freiheit vom Lookout Mountain in Tennessee läuten. Lass die Glocken der Freiheit von jedem Hügel und Maulwurfshügel in Mississippi läuten. „Von jedem Berghang – lass die Glocken der Freiheit läuten."

Wenn dies geschieht, und wenn wir erlauben, dass die Glocken der Freiheit läuten und wenn wir sie von jedem Dorf und jedem Weiler, von jedem Staat und jeder Stadt läuten lassen, werden wir diesen Tag schneller erleben, wenn alle Kinder Gottes, Schwarze und Weiße, Juden und Christen, Protestanten und Katholiken, sich gemeinsam die Hände reichen und die Worte des alten Neger-Spirituals singen: „Endlich frei, endlich frei. Danke Gott, Allmächtiger, endlich frei."

Rede von Martin Luther King jr. vor dem Lincoln Memorial in Washington am 28. August 1963

*

Es ist wohl die meist zitierte Rede der Gegenwart.

Am 28. August 1963 findet der „March on Washington" („Marsch auf Washington") vor dem Lincoln Memorial im Zentrum der amerikanischen Hauptstadt sein Ziel. Martin Luther King jr. ist Baptisten-Prediger und Kämpfer für die Bürgerrechte der schwarzen Amerikaner. Seine Rede vor geschätzten 250.000 Menschen, darunter auch fast 90.000 weiße Teilnehmer des Protestmarsches, ist Höhepunkt und Abschluss der Kundgebung. Das monumentale Lincoln-Denkmal war als symbolträchtiger Ort bewusst gewählt worden. US-Präsident Abraham Lincoln hatte 1862 die Sklaverei in den USA aufgehoben und damit auch den amerikanischen Bürgerkrieg gegen die „konföderierten" Südstaaten ausgelöst. Lincoln wurde ermordet.

Martin Luther King wird als „moralischer Führer der Nation" angekündigt. Seine 14-minütige Ansprache an die Menschen, die in der Augusthitze die Wege links und rechts des großen Teichs in der Mitte der „Mall" füllen, ist mehr Predigt als politische Rede. Sie steht ganz in der religiösen Tradition des amerikanischen Südens. Und Martin Luther King singt die abschließenden „I have a dream"-Passagen im Originalton beinahe mehr, als er sie spricht: „… I still have a dream. It is a dream deeply rooted in the American dream.

I have a dream that one day this nation will rise up and live out the true meaning of its creed: ‚We hold these truths to be self-evident, that all men are created equal.‘

I have a dream that one day on the red hills of Georgia, the sons of former slaves and the sons of former slave owners will be able to sit down together at the table of brotherhood …"

Die Rede wird live über viele große Fernsehstationen übertragen. Der schwarze Politiker und Prediger erreicht ein Millionen-Publikum. Martin Luther King spannt einen großen Bogen von Abraham Lincoln, zu dessen Füßen er redet, bis zum großen „amerikanischen Traum". Er greift die Rassentrennung an, aber hütet sich davor, die Grundpfeiler des „weißen" Amerika zu attackieren.

Den ganzen Tag schon waren Hunderttausende vom Washington Monument zum Lincoln Memorial marschiert und hatten dabei die Hymnen der amerikanischen Bürgerrechtsbewegung gesungen, Lieder von Bob Dylan und Joan Baez gehört. Bei der friedlichen Demonstration ging es auch um Arbeitsplätze. Der Marsch stand unter dem Motto „For Jobs and Freedom". Aber die Emotion bezieht die Protestbewegung aus dem moralischen Unrecht, das den Schwarzen angetan wurde.

Wie alle guten Reden, lag ihre Brillanz in der Einfachheit. Dabei wäre die Ansprache beinahe nicht gehalten worden. Denn zwei Monate vor dem „Marsch auf Washington" hatte Präsident John F. Kennedy Vertreter der Bürgerrechtsbewegung ins Weiße Haus gebeten. In Alabama war es wieder zu schweren Polizeiübergriffen gekommen. Die Ordnungshüter hatten scharfe Hunde auf schwarze Jugendliche und Kinder gehetzt. Die politische Situation im eigenen Land wurde Präsident Kennedy langsam peinlich. Die USA befanden sich ideologisch im „Kalten Krieg", die offenkundige Benachteiligung von Millionen „schwarzer" Amerikaner wurde unerträglich. Denn während Kennedy in Berlin wortreich für das Recht der Westberliner auf Freiheit und Menschenrechte eintrat (siehe S. 197 ff.), konnte er die hehren Ansprüche in seinem eigenen Land nicht annähernd durchsetzen. John F. Kennedy stand unter enormem Druck.

Gary Younge, Journalist beim britischen „Guardian", analysiert die damalige politische Lage: „Die amerikanische Rassenpolitik war zur Blamage geworden. Die Pläne für den August-Marsch waren schon weit gediehen, da rief Kennedy die Führer der Bürgerrechtsbewegung zu sich und versuchte sie zu überreden, die Protestdemonstration abzusagen. Er fürchtete, der Marsch würde seine Absichten stören, eine Bürgerrechts-Charta im Kongress durchzubringen. Kennedy beschwor King, die Demonstration zu verschieben, sie sei schlecht ‚getimt'. Martin Luther King entgegnete dem Präsidenten, er habe noch nie eine politische Aktion gemacht, die nicht ‚schlecht getimt' gewesen sei.

Präsident Kennedy entschloss sich also zu vereinnahmen, was er nicht verhindern konnte, und erklärte seine Unterstützung des Marsches auf Washington."

Das Pathos dieser Ansprache ist nur im Kontext mit der Zeit und der Tradition amerikanischer Predigten zu verstehen. Martin Luther Kings Reden, eigentlich Predigten, bedienten sich im großen Stil an Formulierungen aus anderen Predigten von schwarzen und weißen protestantischen Pfarrern. King wurde deshalb durchaus auch kritisiert. Diese „textlichen Aneignungen" sind aber im größeren Zusammenhang irrelevant. Keith Miller, Experte für Kings Reden, argumentiert, dass diese Praxis durchaus in der „Tradition afroamerikanischer Volkspredigten" stehe. Was zählt, ist die Wirkung auf Massen. Und die ist wohlkalkuliert.

Der Kognitionspsychologe Howard Gardner, bekannt für seine Theorie der multiplen Intelligenzen, nennt folgende Erfolgsfaktoren für eine gute Rede: „Die Geschichte muss einfach sein, man soll sich leicht damit identifizieren können, spricht Emotionen an und weckt positive Erwartungen". Martin Luther King baut alle diese Erfolgskriterien in seine Ansprache ein.

Ein Reporter der „New York Times" schrieb: „Keiner konnte sich je daran erinnern, dass je eine Armee so friedlich und sanftmütig einmarschierte wie die 250.000 Bürgerrechtler, die Washington besetzten."

Dabei hatte das weiße politische Establishment panische Angst vor dem Massenaufmarsch in der amerikanischen Hauptstadt: Das Pentagon hatte vorsorglich rund 19.000 Soldaten zusammengezogen, die für den Fall des Falles einsatzbereit waren. Doch die Veranstaltung verlief friedlich. Nur vier Menschen wurden verhaftet, alles Gegner der Bürgerrechtler. Im Publikum war die Hollywood-Prominenz versammelt: Marlon Brando, Charlton Heston und Sammy Davis jr. Die berühmte Redepassage mit dem Satz „I have a dream" soll auf Anregung der Sängerin Mahalia Jackson eingeflossen sein. Die Legende will es, dass sie Martin Luther King zugeflüstert habe: „Erzähl Ihnen von deinem

Traum, Martin!" Wahrscheinlich ist diese Version nicht. Der spätere Friedens-Nobelpreisträger arbeitete äußerst sorgfältig an seinen Reden.

Der Prediger aus dem Süden steht nun auf den Stufen des Lincoln Memorial – und gleichzeitig auch auf den höchsten Stufen seiner Bekanntheit und Popularität. 1963 wird ihn das „Time Magazine" zum „Mann des Jahres" wählen, er besucht Berlin und wird von Papst Paul VI. in Audienz empfangen.

Knapp ein Jahr nach seiner Rede, „I have a dream", erringt King den angestrebten politischen Erfolg. Präsident Lyndon B. Johnson unterzeichnet den „Civil Rights Act", ein Gesetz, das jede Diskriminierung verbietet. Die Südstaaten protestieren, die Welt applaudiert.

Im Dezember 1964 erhält Martin Luther King in Oslo den Friedens-Nobelpreis für sein gewaltfreies Engagement gegen die Rassendiskriminierung – mit 35 Jahren.

In seiner Dankesrede vor der Nobelpreis-Akademie deklamierte er: „I accept the Nobel Prize for Peace at a moment when 22 million Negroes of the United States of America are engaged in a creative battle to end the long night of racial injustice. I accept this award on behalf of a civil rights movement which is moving with determination and a majestic scorn for risk and danger to establish a reign of freedom and a rule of justice …

… I have the audacity to believe that peoples everywhere can have three meals a day for their bodies, education and culture for their minds, and dignity, equality and freedom for their spirits. I believe that what self-centered men have torn down men other-centered can build up. I still believe that one day mankind will bow before the altars of God and be crowned triumphant over war and bloodshed, and nonviolent redemptive good will proclaim the rule of the land. ‚And the lion and the lamb shall lie down together and every man shall sit under his own vine and fig tree and none shall be afraid.' I still believe that We Shall overcome!"

Auch da beeindrucken die Emotion und das Pathos. Verständlich, erklärbar und glaubhaft wird es im Rückblick auf ein politisches Leben, in dem die Rede am 28. August 1963 ein Höhepunkt, aber keineswegs der Abschluss eines jahrzehntelangen Kampfes der afroamerikanischen Minderheit für Gleichberechtigung und gegen rassische Diskriminierung ist, die allen Heilsversprechungen der amerikanischen Verfassung hohngesprochen hat.

In den 1950er-Jahren beginnen die Rassenschranken zu brechen. Immer wieder fällt das amerikanische Höchstgericht Entscheidungen gegen die Rassendiskriminierung. Aber jedes Gerichtsurteil muss erst in der Alltagspraxis durchgesetzt und erkämpft werden.

Denn bis nach dem Ende des Zweiten Weltkriegs war die Rassentrennung in der (weißen) amerikanischen Bevölkerung akzeptiert, sie wurde in den meisten Staaten im Süden sogar vom Gesetz gefordert. Rechtstheoretisch stützte sich die Rassendiskriminierung auf ein Gerichtsurteil aus dem 19. Jahrhundert. Demnach seien alle Amerikaner zwar gleich, die Lebensbereiche von Schwarzen und Weißen sollten aber getrennt sein („equal, but separated").

1955 wurde Martin Luther King zum Anführer eines Boykotts der Schwarzen gegen die Autobusse in Montgomery, Alabama. Die schwarze Näherin Rosa Parks hatte sich geweigert, einem weißen Fahrgast ihren Sitzplatz im Bus zu überlassen. In Alabama galt die gesetzliche Regelung, dass die ersten vier Reihen eines öffentlichen Busses für Weiße reserviert waren. Bei Bedarf mussten Schwarze auch im Mittelteil des Busses aufstehen, wenn Weiße sitzen wollten. Rosa Parks war erschöpft und blieb sitzen. Sie wurde vom Busfahrer beschimpft, er rief die Polizei, die Näherin wurde verhaftet und später zu einer Geldstrafe verurteilt. Der 1. Dezember 1955 wurde so zum historischen Datum der amerikanischen Bürgerrechtsbewegung.

In der Nacht darauf versammelten sich führende Vertreter der schwarzen Community, der Kern der späteren Bürgerrechtsbewegung, in einer Kirche, um das weitere Vorgehen zu beraten. Auch der junge „Reverend" Dr. Martin Luther King jr. war anwesend.

Die Anführer organisierten den „Montgomery-Bus-Boykott", der die Busunternehmen zwei Drittel ihres Umsatzes kostete. Die schwarze Bevölkerung ging zu Fuß und brachte dadurch ein schweres Opfer.

Im Laufe der mehr als ein Jahr andauernden Aktion wurde King – unter dem Vorwand, er sei mit dem Auto zu schnell gefahren – festgenommen und inhaftiert; sein Haus wurde von Unbekannten in die Luft gesprengt, er erhielt Morddrohungen. Dennoch predigte Martin Luther King sein Credo der „Gewaltlosigkeit". Der Boykott endete 1956 erfolgreich mit einem Urteil des Obersten Gerichtshofes, der die Rassentrennung in öffentlichen Verkehrsmitteln für gesetzwidrig erklärte.

Der Baptisten-Prediger King hatte sich mit dem „Montgomery-Bus-Boykott" zu einem Führer der schwarzen Bürgerrechtsbewegung entwickelt. 1957 organisierten sich schwarze Kirchenführer in der „Southern Christian Leadership Conference" (SCLC) und legten damit die Basis für den Kampf um die Gleichberechtigung. Martin Luther King wurde Präsident der SCLC. Sein politisches Prinzip der Gewaltlosigkeit verband King mit den Lehren Mahatma Gandhis, den er tief verehrte: „Durch diese Konzentration Gandhis auf Liebe und Gewaltlosigkeit entdeckte ich die Methode für soziale Reformen, nach der ich suchte".

Martin Luther King war nach dem erfolgreichen „Montgomery-Bus-Boykott" zu einer politischen Figur geworden, die nationales Interesse erweckte. King hielt allein 1957 rund 200 Reden in ganz Amerika. Ihren politischen Kampf konzentrierte die Bürgerrechtsbewegung auf Alabama.

In diesem Südstaat der USA mit seiner langen Tradition der Sklaverei marschierten und protestierten die Bürgerrechtskämpfer gegen die schamlose Rassentrennung. In den 60er-Jahren war Birmingham die Stadt, in der die Separierung der Schwarzen und Weißen rigoros durchgesetzt war. Nicht einmal in „weiße" Kirchen wurden Schwarze eingelassen.

1963 führen Martin Luther King und zwei weitere Geistliche einen Protestmarsch in Birmingham an. Die lokalen Behörden gehen mit Wasserwerfern und Hundestaffeln auf die friedlichen Demonstranten los. Die Stadt Birmingham wird zum Fanal des Rassismus. Die lokale Wirtschaft bricht zusammen, in ganz Amerika verbreiten sich die Bilder der Ereignisse von Birmingham.

Martin Luther King gerät wieder ins nationale Rampenlicht, er wird verhaftet, ins Gefängnis gesperrt.

Doch die politische Haltung Martin Luther Kings und sein absolutes Bekenntnis zur Gewaltlosigkeit waren in der schwarzen Bevölkerung keineswegs unumstritten. King hatte in Malcolm X einen militanten und wortgewaltigen Gegenspieler, der die religiöse Rhetorik Kings verachtete und den gewaltlosen Widerstand verspottete. Malcolm X kritisierte die Washingtoner Rede Martin Luther Kings in brutalen Worten: „Farce on Washington".

Nur wenige Wochen nach Luther Kings Rede griff Malcolm X neuerlich das Konzept des gewaltfreien Widerstands frontal an. Am 15. September 1963 waren bei einem Bombenanschlag auf eine „schwarze" Kirche in Birmingham vier kleine schwarze Mädchen getötet worden. Amerika zeigte sich geschockt über dieses wahnwitzige Verbrechen eines weißen Rassisten. Der Ruf nach Vergeltung wurde laut. Martin Luther King sprach beim Begräbnis der vier Mädchen und appellierte an die empörten Trauernden, sich nicht zu Gewaltaktionen provozieren zu lassen. Malcolm X fand diesen frommen Edelmut empörend.

Bei einem Treffen von mehreren tausend schwarzen Führungspersönlichkeiten aus dem industrialisierten Norden, der sogenannten „Grassroots-Conference", formulierte Malcolm X die Gegenposition zur „I have a dream"-Rede: „So etwas wie eine gewaltlose Revolution gibt es nicht. Die einzige Revolution, die gewaltlos ist, ist die Negerrevolution. Die einzige Revolution, deren Ziel es ist, seinen Feind zu lieben, ist die Negerrevolution ... eine Revolution ist blutig, eine Revolution ist feindlich, eine Revolution kennt keine Kompromisse, eine Revolution kehrt alles um und zerstört alles, das sich ihr in den Weg stellt."

In der Weltgeschichte gibt es Beispiele für friedliche und gewalttätige Revolutionen. Die Geschichte lehrt, dass friedliche Revolutionen nachhaltige Veränderungen bewirken. Martin Luther King hatte recht. Malcolm X irrte.

Der ehemalige Drogendealer und verurteilte Einbrecher Malcolm Little schloss sich nach einem Gefängnisaufenthalt der radikalen schwarzen Bürgerrechtsbewegung „Nation of Islam" (NoI) an. Sie wurde eine bedeutende Gruppierung im Kampf gegen die Rassendiskriminierung. Malcolm X (die offiziellen Nachnamen wurden als Erbe der Sklaverei abgelehnt) leitete bald den „Tempel" in Harlem. Malcolm X wurde zum Sprecher der „Nation". Diese politische Bewegung der Schwarzen wollte den Wandel „by any means possible", also mit allen Mitteln, erzwingen – Gewalt nicht ausgeschlossen. Malcolm X verglich Martin Luther King mit „Onkel Tom", der berühmten schwarzen Figur, die als „Haussklave" gemeinsame Sache mit den weißen Sklavenhaltern macht und deshalb von der Mehrheit der geknechteten „Feldsklaven" verachtet wird.

Malcolm X überwarf sich aber mit der Führung der „Nation of Islam", kritisierte deren Führer und deren korrupten Lebensstil. 1964 spaltete sich Malcolm X von der „Nation" ab und gründete die „Organization of Afro-American Unity" (OAAU). In seiner Rede am Gründungstag rief er offen zur Abkehr von den ausschließlich gewaltfreien Strategien auf und distanzierte sich damit deutlich von Martin Luther King.

Die „Nation of Islam" scheiterte aber an den inneren Widersprüchen und dem Machtkampf innerhalb der Gruppe. Malcolm X wurde – wie sein Gegenspieler Martin Luther King – ermordet. Auch diese Gewalttat wurde nie ganz aufgeklärt. Als Täter gelten drei Anhänger der „Nation of Islam", die Malcolm X im Februar 1965 im Audubon Ballroom in Harlem erschossen haben.

Drei Jahre später wird auch Martin Luther King, der Apostel der Gewaltlosigkeit, ermordet. Er war nach Memphis, Tennessee, gekommen, um einen Protestmarsch zur Unterstützung schwarzer Streikender anzuführen. Am Abend des 3. April 1968 – einem Jahr, das einer ganzen Generation ihren Namen geben sollte – hält King seine letzte Rede. Sie ist dunkel und depressiv. Er zitiert Moses – „Ich bin auf dem Gipfel gewesen und habe das Gelobte Land gesehen". Diese Worte werden von vielen Zuhörern als Anspielung auf seinen nahen Tod empfunden. Martin Luther King ist zu diesem Zeitpunkt 39 Jahre alt.

Am frühen Abend des 4. April zeigt sich Martin Luther King am Balkon des „Lorraine" Motels. Ein Schuss – oder sind es mehrere? – peitscht auf. King wird getroffen, stirbt. Ein weißer entflohener Häftling, James Earl Ray, wird wenig später wegen des Mordes festgenommen. Er gesteht und wird in einem raschen Prozess zu 99 Jahren Gefängnis verurteilt.

Schon damals gibt es Hinweise auf ein Komplott, in welches das FBI verwickelt sein soll. Das Verfahren wird neu aufgerollt. Es gibt viele Ungereimtheiten, aber wenige Beweise. Ray hatte sein Geständnis widerrufen. 1997 wird das Verfahren wieder aufgenommen, da sich die Beweise gegen Rays Täterschaft und die Hinweise auf ein Komplott gegen Martin Luther King mehrten. Ein Gericht urteilt 1999: Es war ein Mordkomplott, an dem die Mafia und die US-Regierung beteiligt waren. Andere Behörden kommen ein Jahr später wieder zu einem anderen Ergebnis. Faktum ist: Nach dem so erfolgreichen „Marsch auf Washington" war King ins Visier des FBI und seines allmächtigen Chefs Edgar Hoover geraten. Die amerikanische Bundespolizei heuerte auch bezahlte Provokateure an, um Martin Luther King mit Gewaltaktionen in Verbindung zu bringen und seine Bewegung zu diskriminieren. Er wird überwacht und sein Privatleben wird lückenlos durchleuchtet. Für Edgar Hoover ist King, der sich zunehmend auch gegen den Vietnam-Krieg einsetzt, zum Feindbild geworden, das er bekämpfen möchte.

Ob mit allen Mitteln, das ist auch heute – noch – nicht beantwortet.

Nelson Mandela

„Ich bin darauf vorbereitet, zu sterben"

... Ich bin ein verurteilter Gefangener, der fünf Jahre Kerker dafür verbüßt, das Land ohne Genehmigung verlassen zu haben und für die Anstiftung zu einem Streik Ende Mai 1961 ...

... Ich lege Wert auf die Feststellung, dass die Anschuldigungen des Staates, der Kampf in Südafrika finde unter dem Einfluss fremder Mächte oder des Kommunismus statt, zur Gänze falsch sind. Alles, was ich getan habe, habe ich als Individuum und als Führer meines Volkes aufgrund meiner Erfahrungen in Südafrika und meiner stolzen afrikanischen Herkunft unternommen, keineswegs aufgrund irgendeines Einflusses von außen ...

... Ich möchte mich sofort mit der Gewaltfrage beschäftigen. Manche Vorwürfe vor diesem Gericht sind wahr, manche falsch. Ich leugne keineswegs, dass ich Sabotageakte geplant habe. Ich habe sie keinesfalls in einem Geist der Verantwortungslosigkeit geplant, oder weil ich irgendeine Neigung zur Gewalt habe. Ich habe diese Sabotageakte nach einer nüchternen und ruhigen Beurteilung der politischen Situation vorbereitet, die während vieler Jahre der Tyrannei, Ausbeutung und Unterdrückung meines Volkes durch die Weißen entstanden ist ...

... Alle gesetzeskonformen Möglichkeiten, seine Opposition gegen die Prinzipien dieses Staates zu äußern, wurden durch die Gesetzgebung verhindert. Wir befinden uns in einer Situation, in der wir entweder den Status permanenter Unterlegenheit akzeptieren müssen oder der Regierung die Stirn bieten.

Wir haben uns dafür entschieden, uns dem Gesetz zu widersetzen. In einem ersten Schritt haben wir die Gesetze auf gewalt-

lose Weise gebrochen. Als dieser Widerstand kriminalisiert wurde und die Regierung Gewaltmaßnahmen gesetzt hat, um die Opposition zu zerschlagen, erst dann haben wir Gewalt mit Gewalt beantwortet ...

... Aber die Gewalt, die wir gewählt haben, ist keineswegs ein Akt des Terrorismus ... Ich und einige meiner Kollegen kamen zur Erkenntnis, dass es für die Führer der afrikanischen Bevölkerung falsch und unrealistisch sei, weiterhin Frieden und Gewaltlosigkeit zu predigen, während die Regierung auf unsere friedvollen Forderungen mit Gewalt antwortet ...

... Vier Formen der Gewalt sind möglich: Sabotage, Guerilla-Krieg, Terrorismus und offene Revolution. Wir haben uns für die ersten Maßnahmen entschieden und wollten diese Form des Widerstandes ausschöpfen, ehe wir zu anderen Mitteln greifen.

Im Lichte unseres politischen Hintergrunds war das eine logische Entscheidung. Sabotage kostet kein Menschenleben und lässt Hoffnung für die Zukunft der Beziehungen zwischen den Rassen aufkommen ...

Ich habe immer geleugnet, ein Kommunist zu sein. Unter den gegebenen Umständen bin ich verpflichtet, genau zu erklären, was meine politischen Prinzipien sind ... Ich habe mich immer und in erster Linie als afrikanischer Patriot gesehen ...

... aus der Lektüre marxistischer Schriften und aus Gesprächen mit Marxisten habe ich den Eindruck gewonnen, dass die Kommunisten das parlamentarische System des Westens als undemokratisch und reaktionär ablehnen. Ich hingegen bin ein Bewunderer dieses Systems ...

... Ich habe mein ganzes Leben für das afrikanische Volk gekämpft. Ich habe sowohl gegen die weiße als auch gegen die schwarze Vorherrschaft gekämpft. Ich habe die Ideale der demokratischen und freien Gesellschaften, in der alle Menschen in Harmonie und mit gleichen Chancen leben dürfen, hochgehalten. Es ist ein Ideal, für das ich lebe und das wir hoffentlich erreichen

*werden. Aber wenn es denn sein muss: Ich bin darauf vorbereitet,
für dieses Ideal zu sterben.*

Verteidigungsrede von Nelson Mandela vor dem Obersten Gerichtshof in Pretoria am 20. April 1964

*

„Ich bin der erste Angeklagte." Mit diesem Satz beginnt Nelson
Mandela vor dem Gericht in der südafrikanischen Hauptstadt
Pretoria seine Verteidigungsrede. Die Anklage lautet auf Hoch-
verrat, Sabotage und gewaltsamen Umsturzversuch. Ihm und seinen Mitangeklagten droht die Todesstrafe. Mandela antwortet
darauf: „I am prepared to die."

Seit vier Jahren ist der in der südafrikanischen Provinz Trans-
kei geborene Anwalt Anführer des bewaffneten Flügels des „Afri-
can National Congress" (ANC). Der ANC ist im rassistischen
Apartheid-Staat Südafrikas verboten. Die Massenpartei der afrikanischen Mehrheitsbevölkerung bekämpft die Politik der Rassentrennung. Südafrika ist 1964 der einzige Staat der Welt, der sich in
seiner Verfassung und mit seinem politischen System offen zur Diskriminierung der Rassen bekennt und dieses System der Rassentrennung nicht nur im Rahmen der Gesetze und bei den politischen
Rechten, sondern auch im Alltagsleben rigoros durchsetzt.

Mandela und sein Kanzleipartner Oliver Tambo versuchen
schon ab 1946 im Rahmen des ANC, das politische Apartheid-
System mit politischen Mitteln zu bekämpfen. Dabei gerät Nelson Mandela immer wieder mit der weißen Staatsmacht in Konflikt. Mandela organisiert Proteste, wird mehrfach verhaftet, „gebannt" und steht ab 1952 fast ununterbrochen für neun Jahre
unter Hausarrest.

Der Prozess gegen den Anführer des „Umkhonto We Sizwe",
des „Speers der Nation", ist als großer Schauprozess angelegt, um
die gesamte Führungsebene des bewaffneten Arms des ANC zu

zerschlagen. Nelson Mandela und seine Mitangeklagten wollen die öffentliche Bühne des Gerichts als Plattform nützen, um ihre politischen Botschaften zu transportieren.

Mit seiner langen Verteidigungsrede wird Mandela zur symbolischen Führungspersönlichkeit der Anti-Apartheid-Bewegung. Der schwarze Politiker wird zur Person der Weltgeschichte. Sein Schicksal bewegt Millionen in und außerhalb des Afrikas.

Zeitgleich kämpfen Führer der amerikanischen Anti-Rassismus-Bewegung – wie Martin Luther King oder Malcolm X – gegen die Rassendiskriminierung in den USA. Doch während der Baptisten-Prediger Martin Luther King konsequent den Weg der Gewaltlosigkeit geht, kommt Mandela zu der Erkenntnis: In der konkreten politischen Situation des weißen Apartheid-Regimes sind Gewaltaktionen ein legitimes Kampfmittel gegen ein rassistisches Regime, das seine Gegner ebenfalls mit Gewalt einschüchtert und bekämpft.

Weite Passagen seiner Rede widmet Mandela der philosophischen Begründung, warum Gewalt – und welche Form von Gewalt – in einem politischen Kampf gegen ein ungerechtes Regime, das fundamental gegen die Menschenrechte verstößt, notwendig ist. Er bekennt sich zu der Entscheidung und leugnet keineswegs, an der Planung von Sabotageakten beteiligt gewesen zu sein. Entscheidend seien aber das Motiv und die innere Haltung: „I did not plan it in a spirit of recklessness, nor because I have any love of violence. I planned it as a result of a calm and sober assessment of the political situation that had arisen after many years of tyranny, exploitation and oppression of my People by the Whites."

Es ist nicht der erste Prozess, in dem Mandela angeklagt ist. Schon 1956 wird er wegen angeblichen Hochverrats verhaftet und vor Gericht gestellt. Das erste Verfahren dauert fünf Jahre und endet 1961 mit einem Freispruch des Aktivisten. Mandela fürchtet dennoch eine neuerliche Verhaftung und geht in den Untergrund. Als Chauffeur verkleidet, kann sich der ANC-Politiker mit dem Auto im Land bewegen. Er sei im Auftrag seines weißen Herrn unterwegs.

Ein fehlgeschlagener Streikaufruf des damals illegalen ANC bringt Nelson Mandela zu der Einsicht, dass ein bewaffneter Kampf gegen die Regierung notwendig ist. Innerhalb des ANC kommt es zu heftigen Debatten und Auseinandersetzungen. Schließlich wird entschieden, eine militärische Untergrundorganisation unter Mandelas Führung zu gründen. Im Dezember 1961 verübt „Umkhonto We Sizwe" (MK) eine Reihe von Bombenanschlägen.

Mandela gilt jetzt als Führer des afrikanischen Widerstands. Er wird nach Addis Abeba zu einer Konferenz eingeladen, fliegt nach Kairo, Tunis, Rabat, trifft sich mit zahlreichen afrikanischen Politikern wie Léopold S. Senghor und führt Gespräche in London. In Äthiopien will sich Mandela zum Guerillakämpfer ausbilden lassen. Weil sich die Lage in seiner Heimat zuspitzt, kehrt er nach Südafrika zurück. Auf der Liliesleaf Farm bei Rvonina berät sich Mandela im getarnten Hauptquartier der MK mit seinen Mitkämpfern. Das Treffen wird verraten, Mandela verhaftet und wegen unerlaubten Verlassens des Landes zu einer mehrjährigen Haftstrafe verurteilt. Mandela wird auf die Gefängnisinsel Robben Island, 25 Kilometer vor der Küste von Kapstadt, gebracht. Jahrzehnte später wird der amerikanische Senator Barack Obama bei seiner Reise durch Afrika die Gefängniszelle von Nelson Mandela auf Robben Island besuchen. Ein künftiger US-Präsident verknüpft damit seinen politischen Aufstieg mit dem Kampf Mandelas gegen den institutionalisierten Rassismus.

Der Prozess gegen die Führung des militärischen Arms des ANC findet in einer ehemaligen Synagoge in Pretoria statt. Im Gegensatz zum wirtschaftlichen Zentrum Johannesburg leben in der kleinen Verwaltungshauptstadt Pretoria kaum Schwarze. Mandelas Verteidiger müssen täglich mehrere Stunden lang zum Prozess anreisen.

Die Verantwortung Mandelas ist eine schwierige Gratwanderung. Politisch versucht er, die Legitimität von Gewaltanwendung gegen ein Gewaltregime zu begründen, rechtlich setzt er sich durch sein Bekenntnis zu Sabotage der Gefahr eines Todesurteils aus. In seinen Lebenserinnerungen („Long Walk to Freedom") spricht Mandela von einer „prekären Situation". Die „bloße Möglichkeit eines Todesurteils verändert alles".

Nach seiner Rede ist es im Verhandlungssaal totenstill, erinnert sich der Angeklagte und spätere Staatspräsident. Das ändert nichts an seiner Verurteilung zu lebenslanger Haft. Mandela wird wieder nach Robben Island gebracht und erst 26 Jahre später freigelassen.

Die harten Haftbedingungen und die weitgehende Isolation können nicht verhindern, dass eine Idee um die Welt geht: „Free Mandela" wird zum Schlachtruf im Kampf gegen Rassendiskriminierung und für das Ende eines rassistischen Staatssystems.

Nelson Mandelas Traum geht in Erfüllung. Das neue Südafrika entsteht ohne Gewaltanwendung. Der letzte nur von der weißen Minderheit gewählte Präsident Frederik Willem de Klerk erhält gemeinsam mit Mandela den Friedens-Nobelpreis. Nach seiner Freilassung und den ersten demokratischen Wahlen, die für den ANC eine große Mehrheit brachten, sprach Mandela den Satz: „Ich stehe hier vor euch, voll tiefem Stolz und voll großer Freude. Stolz auf die einfachen, bescheidenen Menschen dieses Landes. Mit Freude können wir laut von den Dächern rufen – endlich frei! Free at last!"

Zwei Reden umrahmen einen historischen Prozess, der zweieinhalb Jahrzehnte gedauert hat: das Ende der Rassentrennung und die Umsetzung der Menschenrechte.

Neil Armstrong

„Dies ist ein kleiner Schritt für einen Menschen, aber ein gewaltiger Sprung für die Menschheit"

Dies ist ein kleiner Schritt für einen Menschen, aber ein gewaltiger Sprung für die Menschheit.

Astronaut Neil Alden Armstrong, der am 20. Juli 1969 als erster Mensch seinen Fuß auf den Mond setzte.

*

Es war die kürzeste Rede, aber angeblich der meist zitierte Satz der Menschheitsgeschichte.

Dabei ist Neil Armstrongs Satz, den er beim Heruntersteigen der Leiter und bei der ersten Mondberührung gesagt hat, nicht einmal die erste Wortmeldung außerhalb unseres Planeten.

Unmittelbar nach der Landung der Mondfähre „Eagle" meldete sich Kommandant Armstrong mit dem Satz: „ACA out of detent" (etwa: „Steuerknüppel entriegelt") vom Mond. Das belegen die Protokolle der NASA-Gesprächsaufzeichnung in Houston, Texas.

Freilich klingt „The Eagle has landed" weitaus besser.

Ehe Neil Armstrong den letzten kleinen Schritt auf die Mondoberfläche wagte, schilderte er genau die Oberfläche des Erdtrabanten. Er schien überrascht vom feinen Sand, den er als „fast wie Puder" beschrieb. Erst nach einer Pause und in deutlich anderem Tonfall deklamierte Neil Armstrong jenen Satz, den er seit Monaten vorbereitet hatte. Die Fußspuren von Armstrong und dem „zweiten Mann am Mond", Buzz Aldrin, werden noch Jahrtausende auf der Mondoberfläche zu sehen sein, falls irgendwer vorbeikommen sollte.

Dieser Mondbesucher könnte dann auch eine auf dem Mond hinterlegte Metallplatte mit dem Text finden: „Hier setzten Männer vom Planeten Erde erstmals einen Fuß auf den Mond. Juli 1969. Wir kamen in Frieden für die gesamte Menschheit."

Armstrong will die historischen Worte selbst erfunden haben, und zwar in jenen Stunden, in denen er sich auf den Ausstieg vorbereitete. Es gibt aber auch eine andere Version: Demnach hat Neil Armstrong das Gegensatzpaar „man" und „mankind" in der Küche seines Hauses gemeinsam mit Ehegattin Janet Shearon getextet.

Rund 600 Millionen Menschen haben am 20. Juli 1969 diesen Satz live gehört. Seither wurde Neil Armstrongs Zitat millionenfach wiederholt. Allein auf „YouTube" im Internet werden die verschiedenen Video-Clips rund um das 40-jährige Mondlande-Jubiläum von Millionen „Usern" angeklickt.

Seit fast 40 Jahren diskutieren Weltall-Experten darüber, ob Armstrong mit dem ersten Satz auch gleich einen ersten Grammatikfehler am Mond begangen habe. Bei der Übertragung war das „a" nicht auszumachen, Armstrong war zu hören mit „That's one small step for man ... one ... giant leap for mankind" („Das ist ein kleiner Schritt für Menschen ... ein ... riesiger Sprung für die Menschheit").

Erst während eines Interviews für das Buch „Chariots for Apollo" (1986) – nach vielen Jahren unterschiedlichster Berichte, Beweise und angeblicher Gegenbeweise – gestand Armstrong, dass er das Wort möglicherweise nicht gesprochen habe. „Also ich hoffe, die Geschichte wird mir ein bisschen Spielraum dafür lassen, dass ich einen Artikel verschluckt habe, den ich sicherlich sagen wollte, auch wenn er nicht wirklich ausgesprochen wurde – ich habe ihn sagen wollen."

Allerdings dürfte Neil Armstrong Jahrzehnte später von der Technik korrigiert worden sein. Im Oktober 2006 berichtete die britische BBC über eine rechnergestützte Untersuchung von Peter Shann Ford. Er behauptet, das fehlende „a" sei durch Störungen bei der Übertragung überlagert worden, man könne nachweisen, dass es gesagt worden sei.

Wie auch immer.

Wahrscheinlich hat Armstrong das Wörtchen einfach undeutlich ausgesprochen.

Immerhin widerlegt der minimal unvollständige Satz alle möglichen obskuren Verschwörungstheorien, wonach die Mondlandung gar nie passiert, sondern in Hollywood-Studios produziert worden wäre. In der filmischen Traumwelt hätte ein Regisseur vom Range Stanley Kubricks (ihm wird die filmische Inszenierung der Mondlandung in einer berühmten Dokumentation zugeschrieben) so einen Fehler nie akzeptiert. Die Szene wäre wiederholt worden.

Neil Alden Armstrong wurde am 5. August 1930 bei Wapakoneta im Bundesstaat Ohio geboren. Einer seiner Urgroßväter stammte aus Nordrhein-Westfalen. Seit seiner Jugend faszinierte ihn die Fliegerei. Er baute Modellflugzeuge und erwarb schon als Jugendlicher den Pilotenschein. Mit einem Stipendium der US-Marines studierte er Flugzeugtechnik, wurde jedoch 1949 zum Militärdienst eingezogen und in Florida zum Kampfpiloten ausgebildet. Armstrong flog im Korea-Krieg insgesamt 78 Einsätze mit einer einsitzigen F9F „Panther" und entkam dabei nur knapp einem Absturz, nachdem ein über ein Tal gespanntes Seil einen Teil seiner Tragflächen abgeschnitten hatte. Er rettete sich mit dem Schleudersitz.

Später arbeitete Armstrong als Testpilot und flog dabei auch die Raketenflugzeuge Bell X-1 und North American X-15.

Er wurde bereits 1958 für die erste US-Astronautengruppe ausgewählt.

Am 17. März 1966 flog Armstrong erstmals mit der Mission „Gemini 8" ins Weltall. Erst nach der Katastrophe von Apollo 1 und dem Tod von Gus Grissom im Januar 1967 rückte er ins Apollo-Programm nach.

Der Wettlauf zum Mond zwischen der Sowjetunion und den USA und die strikten Vorgaben durch US-Präsident John F. Kennedy (siehe S. 193 ff.) zwangen die NASA, ein großes Risiko einzugehen. Welcher Astronaut als Erster auf dem Mond landen würde, das war mehr oder minder Zufall, oder wie dies Armstrong selbst ausdrückte, eine Art „glücklicher Umstand".

Glück hatte Armstrong schon bei den Vorbereitungen zum Mondflug. Er überlebte den Absturz und die Explosion des Lunar Landing Training Vehicles. Armstrong steuerte dann im entscheidenden Moment die Mondlandefähre „Eagle" und lenkte das Fluggerät von felsigem Gelände weg in den „Ozean der Stille".

Dabei kam es zu einer gefährlichen Panne. Der Computer der Raumfähre meldete „schwere Arbeitsüberlastung" und drohte zusammenzubrechen. Das 30 Kilogramm schwere Gerät hatte für heutige Maßstäbe eine lächerlich geringe Rechenkapazität. Heutige Standardcomputer sind 100.000 Mal schneller.

Armstrong ignorierte den Computer und landete sicher auf dem Mond. Exakt um 21.17 UTC. Viel mehr Zeit hätte er sich nicht lassen dürfen, es war noch Treibstoff für knapp 30 Sekunden vorhanden.

Max Yasgur

„Drei Tage Spaß und Musik und nichts anderes als Spaß und Musik!"

Ich weiß nicht, wie man vor zwanzig Menschen spricht, noch viel weniger vor einer Menschenmenge wie dieser. Ich glaube, ihr Leute habt der Welt etwas bewiesen – nicht nur den Menschen hier in der Stadt Bethel, oder den Leuten in Sullivan County, oder dem Staate New York. Ihr habt der Welt etwas gezeigt: Das hier ist die größte Menschenmenge, die sich jemals an einem Ort versammelt hat. Wir haben keine Vorstellung davon gehabt, dass es eine so große Gruppe werden wird, und deshalb habt ihr etliche Unbequemlichkeiten zu ertragen, zu wenig Wasser, Essen und so weiter. Die Veranstalter hier haben eine Mammutaufgabe geleistet, um sich um euch zu kümmern. Sie verdienen einen Applaus des Dankes. Aber über allen steht das Wichtigste, das ihr der ganzen Welt bewiesen habt. Eine halbe Million junger Leute – ich nenne euch Kids, weil ich Kinder habe, die älter sind als ihr – eine halbe Million junger Leute können zusammenkommen und drei Tage lang Spaß und Musik genießen. Und nichts anderes als Spaß und Musik. Und dafür möge Gott euch segnen.

Max B. Yasgur am 18. August 1969 auf der Bühne des Wood-stock-Festivals vor einer halben Million Hippies.

*

Es war eine kurze Rede, die der Milchbauer Max B. Yasgur am 18. August 1969 auf der Bühne des Woodstock-Festivals (Woodstock Music and Art Fair) vor schätzungsweise einer halben Million Menschen hielt. Und sie machte den jüdischen Bauern berühmt.

Max Yasgur war damals knapp 50 Jahre alt und keineswegs der Prototyp eines Beatniks oder Hippies. Im Gegenteil, zeit seines Lebens galt der Farmer als konservativer Republikaner.

Max Yasgur gehörte das Gelände in Bethel, Bundesstaat New York, auf dem das heute legendäre Musikfestival stattfand: Woodstock.

Unter diesem Namen ging das Musikfest ins kollektive Gedächtnis mehrerer Generationen ein, dabei fand es eben nicht in Woodstock statt. Ironie der Geschichte.

Der falsche Name steht seit 40 Jahren für Jugendkultur, friedliches Zusammenleben, Spaß an Musik und für ein Leben jenseits der Alltagskonventionen. Jedes größere und kleinere Freiluft-Ereignis wird seit damals durch die Beifügung des Namens „Woodstock" typisiert.

Dabei war die „Woodstock Music and Art Fair" auch im Jahre 1969, dem eigentlichen „Summer of Love" der Hippie-Bewegung, weder das erste noch das größte Musikfestival. Es sollte dennoch Geschichte machen und in die Geschichte eingehen.

Zur Gründung und Festigung des Mythos trug der Woodstock-Film von Michael Wadleigh entscheidend bei. Er schuf die Bilder und das Gefühl einer ganzen Generation. Seiner Wirkung kann sich der Zuseher – 2009 erschien eine neue Version mit zusätzlichem Bild- und Tonmaterial – kaum entziehen. Für eine Generation, die etwa in Deutschland oder Österreich tausende Meilen vom wirklichen Geschehen jener Tage entfernt war, vermittelte der Film das Gefühl, dabei zu sein, mitzuerleben, was damals gewesen war. Praktischerweise wurden die drei Tage in Regen, Schlamm und Verkehrschaos bei der An- und Abreise auf drei Filmstunden gekürzt, die bequem zu konsumieren waren.

Der Film machte die weltweite Legende, und der Film machte Max Yasgur zum Star.

Dabei war das Gelände seiner Farm nur die dritte Wahl als Austragungsort des Großkonzerts. Die kleinen Weiler Saugerties und Wallkill verweigerten den Veranstaltern ein Areal fürs Festival – und verpassten damit einen Platz in den Geschichtsbüchern der Welt.

Angeblich soll Yasgurs Sohn Sam seinen Vater überredet haben, den Veranstaltern die Gründe des Bauernhofs zur Verfügung zu stellen. Tatsächlich waren es keineswegs romantische Überlegungen, die Max Yasgur bewegten, die Wiesen seiner Farm für ein Musikfestival zu öffnen.

Im „Sullivan County Democrat", der Lokalzeitung, beschrieb Sam Yasgur 2004 die damaligen Beweggründe: „Es war so ein verregneter Sommer, wir konnten die Ernte nicht trocken einbringen, da war die Miete fürs Festival-Gelände willkommen."

Freilich dachten der Farmer und sein Sohn keineswegs an eine Veranstaltung mit einer halben Million Menschen. Doch die Woche im August 1969 veränderte auch das Leben des Bauern.

Als „Hausherr" fühlte er sich plötzlich für die heranströmenden Massen verantwortlich. Den Veranstaltern war ihr Festival ja schon vor Beginn entglitten. Hunderttausende waren – einer Völkerwanderung gleich – Richtung Bethel unterwegs, die Organisation wurde einfach mit den Massen weggespült. Insgesamt traten 32 Bands und Sängerinnen und Sänger auf. Woodstock gilt als Höhepunkt der amerikanischen Hippiebewegung, die 1969 ihren „Summer of Love" feierte. Auf dem Festivalgelände herrschten chaotische Zustände, die Tage und Nächte verliefen friedlich – im Gegensatz zum „Altamont Free Concert" vom 6. Dezember 1969. Bei diesem Konzert starben vier Menschen. Ein 18-Jähriger wurde durch einen der als Ordner angeheuerten „Hells Angels" direkt vor der Bühne erstochen. Im Rolling-Stones-Konzertfilm „Gimme Shelter" ist dieser Mord schemenhaft zu sehen. Das tragische Ereignis markierte das Ende des friedlichen Hippie-Sommers, der in Woodstock seinen Höhepunkt hatte.

Max Yasgur setzte sich gegenüber den Behörden für die aus allen Teilen Amerikas zusammenströmenden jungen Hippies ein, er wurde so zum Mittler zwischen den Generationen. Nicht nur im übertragenen Sinn. In den Monaten nach dem Konzert vermittelte Yasgur häufig zwischen den langhaarigen Hippies und ihren biederen Familien, er brachte viele wieder zusammen. Der konservative Bauer mutierte zum „Hippie-Vater". Und „nationwide" wurden später „Sticker" mit dem Slogan verkauft: „Max Yasgur for President".

Dabei brachte das musikhistorische Ereignis dem Milchfarmer einigen Ärger. Nach Abzug der halben Million „Kids" blieb die Farm weitgehend verwüstet zurück. Viereinhalb Monate später klagten Nachbarn gegen Max Yasgur und machten ihn für Schäden auf ihren Grundstücken verantwortlich. Immerhin erhielt der Milchbauer später 50.000 Dollar Schadenersatz für die Verwüstungen an seinem Hab und Gut.

Der Farmer trat am Nachmittag des dritten Tages unmittelbar vor Joe Cockers Konzert auf die Bühne. Seine Rede veränderte zwar nicht den Verlauf der Geschichte, festigte aber den Zauber Woodstocks und prägte das Markenzeichen „Three Days of Fun and Music".

Diese programmatische Erklärung steht seit 40 Jahren geschrieben oder ungeschrieben über Tausenden von Festivals, die jeden Sommer auf allen Kontinenten den Geist von „Woodstock" lautstark beschwören. Die Festival-Kultur und das Mega-Geschäft mit diesen Großveranstaltungen sind seit Jahrzehnten fixer Bestandteil einer Jugendkultur. Mit den ursprünglichen idealistischen Intentionen haben die Nachfolgeveranstaltungen aber kaum mehr etwas gemeinsam.

Es bleiben aber die immer gleichen, wiederkehrenden Sehnsüchte nach Spaß und Musik, vielleicht auch nach ein bisschen (sexueller) Freiheit und einem Kurzurlaub von den Alltagszwängen. Ein wenig Chaos, Schlamm, Dreck und zu viel Alkohol scheinen zu den Ingredienzien eines „Woodstock"-Festivals jedenfalls dazuzugehören.

Doch die Legende ist unerreicht. Naiv, rein und unverbraucht zieht sich durch den „Woodstock"-Film von Michael Wadleigh eine hochgepushte Euphorie, die auch noch Jahrzehnte danach körperlich spürbar ist. Als sei man dabei gewesen, als habe man diese Gefühle selbst erlebt. Dabei war kaum ein Mitteleuropäer in „Woodstock" dabei. Die Suche nach „Zeitzeugen" diesseits des Atlantiks ist schwierig und scheitert. Aber jeder dieser Generation war irgendwie dabei, kann sich zumindest erinnern, wo er den Film gesehen hat, und fühlt es warm ums Herz und spürt in manchen Szenen Gänsehaut. So ist der Film über Woodstock das eigentliche „Woodstock" für die Welt. So bleiben die Musik und das Gefühl dieser Zeit als ferne Erinnerung. Ein bisschen Hippie steckt in den meisten von uns. Und es ist schön, wenn ein Mann wie Max Yasgur, quasi als Vertreter einer anderen Zeit und einer anderen Generation, seinen Segen zum bunten Treiben gibt. Danach haben sich alle gesehnt, draußen auf dem Feld in Bethel. So viel Hippie kann gar nicht sein.

Christoph Marek analysiert diese Zeit und den Woodstock-Zauber in einem Essay für die Grazer Ausstellung „Absolutely free": „Der Film ist Generator einer Fiktion, die es schafft, die Intensität des gelebten Moments jener drei Tage in das Koordinatensystem von Pop einzuspannen und zu historisieren. Man darf sich nun fragen: Aber, wie war es wirklich? Wie divergiert die Second-Hand-Erfahrung von dem eigentlich Erlebten? Oder, was war der Zauber jener drei Tage? What's the spell? Nun, es gibt ja in der Popkultur die Angewohnheit, Wahrnehmungen a posteriori zu essentialisieren. Das Unwesentliche wird weggeschnitten, der Rest wird zum Mythos verklebt. Im Pop geht es immer um die Überhöhung der banalen menschlichen Existenz. Aus wenig wird viel gemacht. Opulenz aus dem Nichts geschaffen."

Die Mythen der Popkultur speisen sich aus einem behaupteten Mehrwert der eigentlichen Ereignisse. Nach dem Ausklingen des Spektakels kann es weiter inszeniert und weiter kommerziell vermarktet werden. Das trifft auf „Woodstock" perfekt zu. 40 Jahre nach der musikalischen Schlammschlacht wird mit der Marke „Woodstock" mehr Geld verdient als damals mit dem Musikfest selbst. Eine wirkliche Legendenbildung braucht trotz allem die magischen Momente der originalen Veranstaltung.

Max Yasgur ist Teil dieser Inszenierung, Teil des Mythos von Woodstock. Der Bauer verwandelt sich zum Vater der „Kids" auf seinem schlammigen Feld. Max Yasgur wird nicht reich, aber immerhin „unsterblich". Zahlreiche Künstler dieser Zeit setzen ihm in ihren Liedern ein musikalisches Denkmal. Joni Mitchell singt im Lied „Woodstock":

„I came upon a child of God
He was walking along the road
And I asked him where are you going
And this he told me: he said
I'm going on down to Yasgur's farm
I'm going to join in a rock 'n' roll band
I'm going to camp out on the land and get my soul free … "

Auf Max Yasgurs Farm fanden immer wieder Neuauflagen von „Woodstock" statt, kommerzielle Versuche, den Mythos wach zu küssen und das Einmalige zu wiederholen. Sie scheiterten alle, auch kommerziell. Mit Max Yasgur hatte das alles nichts mehr zu tun. Der Bauer starb bereits wenige Jahre nach Woodstock an einem Herzinfarkt, seine Farm ist längst verkauft.

Welchen Stellenwert hat Woodstock heute? Was hat das alles mit uns zu tun? „Vor dem Hintergrund der derzeitigen Quantisierung und Reglementierung des Festivalgeschehens, wo Vollrausch, Ohrenstöpsel, Tinnitus, Titten-Flashing, freizügiger Beischlaf und Allerweltsrockmusik im All-Inclusive-Paket erstanden werden können, wirkt Woodstock auf jeden Fall wie eine naive Oase.

Der Improvisation wird heute keine Chance mehr eingeräumt, wie im Alltag wirkt die Ekstase terminiert, geprägt von den Deadlines des Kulturgeschehens. Logistischer Irrsinn ist nicht mehr im 21. Jahrhundert. Das Tempo der Welt hat sich seit 1969 vervielfacht", analysiert Soziologe Christoph Marek.

Max Yasgurs Rede an die halbe Million „Kids" auf dem Feld bei Bethel hat ihn lange überlebt. Sie ist ein Dokument der Zeitgeschichte und ein Symbol für viele Generationen, deren Sehnsüchte ja immer noch irgendwie gültig sind: Liebe, Frieden und Musik.

Ruhollah Khomeini

„Was hat die Nation getan, dass sie solch ein Unglück ertragen muss?"

Im Namen Allahs des Allmächtigen. Wir haben in dieser Zeit viel Unheil erlebt. Manche Siege haben wir errungen. Und manche waren auch große Siege. Aber: Das Unglück der Frauen, deren Söhne gestorben sind, der Männer, die ihre Kinder verloren haben, der Kinder, die ihre Väter verloren haben. Wenn meine Augen jemanden sehen, der sein Kind verloren hat, kommt eine Stimme in mein Ohr, die ich nicht aushalten kann. Ich kann den Schaden, den unsere Bevölkerung erlitten hat, nicht wiedergutmachen. Ich kann mich nicht bei dieser Nation bedanken, die alles, was sie hatte, für Gott geopfert hat. Gott soll Ihr den gerechten Lohn geben. Ich spreche allen Müttern, die ihre Kinder verloren haben, mein Beileid aus. Ich teile ihre Trauer. Ich spreche den Vätern, deren Söhne gestorben sind, mein Beileid aus. Und ich spreche den Kindern mein Beileid aus, die ihre Väter verloren haben. Lassen Sie mich deutlich machen, warum unsere Nation ein solches Unglück erlebt hat, was diese Nation früher gesagt hat, und was sie heute sagt, seit sie ihre Stimme erhoben hat: Es gibt Mord, Grausamkeit, Raub, und all dieses geht auch heute noch weiter. Was hat die Nation getan, dass sie solch ein Unglück ertragen muss?

... Ein Thema, das unsere Nation beschäftigt, ist die Frage der Illegitimität der Pahlavi- Dynastie. Die, die in meinem Alter sind, wissen und haben gesehen, dass uns der Parlamentarismus mit der Gewalt der Bajonette aufgezwungen wurde. Die Nation war nicht daran beteiligt. Mit Gewalt wurden die Abgeordneten ge-

zwungen, Reza Schah zum Schah zu wählen. Deshalb war die Wahl von Reza Schah von Beginn an illegitim. Diese Monarchie und überhaupt ist die Regierungsform der Monarchie gegen die Prinzipien der Logik und gegen die Menschenrechte. Angenommen, eine Nation bestimmt gemeinsam eine Person zum König, so kann sie das machen, weil sie für das eigene Schicksal bestimmen kann. Ihre Stimme ist für diese Nation gültig. Aber auf welcher Grundlage und welcher Bestimmung kann die Nation von vor 50 Jahren das Schicksal der nächsten Nation bestimmen ...?

Deswegen ist auch die Regierung und Monarchie von Mohammad Reza illegal, weil die Monarchie seines Vaters illegal war, und weil sie uns mit der Gewalt der Bajonette aufgezwungen wurde ...

Nehmen wir an, falls die Regierung von Reza Schah legal war, welches Recht hatten sie, diese Regierungsform für uns zu bestimmen? Unsere Väter sind nicht unser Vormund. Können die Leute, die vor achtzig oder hundert Jahren gelebt haben, über das zukünftige Schicksal einer Nation entscheiden?

Das ist ein weiterer Grund warum die Monarchie von Mohammad Reza illegal ist.

Hinzu kommt, wenn die heutige Nation, die ihr eigenes Schicksal tragen muss, erklärt: Wir wollen diese Monarchie nicht, selbst wenn diese seinerzeit errichtete Monarchie und auch das Parlament damals legal gewesen wären. Wenn die Nation heute entscheidet, dass wir die Monarchie von Reza Schah und Mohammad Reza Schah nicht haben wollen, nehmen wir unser vor uns liegendes Schicksal in unsere eigenen Hände.

Das ist einer der Gründe, warum die Monarchie von Mohammad Reza illegal ist.

Ayatollah Ruhollah Khomeini auf dem Teheraner Zentralfriedhof Behesht-e Zahra am 1. Februar 1979

*

Am 1. Februar 1979 kehrt der iranische Ayatollah Khomeini aus dem Exil in Paris in einer Boeing 747 der Air France nach Teheran zurück. An diesem Wintertag ändert sich im Iran alles: Die Herrschaft des Schahs wird durch die islamische Revolution beendet. Khomeinis Heimkehr und seine erste Rede auf dem Zentralfriedhof von Teheran veränderten die damalige Welt. Und die Veränderungen sind bis heute, mehr als drei Jahrzehnte nach dieser emotionslos vorgetragenen Ansprache eines islamischen Geistlichen nicht zum Stillstand gekommen. Der Islam und seine radikale politische Ausformung des Islamismus in all seinen Schattierungen hält die Welt in Atem, er fordert Weltmächte und die Regime im Nahen Osten heraus.

Die Zentralfigur war der konservative islamische Geistliche Imam Ruhollah Khomeini (1902-1989). Mit ihm im Flieger nach Teheran saß der Fernsehjournalist Peter Scholl-Latour. In einem Interview für die „Deutsche Welle" beschreibt er seine Rolle: „Der Flug war die Krönung meiner ganzen revolutionären Vorbereitungen. Ich war damals, als Khomeini noch nicht in Teheran war, schon mit meinem Fernsehteam in Teheran und zeigte ihm in Paris die Filme. Ich habe viel mit iranischen Revolutionären gesprochen. Der Kontakt zu Khomeini entstand über Tabatabei, einen Dozenten aus Bochum, der meine Filme gerne schaute und mit Khomeini verwandt war. Vertraute von Khomeini gab es wohl keine, noch nicht einmal unter den Iranern. Aber ich bin wohl der Europäer, der Ungläubige, der ihm am nahesten gekommen ist – und dem er vertraute."

Und so durfte der Journalist in Paris jenen Jumbo-Jet besteigen, der den Schah-Gegner Khomeini nach Teheran und an die Macht bringen sollte. Scholl-Latour berichtet über das vielleicht größte Abenteuer seiner langen Karriere als Auslandskorrespondent: „Das war kein gewöhnlicher Flug. Wir wurden von einer französischen Sondereinheit begleitet, weil wir nicht wussten, wie wir empfangen werden würden. Wir wussten nicht einmal, ob wir in Teheran landen können. Es bestand außerdem die Gefahr, dass die iranische Luftwaffe uns abschießt, da nicht ganz klar war, ob Teile dieser Kräfte nicht doch noch zum Schah halten würden."

Die Regierung Bachtiar, des letzten vom Schah eingesetzten Premierministers, war verunsichert, unentschlossen, wie sie mit der neuen Situation umgehen sollte. Am 25. Januar 1979 ließ sie den Flughafen von Teheran schließen, gab ihn aber nur fünf Tage später wieder frei. Damit erst war eine Rückkehr Khomeinis möglich geworden. Rund 150 Journalisten begleiteten am 1. Februar, zusammen mit 50 engen Getreuen, den Ayatollah. Dem nächtlichen Abflug ging ein Tauziehen hinter den Kulissen voraus. Khomeini selbst warnte die Journalisten, sie sollten sich auf das Schlimmste vorbereiten. Schahtreue Luftwaffenpiloten hatten angeblich Tage zuvor Scheinangriffe geflogen.

„In 12.000 Meter Höhe fliegt der fromme Greis fast so schnell wie der Schall zurück ins Mittelalter", schrieb eine deutsche Zeitung. Peter Scholl-Latour : „Khomeini ist ein sehr ernster Mensch gewesen, man sah ihn fast nie lächeln. An diesem Tag war er aber wirklich entspannt, beinahe sogar heiter. Er saß oben in der Kuppel in der Boeing-Maschine und Tabatabei sagte zu mir: ‚Der Imam verrichtet nun sein Morgengebet, wenn Sie wollen, können Sie ihn dabei filmen.' Das war sehr ungewöhnlich. Und dann geschah etwas ganz Merkwürdiges. Er übergab Tabatabei ein großes, gelbes Kuvert, das dieser an mich weitergab und sagte: ‚Wenn wir bei der Ankunft in Teheran verhaftet oder sogar umgebracht werden, dann verstecken sie dieses Kuvert. Wenn alles gut geht, dann geben sie es mir bitte wieder zurück.' Als wir ankamen, jubelten dort zwei Millionen Menschen Khomeini zu. Ich gab das Kuvert also zurück. Ich habe erst acht Monate später erfahren, was darin war: Es war die Verfassung der islamischen Republik Iran. Khomeini wollte vermeiden, dass man die Verfassung bei ihm findet."

Schon in den Monaten zuvor war Khomeinis Exil-Heimat Neauphle-le-Château bei Paris zu einem Wallfahrtsort geworden. Viele Exil-Iraner in Deutschland und Frankreich waren gegen den

Schah eingestellt. Viele junge Leute wurden regelrecht von einem religiösen Taumel ergriffen. Der strenge alte Imam mit seinen stechenden Augen, der sanften Stimme und der asketischen Lebensweise war zum Idol einer Revolution geworden. Vielen Iranern erschien Khomeini wie die Reinkarnation des indischen Freiheitshelden Mahatma Ghandi. Doch im Gegensatz zu dem Inder predigte Khomeini keineswegs Gewaltlosigkeit. Er forderte: „Schlagt dieser Regierung die Faust ins Gesicht."

Um 9:39 Uhr Ortszeit betritt Khomeini zum ersten Mal seit über 14 Jahren wieder iranischen Boden. Der erste Weg führt ihn vom Flughafen zum Zentralfriedhof von Teheran. Die Strecke dorthin ist von Massen von Anhängern blockiert. So fliegt Khomeini in einem Hubschrauber der Armee die kurze Strecke zum Friedhof im Süden Teherans. In diesem Teil der Millionenstadt leben seine Anhänger. Es sind die sozial deklassierten Schichten der iranischen Bevölkerung, denen die Reformen des westlich-orientierten Schahs unter dem Schlagwort „Weiße Revolution" viel zu weit gegangen sind. Sie leiden unter der Wirtschaftskrise und unter der Korruption, die nur die Reichen reicher gemacht hat. Der leer stehende Palast von Schah Reza befindet sich im grünen Norden von Teheran. Dort, wo das Klima aufgrund der Höhenlage gesünder ist, wo die schneebedeckten Gipfel des Elburs-Gebirges einen malerischen Hintergrund für die Villen der Oberschicht bilden.

Der Ort der ersten Rede Khomeinis ist bewusst gewählt. Er gedenkt der Opfer des politischen Kampfes gegen die Herrschaft von Schah Reza und wirft diesem vor, er habe nur die Friedhöfe ausgebaut. Dann kommt er zum wichtigsten Punkt seiner Rede. Um das Fundament der islamischen Revolution zu bauen, erklärt er, dass das Schah-Regime von Anfang an illegal gewesen sei.

Vordergründig sah es so aus, als verdankte Khomeini seine Rückkehr aus dem Exil den Menschen, die gegen das Schah-Regime gekämpft hatten. Die Geschichte hinter der Fassade verlief aber anders. Auf einer Konferenz Anfang Januar 1979 auf der französischen Karibikinsel Guadeloupe besiegelten der französische Präsident Valéry Giscard d'Estaing, der US-Präsident Jimmy Carter, der britische Premierminister James Callaghan und der deutsche Bundeskanzler Helmut Schmidt das Ende der Schah-Herrschaft. Die Konferenz wurde als informelles Treffen deklariert, um Fragen der internationalen Sicherheit und der Sicherung der Energieversorgung zu diskutieren. Die vier westlichen Spitzenpolitiker glaubten, das Pferd wechseln zu können und hofften auf die Gesprächsbereitschaft des Ayatollah, der im Pariser Exil lebte. Obwohl keine offiziellen Beschlüsse gefasst wurden, sollte der französische Präsident Kontakt zu ihm herstellen und die Frage eines Regierungswechsels in Teheran erörtern.

Zu diesem Zeitpunkt war der aus dem irakischen Exil im Oktober 1978 nach Frankreich abgeschobene Ayatollah Khomeini zur Leitfigur der Schah-Gegner geworden. Der konservative Geistliche ignorierte das Verbot politischer Betätigung und formte in Paris eine Allianz zwischen Teilen der religiösen Führer, der links-intellektuellen Opposition sowie den marxistisch-leninistischen und maoistischen Gruppierungen. So unterschiedlich die Ideologien der Schah-Gegner auch waren, so hatten sie doch ein gemeinsames Ziel: Die Monarchie zu stürzen. Der französische Präsident Giscard d'Estaing glaubte aus Geheimdienstberichten zu wissen, dass Schah Mohammad Reza Pahlavi nur noch wenig Rückhalt in der iranischen Bevölkerung hatte. Die durch Streiks und gewalttätige Auseinandersetzungen zwischen Opposition und Sicherheitskräften gelähmte iranische Wirtschaft würde sich erst mit einem Regimewechsel wieder erholen. Der selbst ernannte Schah auf dem „Pfauenthron" war jahrelang ein treuer Verbündeter des Westens gewesen, hatte den steten Fluss des iranischen Öls an amerikanische, britische und französische Konzerne garantiert und die Armee mit westlicher Militärhilfe hochgerüstet. Ende 1978 glaubten die westlichen Staatsmänner nicht mehr daran, dass der Schah die Kontrolle über sein Volk behalten könne. Teheran stand in Flammen, Geschäfte wurden geplündert, Banken – vorwiegend ausländische – in Brand gesteckt. Der Westen sah seine Interessen im Iran gefährdet. Der Schah wurde fallengelassen. Er sollte in ein komfortables Exil gehen.

Die Franzosen machten die USA für die Lage in Teheran verantwortlich. Washington hatte schließlich die Beziehungen zwischen dem Iran und dem Westen dominiert, den Schah zu einer Marionette ihrer Großmacht-Interessen gemacht. Nun rückte Amerika von einem seiner wichtigsten Verbündeten im Mittleren Osten ab und suchte verzweifelt nach einer politisch akzeptablen Alternative. Hätte es damals schon „Wikileaks" gegeben, so wäre das Telegramm des US-Botschafters William H. Sullivan schon viel früher bekannt geworden. Der Diplomat sandte seine Einschätzung der Lage unter dem Titel „Thinking the Unthinkable", also das „Undenkbare denken", nach Washington. Islamische Geistlichkeit und das Militär seien beide antikommunistisch eingestellt, wenn es gelänge diese beiden gegensätzlichen Machtblöcke zur Zusammenarbeit zu bewegen, könne Khomeini nach Teheran zurückkehren. Er würde einen Politiker der bürgerlichen Opposition zum Regierungschef vorschlagen, was wiederum von der Armeeführung akzeptiert werde.

Die Hoffnungen, Khomeini würde die westlichen Interessen als Dank für sein Asyl in Frankreich und die westliche Unterstützung berücksichtigen, wurde nicht von allen Experten geteilt. Der Sicherheitsberater des US-Präsidenten, Zbigniew Brzezinski, analysierte weitblickend: „Die Hauptgefahr, mit der sich der Westen hier auseinanderzusetzen hat, ist die zunehmende Macht des ‚islamischen Fundamentalismus', der von dem Hauptgegner des Schahs, Ayatollah Khomeini, über die Unruhen in der Türkei bis zu ähnlichen Strömungen auf der Arabischen Halbinsel und in Pakistan reicht. Dieser Gegner ist unberechenbar, von völlig anderer Dogmatik als der Kommunismus und durch seine fanatische Grundkomponente schwer zu fassen."

Mohammad Reza Pahlavi verließ am 16. Januar 1979 den Iran. Seine Abschiedsworte waren:

„Ich musste in Bezug auf die Unruhen, die es in unserem Land gibt, viel Geduld aufbringen. Jetzt bin ich müde und benötige dringend Ruhe und Erholung."

Nur neun Tage nach der Rückkehr Khomeinis kam es im Iran zu Kämpfen. Khomeini-Anhänger und Schah-Getreue insbesondere im Militär lieferten sich blutige Gefechte. Waffenlager wurden geplündert, auf den Straßen wurde geschossen. Einen Tag später erklärte sich die iranische Militärführung für „neutral". Damit war auch das Schicksal der im letzten Moment vom Schah eingesetzten Regierung unter Premierminister Schapur Bachtiar besiegelt. Auch diese Reformregierung konnte die Revolution nicht mehr stoppen. Der Regierungschef tauchte unter. Radio Teheran verkündete den Sieg der islamischen Revolution. Die Geistlichen organisierten binnen Stunden Scharia-Gerichtshöfe, Milizen und Revolutionswächter (Pasdaran).

Am 1. April 1979 rief der iranische Revolutionsführer Ayatollah Khomeini in der heiligen Stadt Khom die Islamische Republik Iran aus. Khomeini wurde Staatsoberhaupt auf Lebenszeit, Führer der Revolution und Oberster geistlicher Führer in Personalunion.

Margaret Thatcher

„Diese Regierung wird nicht nachgeben!"

Wir erleben jetzt schon ein bisschen länger als sieben Monate einen quälenden Streik. Lassen Sie mich absolut klarstellen, der Streik der Bergarbeiter wurde von der Regierung weder herbeigewünscht noch von uns organisiert.

… Wir haben heute bewegende Berichte von zwei Bergarbeitern gehört, die erzählt haben, was sie alles überstehen mussten, nur um ihre Arbeit zu verrichten. Die makellose Tapferkeit dieser und tausend anderer Männer, die die Bergbauindustrie am Leben erhalten, übersteigt jede mögliche Anerkennung. „Abschaum" und „Krätze" werden sie dafür von ihren früheren Arbeitskollegen beschimpft. Krätze? – Sie sind Löwen! Was für eine Tragödie, wenn streikende Bergarbeiter so ihre Freunde und Kollegen angreifen. Sie sind doch Mitglieder in derselben Gewerkschaft und die arbeitenden Bergleute sichern auch die Zukunft der Streikenden. Denn es sind die arbeitenden Bergleute, ob Nottinghamshire, Derbyshire, Lancashire, Leicestershire, Staffordshire, Warwickshire, North Wales oder Schottland, die das Vertrauen derjenigen erhalten, die unsere Kohle kaufen und ohne deren Kundentreue tausende und abertausende Arbeitsplätze in der Bergbauindustrie längst verloren wären …

… Das hier ist ein Streit über das Recht auf Arbeit für jene Personen, denen das Recht auf Abstimmung verweigert wurde. Wir dürfen niemals vergessen, dass die überwältigende Mehrheit der Gewerkschafter, einschließlich vieler streikender Bergleute, tief bedauert, was hier im Namen der Gewerkschaftsbewegung angerichtet wurde. Wenn eines Tages dieser Streik beendet wird –

und eines Tages wird er vorbei sein –, dann müssen wir alles Menschenmögliche unternehmen, um eine verantwortungsbewusste und gemäßigte Gewerkschaftsbewegung zu gründen, damit diese wieder einen anerkannten und wertvollen Platz im Leben unserer Industriegesellschaft einnehmen kann.

... Wir haben in diesem Land den Aufstieg einer gut organisierten revolutionären Minderheit erlebt, die bereit ist, Arbeitskonflikte zu instrumentalisieren, aber deren wahres Ziel der Zusammenbruch von Recht und Ordnung und die Vernichtung einer demokratischen parlamentarischen Regierung ist ...

... Wenn wir erlauben, dass diese Taktiken erfolgreich sind, wenn diese Aktionen nicht unter die Kontrolle des Rechts gebracht werden, dann werden diese Methoden von den militanten Gewerkschaftsführern bei jedem anderen Arbeitskonflikt im ganzen Land angewendet werden ...

... Das Prinzip des demokratischen Wandels hat es immer gegeben, gerade bei uns, dem Geburtsland der Demokratie. Aber demokratischer Wechsel hat immer an der Wahlurne zu erfolgen. Es scheint, dass es einige darauf anlegen, jede ordnungsgemäß gewählte Regierung zu zerstören. Sie streben danach, das Regelwerk von Gesetz und Ordnung zu zerschlagen. Das haben wir während dieses Streiks erlebt. Und welchem Recht widersetzen sie sich?

Es ist das Recht und das Gesetz, das von furchtlosen Richtern über die Jahrhunderte hinweg geschaffen wurde. Es ist eine Gesetzgebung, geprüft und verabschiedet von einem Parlament eines freien Volkes, gewählt alle fünf Jahre in geheimer Wahl, ein Bürger, eine Stimme. So werden bei uns Gesetze gemacht. Und deshalb ist die britische Justiz überall in der Welt respektiert ...

... Die Nation sieht der wahrscheinlich schwierigsten Krise unserer Zeit entgegen, dem Kampf zwischen Extremisten und der Mehrheit. Wir kämpfen, wie wir immer gekämpft haben, für die Schwachen und für die Starken. Wir kämpfen für eine gute und gerechte Sache. Wir verteidigen das Recht gegen die Macht derer, die es herausfordern. Diese Regierung wird nicht nachgeben.

Diese Nation wird die Herausforderung bestehen. Die Demokratie wird siegen!

Die britische Premierministerin Margaret Thatcher auf dem Parteitag der Konservativen in Brighton am 12. Oktober 1984

*

Margaret Thatcher ging als die „Eiserne Lady" in die britische Geschichte ein. Die erste Frau im Amt des Premierministers verschaffte sich Respekt durch ihre unnachgiebige Haltung, auch wenn sie ihre zahlreichen politischen Gegner als Feindbild empfanden und sie durchaus auch mit Hass verfolgten. Thatcher verdiente sich das Adjektiv „eisern". Ihre harte Haltung im sogenannten „Miners' Strike" veränderte Großbritannien, brach die Macht der starken Gewerkschaften und schuf die politischen Voraussetzungen für eine umfangreiche Liberalisierung von Staat und Gesellschaft.

Thatcher schrieb tatsächlich Geschichte. Sie verschob die Parameter der europäischen und, gemeinsam mit US-Präsident Ronald Reagan, auch der amerikanischen Wirtschaftspolitik. Ihr sozialdemokratischer Nach-Nachfolger Tony Blair vollendete den Umbau der britischen Gesellschaft. Er baute auf jenen Strukturen auf, die Thatcher erst ermöglicht hatte.

Im März 1984 forderten Großbritanniens Kumpel die konservative „Eiserne Lady" politisch heraus.

„Es war wie ein Bürgerkrieg": Unter diesem Titel erinnert die britische „Times" an den vor gut 25 Jahren ausgerufenen Bergarbeiterstreik, der unter anderem als Wendepunkt für die Arbeiterbewegung in die Geschichte eingegangen ist.

Der nach der Bekanntgabe von umfangreichen Schließungsplänen für die britischen Bergwerke erfolgte „Miners' Strike" markiert den gewaltsamen Höhepunkt in dem bereits zuvor ausgetragenen erbitterten Duell zwischen den Gewerkschaften und der konservativen Premierministerin. Der Konflikt hatte hohen Symbolcharakter und wurde zum entscheidenden Kampf der Linken mit der konservativen Regierung. Es konnte nur einen Sieger geben.

Die Begleitumstände der Rede von Margaret Thatcher waren mindestens so dramatisch wie die politische Lage. Am frühen Morgen des 12. Oktober erschütterte eine Bombenexplosion das exklusive Grand Hotel in Brighton, einem alten englischen Seebad an der Südküste. Die Attacke der IRA auf das Hotel galt der Premierministerin und ihren engsten Beratern persönlich. Thatcher selbst blieb unverletzt, fünf Menschen wurden getötet, zahlreiche andere – darunter Regierungsmitglieder – wurden schwer verletzt. Die irische Terrorgruppe IRA bekannte sich zu diesem Attentat mit einer 15 Kilogramm schweren Bombe, die Teile des viktorianischen Hotels zerstörte.

Die Premierministerin nützte diesen gescheiterten Mordanschlag, um Kaltblütigkeit zu demonstrieren. Sie weigerte sich, den Beginn des konservativen Parteitags zu verschieben, und begann pünktlich mit ihrer Rede, die zu einer Abrechnung mit den Terroristen und den Gewerkschaften wurde. Beiden Gruppen unterstellte sie, eine demokratisch gewählte Regierung stürzen zu wollen. In der impliziten Gleichsetzung von IRA-Gewalt und Gewerkschaften in Zusammenhang mit dem Streik der Bergarbeiter schwächte Thatcher die Position der Gewerkschaften entscheidend. Die Arbeitnehmervertretung wurde Opfer der eigenen Radikalisierung.

Der Bergarbeiterstreik war als Machtprobe zwischen der Gewerkschaft und der konservativen Regierung angelegt. Den entscheidenden Zündfunken gab die Ankündigung, die Zeche Cortonwood in Yorkshire zu schließen. Insgesamt wollte die staatliche Bergbaugesellschaft „British Coal" rund 20 unrentable Zechen sperren. Dadurch wären 20.000 Bergleute arbeitslos geworden.

Die „National Union of Mineworkers" (NUM) unter der Führung von Arthur Scargill galt als das Rückgrat der britischen Gewerkschaftsbewegung. Die Bergarbeiter hatten bereits zwei

Mal durch die Lahmlegung der Kohle- und Energieversorgung eine Regierung zum Einknicken gebracht und 1974 das Kabinett von Edward Heath gestürzt.

Dabei übersah die Bergarbeitergewerkschaft aber einen strukturellen Wandel in der Gesellschaft und in der Arbeiterschaft. Die Bedeutung der Kohleförderung – einst überragend für das britische Wirtschaftssystem – war seit 1945 deutlich zurückgegangen. Die Zahl der Bergarbeiter sank von mehr als einer Million auf 200.000 Beschäftigte.

Nach dem Sieg im Falklandkrieg hatte Margaret Thatcher die Unterhauswahlen 1983 deutlich gewonnen, nun wagte sie den offenen Konflikt mit den Gewerkschaften, die sie als Staatsfeinde („enemy within") bezeichnete und bekämpfte. Die konservative Regierung bereitete sich über Jahre auf den Konflikt mit den Bergarbeitern vor. Kraftwerke wurde umgebaut, Transportwege geändert und die Abhängigkeit Großbritanniens von Kohle als primärem Energieträger zugunsten des Nordseeöls und der Atomkraft verringert.

Nachdem die Bergleute in Yorkshire am 6. März 1984 die Arbeit niederlegten und nicht mehr in die Zechen einfuhren, schlossen sich in den kommenden Tagen weitere Kumpel in Durham, Kent und später in Süd-Wales der Streikbewegung an.

Doch von Anfang an litt die Streikbewegung unter internen Konflikten, einige Zechen arbeiteten weiter, Streikposten versuchten, arbeitswillige Bergarbeiter zu behindern. Es kam unter den Bergleuten zu erbitterten Auseinandersetzungen. Auch andere Gewerkschaften schlossen sich dem Streik an, doch bei Weitem nicht alle. Umstritten und heiß diskutiert war die Frage, ob es zu einer landesweiten Urabstimmung über den Streik kommen solle. Die Gewerkschaftsführung unter Arthur Scargill lehnte dies ab und setzte sich damit dem Vorwurf der Regierung aus, undemokratisch zu handeln. Es kam sogar zu einer Spaltung der NUM, Scargill wurde offen wegen seiner klassenkämpferischen Rhetorik kritisiert.

Der polternde und selbstherrliche Scargill entpuppte sich als ideales Feindbild für die „konservative Revolution" Margaret Thatchers. Sie attackierte den Bergarbeiter-Führer als „faschistischen Linken". Er beschimpfte die Premierministerin als „Plutonium-Blonde" und träumte vom außerparlamentarischen Sturz der Regierung.

Die oppositionelle Labour-Partei unterstützte den Arbeitskampf der militanten Bergarbeitergewerkschaft nur halbherzig, auch der Gewerkschaftskongress TUC brauchte fünf Monate, ehe er über den Streik diskutierte.

Die Regierung Thatcher nützte die wenig geschlossene Haltung ihrer Gegner und machte einzelnen Gewerkschaftsgruppen finanziell verlockende Angebote. Gleichzeitig ging die Polizei massiv gegen Streikende vor, die Bergwerke belagerten und Arbeitswillige am Einfahren in die Schächte hindern wollten. Es kam wiederholt zu Konflikten mit den Ordnungskräften. Massenschlägereien zwischen Polizisten, Streikenden und Streikbrechern führten zu bürgerkriegsähnlichen Szenen. Insgesamt kamen zehn Menschen bei den Ausschreitungen ums Leben. Die Bilder von Gewalt und Protest prägten die Rezeption des Streiks in der Öffentlichkeit. Britische Boulevard-Zeitungen schlugen sich auf die Seite der Regierung. Die Bergarbeiter bekamen das Stigma der Radikalität aufgebrannt.

Das Scheitern des Bergarbeiterstreiks machte deutlich, dass die konservative britische Regierung bei ihren Reformvorhaben nicht mehr auf einen Konsens mit der Gewerkschaft setzen musste. Thatcher konnte daher ihr ideologisches und politisches Ziel, den Staat zurückzubauen, die Staatsausgaben drastisch zu reduzieren und die Inflationsrate zu senken, ansteuern. Historiker werten den für Thatcher erfolgreich ausgetragenen fast einjährigen Kampf mit der Bergarbeitergewerkschaft als Entscheidung, der die Gewerkschaftsmacht gebrochen und den Umbau Großbritanniens im Sinne der neoliberalen Wirtschaftsordnung ermöglicht hat. So sank der Organisationsgrad der britischen Gewerkschaften von deutlich über 50 Prozent innerhalb weniger Jahre auf ein Drittel der Beschäftigten. Zahlreiche gesetzliche Vorgaben regelten das Streikrecht in Großbritannien neu, erzwangen die regelmäßige Wiederwahl von Gewerkschaftsvorsitzenden und legten genaue Regeln für Streikbeschlüsse der Gewerkschaften fest.

Damit wäre der Bergarbeiterstreik am Beginn eines Vierteljahrhunderts liberaler Wirtschaftspolitik gestanden, das erst mit der Weltwirtschaftskrise im Zuge der Finanzkrise der Jahre 2008/2009 zu Ende ging.

Der Bergarbeiterstreik und seine filmische Aufarbeitung gingen auch in die Kultur- und Sozialgeschichte Großbritanniens ein. Der Film „Billy Elliot – I Will Dance" zeichnet ein berührendes Bild der Konflikte zwischen Streikenden und Streikbrechern, zwischen der Notwendigkeit, Geld für die Familie zu verdienen, und einem proletarischen Ehrbegriff der Bergleute. Diese Konflikte wurden in den Familien ausgetragen, zerstörten Freundschaften und Gemeinschaften.

Margaret Thatcher konnte den Sieg im Bergarbeiterstreik als Bestätigung für ihre kompromisslose Haltung deuten. Die Macht der Gewerkschaften war gebrochen, die Polarisierung hatte sie gestärkt und die Labour-Partei weiter geschwächt. Doch auch für die britischen Sozialdemokraten sollte sich Jahre später die Trennung von den radikalen Gewerkschaften als gangbarer Weg zur Wiedererlangung der Mehrheit erweisen.

Tony Blairs „New Labour" positionierte die britische Sozialdemokratie in der gesellschaftlichen Mitte, drängte die konservativen Tories weiter nach rechts und damit für viele Jahre in die Opposition.

Ronald Reagan

„Mister Gorbatschow, reißen Sie diese Mauer nieder!"

Wir amerikanischen Präsidenten kommen nach Berlin, weil es unsere Pflicht ist, hier auf diesem Platz der Freiheit zu reden. Aber ich gestehe, dass wir auch von anderen Gründen angezogen werden, vom Gefühl der Geschichte einer Stadt, die 500 Jahre älter ist als die Geschichte meiner Nation, angezogen von der Schönheit Grunewalds und des Tiergartens, aber am stärksten angezogen von ihrem Mut und ihrer Festigkeit. Vielleicht hat der Komponist Paul Lincke ein bisschen etwas von der Denkweise amerikanischer Präsidenten verstanden. Sie sehen, wie viele amerikanische Präsidenten zuvor, bin auch ich heute hierher gekommen. Und wohin ich auch immer gehe, was immer ich auch tue: „Ich habe noch einen Koffer in Berlin!"

Hinter mir steht die Mauer, die den freien Teil der Stadt einkreist, Teil eines riesigen Systems von Sperranlagen, die den gesamten europäischen Kontinent teilen. Von der Ostsee zerschneidet diese Barriere ganz Deutschland, eine klaffende Wunde aus Stacheldraht, Beton und Wachtürmen. Weiter im Süden stehen zwar keine sichtbaren Mauern, aber auch dort stößt man auf dieselben bewaffneten Grenztruppen und die Kontrollstellen. Sie stellen eine Behinderung des Rechts auf freie Aus- und Einreise dar und sind ein Instrument, um einfachen Männern und Frauen den Willen eines totalitären Regimes aufzuzwingen.

Nichtsdestotrotz ist hier in Berlin diese Mauer am deutlichsten sichtbar und spürbar. Sie zerschneidet eine Stadt. Zeitungsfotos und Fernsehbilder haben diese brutale Teilung eines Konti-

*nents ins Gedächtnis der Welt geprägt. Hier vor dem Branden-
burger Tor ist jeder Einzelne ein Deutscher, der von seinen Landsleuten getrennt wird, und ein Berliner, der gezwungen wird, auf
eine hässliche Narbe zu blicken.*

*Und nun dürften selbst die Sowjets, in eingeschränktem Maß
freilich, den Wert und die Bedeutung der Freiheit erkennen. Wir
hören viel aus Moskau über eine neue Politik der Reform und der
Offenheit. Einige politische Häftlinge wurden aus dem Gefängnis
entlassen. Ausländische Rundfunkprogramme werden nicht mehr
gestört. Einige Wirtschaftsunternehmen dürfen mit größerer Freiheit von Staatskontrolle arbeiten. Ist das der Beginn wirklich
grundlegender Änderungen im Sowjetstaat? Oder sind diese Ges-
ten gedacht, um im Westen falsche Hoffnungen zu erwecken und
das sowjetische System zu stärken, ohne es zu ändern? Wir begrü-
ßen den Wandel und die neue Offenheit, weil wir davon überzeugt
sind, dass Freiheit und Sicherheit zusammengehören, weil der Fortschritt menschlicher Freiheit den Weltfrieden stärken wird.*

*Die Sowjetunion könnte ein unmissverständliches Zeichen
setzen, das unser Anliegen von Frieden und Sicherheit dramatisch
stärken würde: Generalsekretär Gorbatschow, wenn Sie wirklich
den Frieden wollen, wenn Sie wirklich Wohlstand für die Sowjetunion und Osteuropa anstreben, wenn Sie wirklich das System li-
beralisieren wollen, dann kommen Sie hierher zu diesem Tor.*

Herr Gorbatschow, öffnen Sie dieses Tor.

*Herr Gorbatschow – Herr Gorbatschow, reißen Sie diese
Mauer nieder!*

US-Präsident Ronald Reagan am 12. Juni 1987 vor dem Brandenburger Tor in Westberlin

*

Ronald Reagans Rede vor dem Brandenburger Tor in Westberlin
erhält ihre wahre Bedeutung im Rückspiegel. 28 Monate nach der

Ansprache des US-Präsidenten fiel die Mauer in der Nacht vom 9. auf den 10. November 1989.

Der amerikanische Präsident wollte ursprünglich im Rahmen seiner Europa-Tour Berlin gar nicht besuchen. Geplant war nur eine Reise nach Rom und zu einem Weltwirtschaftsgipfel nach Venedig. Aber die deutsche Bundesregierung machte Druck. Zur 750-Jahr-Feier von Berlin sollten nicht nur die englische Königin und der sowjetische Staats- und Parteichef nach Berlin kommen. So wurde ein kurzer Zwischenstopp Reagans in Berlin vereinbart.

Peter Robinson, Mitarbeiter im Weißen Haus und Verfasser der Reden des amerikanischen Präsidenten, hat die Geschichte der vier Worte „tear down this wall!" 20 Jahre später in seinem Buch „How Ronald Reagan Changed My Life" beschrieben.

Geplant war eine Rede von Ronald Reagan an der Berliner Mauer, die Symbolik war gewünscht, bewusst sollte an die berühmte Ansprache von John F. Kennedy erinnert werden.

Reagans Berater wurden allerdings im Vorfeld von amerikanischen Diplomaten gewarnt. Die Berliner seien ein überaus kritisches, intellektuelles Publikum, es gäbe starke Linkskräfte in der Bevölkerung, die Westberliner hätten sich an diese Absperrung quer durch die Stadt gewöhnt, sie wäre Teil Berlins geworden.

Peter Robinson erinnert sich, dass er bei seinem Vorbereitungsbesuch in Berlin mit einem US-Militärhubschrauber einen Rundflug über die Stadt gemacht habe. Dabei sei ihm der Unterschied zwischen West und Ost förmlich ins Auge gesprungen. Aus der Luft sei erst sichtbar geworden, wie die Mauer Westberlin eingekreist und eingeschnürt habe.

Redenschreiber Robinson war damals zu einem Abendessen bei Dieter und Ingeborg Elz eingeladen. Im Kreise einer Berliner Gesellschaft machte Robinson seine eigene Feldforschung. Er fragte, ob es tatsächlich stimme, dass sich die Berliner an die Mauer gewöhnt hätten. Die Antworten waren klar: Niemals.

An diesem Abend entschied sich Peter Robinson, in seine Rede für den amerikanischen Präsidenten eine massive Forderung zum Abbau der Mauer einzufügen.

Worte, die glaubwürdig und spontan kommen, sind oft wochenlang vorbereitet und auf ihre Wirkung getestet. Peter Robinson, der am Hoover Institute der Stanford University gelehrt hatte, schrieb an mehreren Varianten einer Rede und er verwendete etliche Formulierungen für den einen Satz: „Mister Gorbatschow, bring down this wall" oder „Mister Gorbatschow, take down this wall".

Auch eine deutsche Version – in Anklang an Kennedys „Ich bin ein Berliner" – wurde erwogen und verworfen. Tony Dolan, Direktor jener Abteilung, die für Reagan die Reden schrieb, fand das ganze Manuskript schlecht. So musste Robinson weitere Varianten erproben, ehe schließlich Präsident Ronald Reagan selbst gefragt wurde. Ihm gefiel die Zeile „tear down this wall".

Die Macht eines amerikanischen Präsidenten mag groß sein, aber um das reden zu dürfen, was er sagen will, muss er kämpfen. Drei Wochen lang wurde der Text der geplanten Berlin-Rede im Außenministerium und dem Nationalen Sicherheitsrat diskutiert und heftig zerzaust. Den Diplomaten war die Forderung zu hart, zu unverblümt. Sie hätten lieber eine unverbindlichere Formel verwendet.

Peter Robinson: „Was das Außenministerium und der Nationale Sicherheitsrat wollten, war im Effekt so vage und so euphemistisch, dass jeder sofort erkennen konnte, der Präsident meint es ohnehin nicht so." Außenminister George Schultz persönlich wollte den Satz streichen.

Wenige Tage vor der Berliner Rede kam es in Rom zur entscheidenden Besprechung mit dem Präsidenten. Der Minister argumentierte, diese Forderung sei für Präsident Gorbatschow zu aggressiv. Reagans Berater Kenneth Duberstein bat den Präsidenten, die entscheidende Passage noch einmal zu lesen, und meinte, er sei Präsident, er müsse entscheiden. Reagan lächelte und sagte: „Let's leave it in." – „Lasst sie drinnen."

Mit diesem Satz forderte Reagan den sowjetischen Staatschef Michail Gorbatschow offen heraus. Die Berliner Mauer war das Symbol des Kommunismus und des Ostblocks geworden. Und Ronald Reagan besuchte Berlin gerade in einer Zeit erhöhter Spannungen zwischen Ost und West. Die USA hatten damit begonnen, Kurzstrecken-Raketen in Europa zu stationieren. Unter Präsident Reagan war das amerikanische Rüstungsbudget auf einen Rekordwert in Friedenszeit hochgeschnellt.

Als der US-Präsident am 12. Juni in Westberlin eintraf, wurde er in den Reichstag, direkt an der Mauer, geführt. Von einem Balkon aus betrachtete Reagan die Sperranlagen hinter dem Reichstagsgebäude. Seine Rede vor dem symbolträchtigen Brandenburger Tor hielt Reagan vor einer Schutzwand aus kugelsicherem Glas. Man wollte das Risiko ausschließen, dass Heckenschützen aus dem Osten den Präsidenten töten könnten.

Der ehemalige Schauspieler Reagan war ein begabter Redner. Er konnte mit seiner sonoren Stimme überzeugen. Er galt als „der große Kommunikator".

Die sowjetische Nachrichtenagentur TASS war von Reagans Rede nicht angetan. Sie kritisierte den Präsidenten als „Kriegshetzer". Dabei blieb eine unmittelbare Wirkung der Rede aus. In die Geschichte ging sie erst zweieinhalb Jahre später ein, im November 1989, als die Mauer wirklich stürzte.

Aber nicht Michail Gorbatschow hatte sie abgerissen, es waren die Bürger der DDR, die mit ihrem Freiheitswillen Wachtürme, Mauer, Stacheldraht und Todeszone zerstörten.

Ein großes Stück der Berliner Mauer erinnert heute in der „Ronald Reagan Presidential Library" im kalifornischen Simi Valley an die Rede des Präsidenten, die von der Geschichte bedeutend gemacht wurde.

Günter Schabowski

„Das tritt nach meiner Kenntnis ...
ist das sofort, unverzüglich"

Privatreisen nach dem Ausland können ohne Vorliegen von Voraussetzungen – Reiseanlässe und Verwandtschaftsverhältnisse – beantragt werden. Die Genehmigungen werden kurzfristig erteilt. Die zuständigen Abteilungen Pass- und Meldewesen der VPKÄ – der Volkspolizeikreisämter – in der DDR sind angewiesen, Visa zur ständigen Ausreise unverzüglich zu erteilen, ohne dass dabei noch geltende Voraussetzungen für eine ständige Ausreise vorliegen müssen. Ständige Ausreisen können über alle Grenzübergangsstellen der DDR zur BRD erfolgen ...

Auf die Zwischenfrage eines Journalisten: Ab wann tritt das in Kraft? Ab sofort?, antwortete Günter Schabowski:

Das tritt nach meiner Kenntnis ... ist das sofort, unverzüglich.

Günter Schabowski bei einer Pressekonferenz am 9. November 1989 in Berlin

*

Es war mehr Gestammel als Rede. Und dennoch veränderte Günter Schabowski am Abend des 9. November 1989 die Welt mehr als die meisten blendenden Rhetoriker. Das damalige Mitglied des Politbüros der SED (Sozialistische Einheitspartei Deutschlands) sorgte mit einer beiläufigen Bemerkung auf einer internationalen Pressekonferenz für eine Weltsensation. Nur wenige Minuten nach seinem Satz, der eine sofortige Öffnung der DDR-Grenzen in Aussicht stellte, begann die Mauer zwischen Ost und West zu bröckeln. Der scheinbar unbezwingbare „antifaschistische Schutzwall" wurde noch in der Nacht weggefegt. Die Mauer fiel – nach 28 Jahren ihrer Existenz. Das Ende der DDR und die Wiedervereinigung Deutschlands 44 Jahre nach dem Ende des Zweiten Weltkriegs geschahen nicht, sie passierten.

Es war eine Pressekonferenz, die die Welt veränderte und die Landkarten Europas – in der Folge – neu zeichnete. Nur wenige Pressekonferenzen des DDR-Politbüros verliefen so spannend, nur wenige Presseerklärungen wurden so genau analysiert. Es war kurz vor 19.00 Uhr, als der italienische Korrespondent der Nachrichtenagentur ANSA, Riccardo Ehrman, seinen geschichtsmächtigen Auftritt im Internationalen DDR-Pressezentrum in der Mohrenstraße – nahe dem heute herausgeputzten Gendarmenmarkt – hatte.

Peter Brinkmann, Journalist der „Bild"-Zeitung aus Hamburg, hatte auch einen Hinweis bekommen und war nach Berlin gereist: „Der Raum war brechend voll. Keiner wusste was. Keiner hatte überhaupt eine Spur von Ahnung. Aber alle hatten wir das Kribbeln: bloß dabei sein! Heute Abend ... irgendetwas bewegt sich!"

Riccardo Ehrman stellte am Ende der Pressekonferenz an Günter Schabowski eine Frage zum Reisegesetz. Und diese Frage kam durchaus nicht aus heiterem Himmel. Im Frühjahr 2009 enthüllte der Berliner „Tagesspiegel", dass der italienische Journalist einen Hinweis aus der DDR-Führungsspitze bekommen hatte. Nach eigenen Angaben soll ein ZK-Mitglied Ehrman gebeten haben, die Frage nach dem Reisegesetz zu stellen. Ein diesbezüglicher Gesetzesentwurf war vor etlichen Tagen vorgestellt worden.

Ehrman wird vom Berliner „Tagesspiegel" zitiert: „Eine Stunde vor der Pressekonferenz bin ich von einem hohen SED-Funktionär, einem Mitglied des Zentralkomitees, angerufen worden. Der Anruf ist aus dem ‚Unterseeboot', dem fensterlosen Büro des Chefs der amtlichen DDR-Nachrichtenagentur ADN, gekommen."

Der SED-Mann – Ehrman bezeichnet ihn als einen Freund aus seiner langjährigen Korrespondentenzeit in der DDR – habe ihn dringend gebeten, bei der Pressekonferenz nach dem Reisegesetz zu fragen.

Schabowski kramte in seiner Tasche und holte einen Beschlussvorschlag des DDR-Ministerrates hervor. In der Fernsehaufzeichnung der Pressekonferenz, die live in der DDR übertragen wurde, kann man hören, wie Schabowski die Informationen eher uninspiriert herunterliest. Es dauert eine Weile, bis die anwesenden Korrespondenten die Tragweite des eben Gehörten realisieren.

„Und deshalb haben wir uns dazu entschlossen, heute eine Regelung zu treffen, die es jedem Bürger der DDR möglich macht, über Grenzübergangspunkte der DDR auszureisen."

Peter Brinkmann will es genau wissen und unterbricht Schabowski: „Ab wann?", andere Journalisten sekundieren: „Wann tritt das in Kraft?"

Schabowski, etwas irritiert: „Sofort, unverzüglich."

In diesem Augenblick ist die Mauer gefallen. Auf dem Zettel, den Schabowski erhalten hatte, fehlte die Sperrfrist: 4 Uhr früh.

Der amerikanische Star-TV-Reporter Tom Brokaw berichtet in diesen Tagen von den Veränderungen in Europa. Die Amerikaner haben für den 9. November einen Satelliten-Übertragungswagen bestellt. Die Kamerapositionen sind beim Brandenburger Tor bezogen. Sogar einen Kamerakran haben die Amerikaner gemietet. Das Glück oder die Intuition sollten sich lohnen. Tom Brokaw verfolgt die Pressekonferenz und will anschließend Günter Schabowski interviewen.

In einer Dokumentation für „Spiegel TV" beschreibt der Amerikaner seine Erlebnisse: „Der Raum war wie ein Bienenstock. Dann faltete Schabowski das Papier, steckte es in seine Sakkotasche und verließ den Raum. Ich lief ihm mit meinem Kamerateam nach. In einem kleinen Raum trafen wir Herrn Schabowski, der total ruhig und gesammelt war. Ich fragte ihn, ob er das Papier noch immer habe und ob er es uns noch einmal vorlesen könne. Er nahm die Notiz aus seiner Tasche, setzte die Augengläser auf und las es noch einmal. Ich sagte, das bedeutet also, dass die Bürger aus dem Osten über die Mauer dürfen, überall, wo sie wollen. Schabowski sagte, sie sind nicht mehr gezwungen, die DDR über ein anderes Transitland zu verlassen. Sie können über die Grenze gehen. "

Wer aus dem innersten Führungszirkel der SED den Tipp gegeben haben könnte, ist bis heute unklar. Es dürfte aber der Chef der DDR-Nachrichtenagentur ADN, Günter Pötschke, gewesen sein. Der ADN-Chef hat an den Sitzungen des Zentralkomitees teilgenommen und war über die neue Reiseregelung informiert. Die SED war damals bereits innerlich zerrüttet. Immer weniger Funktionäre glaubten, den Status quo aufrechterhalten zu können. Günter Pötschke und Riccardo Ehrman waren gut bekannt. So wird wohl der Journalist einen Hinweis erhalten haben.

Günter Schabowski versichert, es hätte nicht der Nachfrage des Italieners bedurft. Er habe die sensationelle Nachricht bewusst für das Ende der Pressekonferenz aufgehoben. Er habe die Unterlagen ja dabei gehabt, um auf jeden Fall darüber zu informieren. Um die mögliche Brisanz der Mitteilung und die Aufmerksamkeit der Weltpresse zu mildern, wollte Schabowski die Nachricht ganz am Ende der Pressekonferenz unterbringen, fast wie beiläufig. Das ist dem ehemaligen Journalisten und SED-Politiker nicht ganz gelungen.

Die DDR-Führung hatte in den Tagen zuvor hektisch ein neues „Reisegesetz" vorbereitet. Nachdem der am 6. November veröffentlichte Entwurf eines neuen Reisegesetzes auf scharfe Kritik gestoßen war, beschloss das Politbüro des Zentralkomitees der SED am 7. November, eine Regelung für die ständige Ausreise vorzuziehen.

Gerhard Lauter, Oberst der Volkspolizei, war Leiter der Hauptabteilung Pass- und Meldewesen. Dieser „besonnene Mann" war von der kommunistischen Führung beauftragt worden, Regeln für die Ausreise zu erarbeiten: „Ich wusste, dass es dort große Probleme gibt, dass die Leute alle ins Ausland reisen wollen. Ich wusste, dass es Ausweise und Pässe gibt, aber hatte fachlich wenig Ahnung. Ich musste mich dort auf meine Mitarbeiter verlassen, und es stellte sich recht schnell heraus, dass im Wesentlichen politische Entscheidungen anstanden."

Die Entwürfe aus dem Politbüro erschienen Oberst Gerhard Lauter zu wenig weitgehend: „Das war eine Regelung für die ständige Ausreise. Das hätte bedeutet, dass ab 10. November jeder das Land für immer hätte verlassen können. Aber er hätte sagen müssen: Ich will für immer weg. Aber die, die hätten wiederkommen wollen, einfach mal ein Stück von der Welt sehen, oder ihre Verwandten besuchen oder was auch immer, oder auf dem Ku'damm spazieren, die hätten das nach wie vor nicht gedurft."

So ändert der Volkspolizist Lauter den Text einfach ab, eigenmächtig: Der überarbeitete Entwurf enthielt zusätzlich einen Passus zu Besuchsreisen und wurde am 9. November vom Politbüro bestätigt und in Richtung Ministerrat weitergeleitet.

In der Parteispitze fällt das niemandem auf, das Papier wird ohne Diskussion akzeptiert, eine Sperrfrist bis zum nächsten Morgen vereinbart. Davon aber weiß wiederum Günter Schabowski nichts, er ist in der Sitzung nicht anwesend. „Ich weiß noch mit Sicherheit, dass um 18.57 Uhr der Justizminister der DDR, Herr Heusinger anrief und einen Formulierungsvorschlag machte. Ich konnte ihn aber überzeugen, dass unsere Formulierung einfach sinnvoller war, und so bekam ich nicht mit, dass um 18.54 Uhr Günter Schabowski die Dokumente schon international vorgestellt hatte. Es war also noch nicht einmal in der Regierung der DDR beschlossen."

Wenige Minuten später verlässt Lauter sein Büro. Noch glaubt er, dass dank der Sperrfrist erst morgen die ersten Bürger ihre Reiseanträge stellen können. Der Volkspolizist geht mit seiner Frau ins Theater und versäumt die historische Stunde.

271

Nach der Öffnung des Eisernen Vorhangs zwischen Ungarn und Österreich ab dem Mai 1989 hatte sich der Druck in der DDR beinahe täglich aufgebaut und verstärkt. Ungarn hatte schon seit Monaten für seine Bürger Reisefreiheit eingeführt. Die kommunistischen Machthaber Ungarns sahen daher immer weniger Notwendigkeit, den Stacheldrahtzaun und die Wachtürme an ihrer Westgrenze zu Österreich um viel Geld zu erhalten, zu sanieren und zu bewachen. Daher hatte Ungarn mit dem Abbau der Grenzsperren begonnen – nicht geheim, aber doch sehr vorsichtig. Die ungarischen Kommunisten waren sich nicht sicher, wie der „große Bruder" in Moskau auf den Abbau des Eisernen Vorhangs reagieren würde. Doch Michail Gorbatschow konnte oder wollte die Tragweite der Ereignisse nicht kommentieren. Er ließ die Ungarn gewähren.

Als am 27. Juni 1989 der Stacheldraht im Beisein der Außenminister Gyula Horn und Alois Mock medienwirksam durchtrennt wurde, waren rund 150 Journalisten dabei. Sie lieferten endlich die Bilder, die später als Bildikone das Ende der Teilung Europas symbolisieren sollten.

Auch das (west)deutsche Fernsehen berichtete und hunderttausende DDR-Bürger sahen in den Abendnachrichten, dass die Grenze zum Westen via Österreich offen war. Im Sommer 1989 setzte eine große Reisewelle von DDR-Bürgern an den Plattensee ein. Nie war Ungarn als Reiseland beliebter. Zehntausende Trabanten und Wartburgs mit jungen DDR-Bürgern machten sich auf den Weg.

Noch war der Grenzübertritt von Ungarn nach Österreich für DDR-Bürger illegal, noch kontrollierten ungarische Grenzpolizisten und Soldaten, aber dennoch finden immer mehr Ostdeutsche Wege in den Westen.

Im August kommt es dann zum ersten Höhepunkt der Fluchtbewegung. Die konservative Paneuropa-Union unter dem Vorsitz von Kaisersohn Otto Habsburg hatte an der Grenze auf ungarischem Gebiet zu einem „Picknick" geladen. Es ist vereinbart, dass für einige Stunden die Grenze geöffnet wird, damit Österreicher am Paneuropa-Picknick teilnehmen können. So die offizielle Erklärung. Den ungarischen Behörden ist allerdings klar, dass es in umgekehrter Richtung zu Grenzübertritten kommen wird.

Am Plattensee werden tausende Einladungen für das Paneuropa-Picknick verteilt. Hunderte DDR-Bürger machen sich auf den Weg. Als der Grenzzaun geöffnet wird, beginnt eine Massenflucht. Mehr als 600 DDR-Bürger nützen die Gelegenheit und gehen nach Österreich.

Die ungarischen Grenzbeamten sind überfordert, sie schauen einfach weg. Walburga Douglas-Habsburg, die älteste Tochter Otto Habsburgs, hat beim Paneuropa-Picknick Grußworte ihres Vaters verlesen. Sie sagt 20 Jahre danach: Das Chaos war inszeniert, die ungarischen Behörden eingeweiht.

Für die DDR-Führung wird die Situation von Tag zu Tag schwieriger, ihre „Volksgenossen" erzwingen sich Reisefreiheit. Bis Anfang September sind tausende DDR-Bürger illegal über die Grenze zu Österreich gegangen. Am Abend des 10. September 1989 wurde im ungarischen Fernsehen in der Sendung „A Hét" („Die Woche") die Öffnung der Grenzen ab Mitternacht verkündet. Außenminister Gyula Horn festigte mit diesem Auftritt seinen Ruf, der Urheber der Grenzöffnung zu sein, dabei war es Ministerpräsident Miklós Németh, der den Boden für die Grenzöffnung seit Monaten bereitet hatte.

Die ungarische Ankündigung kam auch für die DDR-Führung nicht mehr überraschend. Die Genossen in Ostberlin hatten in den Tagen vor dem 10. September noch alles versucht, die Grenzöffnung zu verhindern, und Druck auf ihre ungarischen Parteifreunde gemacht.

Noch am Freitagabend hatte der DDR-Staats- und Parteichef Erich Honecker einen Brief an seine ungarischen Kollegen geschrieben. Der Ton des Briefes wurde von Gyula Horn als „unverschämt" bezeichnet. Wirkung hatte er keine mehr.

Ab Mitternacht des 11. September gingen die Grenzbalken auf. In Hegyeshalom hatten sich schon lange Schlangen vor der Grenzstation gebildet. Kilometerlang stauten sich die Trabis und Wartburgs. Die Fernsehbilder jubelnder DDR-Bürger, die in die Kameras „Freiheit, endlich frei" riefen, wurden direkt in die Wohnzimmer der DDR übertragen. Und taten dort ihre Wirkung.

In den ersten Tagen der Grenzöffnung zwischen Ungarn und Österreich kamen 13.674 DDR-Bürger in den Westen. Bis zur Maueröffnung sollten es rund 50.000 „Republiksflüchtlinge" (DDR-Jargon) sein.

Die Deutsche Demokratische Republik reagierte auf das offene Tor Richtung Westen, indem sie die orthodoxen Kommunisten in der Tschechoslowakei veranlasste, ihrerseits die Grenzen zum „Bruderland" Ungarn dicht zu machen. Diese Maßnahme führte dann zur Besetzung der Botschaft der Bundesrepublik Deutschland in Prag und Warschau. Tausende DDR-Bürger klettern über die hohen Gitterzäune der Botschaft und campieren im Garten des Geländes. Die Ereignisse spitzen sich dramatisch zu.

In Berlin wird der greise SED-Führer Erich Honecker gestürzt, seine Nachfolger versuchen mit einem neuen Reisegesetz, die Kontrolle zu behalten. Wie die Geschichte gezeigt hat: zu spät.

Die Nachricht von der neuen Reisefreiheit verbreitet sich blitzartig. Das (West-)Fernsehen berichtet: „die Mauer ist offen". Tausende Ostberliner marschieren zu den Grenzübergängen und verlangen die sofortige Öffnung der Tore. Zu diesem Zeitpunkt sind weder die Grenztruppen noch die zuständigen Passkontrolleinheiten des Ministeriums für Staatssicherheit informiert.

Um den großen Druck der Menschenmassen zu mindern, wird am Grenzübergang Bornholmer Straße um 21.20 Uhr den ersten Ostdeutschen erlaubt, nach Westberlin auszureisen. Dabei werden die Personalausweise ungültig gestempelt. Eigentlich ist die Ausreise auch mit der Ausbürgerung verbunden. Doch die Geschichte kümmert sich nicht mehr um Bürokratie. Unter dem Druck der Menschen kapituliert das System. Oberstleutnant Harald Jäger wird zum Helden des Tages. Er stellt eigenmächtig die Grenzkontrollen ein und öffnet den Übergang. Innerhalb von 45 Minuten strömen 20.000 Ostberliner in den Westen.

Der einstige SED-Spitzenfunktionär Günter Schabowski wird im August 1997 vom Berliner Landgericht zu drei Jahren Haft verurteilt. Die Richter urteilten, dass auch Schabowski zu den Verantwortlichen des menschenverachtenden Grenzregimes zwischen Ost und West gehörte. Doch der Politiker wird bald begnadigt und nach weniger als einem Jahr aus dem offenen Vollzug entlassen. Sein Versprecher hat auch ihm die Freiheit geschenkt.

Helmut Kohl

„Mein Ziel bleibt – wenn die geschichtliche Stunde es zulässt – die Einheit unserer Nation"

... was ich sagen möchte, ist ein Wort der Anerkennung und der Bewunderung für diese friedliche Revolution in der DDR. Wir erleben, dass eine solche Umwälzung sich zum ersten Mal in der deutschen Geschichte so gewaltlos, mit so großem Ernst und im Geist der Solidarität vollzieht. Dafür danke ich Ihnen allen sehr herzlich.

Es ist eine Demonstration für Demokratie, für Frieden, für Freiheit und für die Selbstbestimmung unseres Volkes. Und, liebe Freunde, Selbstbestimmung heißt für uns – auch in der Bundesrepublik –, dass wir Ihre Meinung respektieren. Wir wollen und wir werden niemanden bevormunden, wir respektieren das, was Sie entscheiden für die Zukunft des Landes.

Liebe Freunde, ich bin heute hierhergekommen zu den Gesprächen mit Ihrem Ministerpräsidenten, Hans Modrow, um in dieser schwierigen Lage der DDR zu helfen. Wir lassen unsere Landsleute in der DDR nicht im Stich.

Und wir wissen – und lassen Sie mich das auch hier, angesichts dieser Begeisterung, die mich so erfreut, sagen –, wie schwierig dieser Weg in die Zukunft ist. Aber ich rufe Ihnen auch zu: Gemeinsam werden wir diesen Weg in die deutsche Zukunft schaffen! ...

... Sie werden eine frei gewählte Regierung haben. Und dann ist der Zeitpunkt gekommen für das, was ich „konföderative Strukturen" genannt habe – das heißt: gemeinsame Regierungsausschüsse, gemeinsame Parlamentsausschüsse –, damit wir mit möglichst viel Gemeinsamkeit in Deutschland leben können.

Und auch das lassen Sie mich hier auf diesem traditionsreichen Platz sagen: Mein Ziel bleibt – wenn die geschichtliche Stunde es zulässt – die Einheit unserer Nation.

Liebe Freunde, ich weiß, dass wir dieses Ziel erreichen können und dass diese Stunde kommt, wenn wir gemeinsam dafür arbeiten – und wenn wir es mit Vernunft und mit Augenmaß tun, mit Sinn für das Mögliche. Es ist ein schwieriger Weg, aber es ist ein guter Weg; es geht um unsere gemeinsame Zukunft.

Ich weiß aber auch, dass dies nicht von heute auf morgen zu erreichen ist. Wir, die Deutschen, leben nun einmal nicht allein in Europa und in der Welt. Ein Blick auf die Landkarte zeigt, dass alles, was sich hier verändert, Auswirkungen auf unsere Nachbarn haben muss, auf die Nachbarn im Osten und auf die Nachbarn im Westen. Es hat keinen Sinn, nicht zur Kenntnis zu nehmen, dass uns auf unserem Weg viele mit Sorge und manche auch mit Ängsten betrachten.

Aus Ängsten aber kann nichts Gutes erwachsen. Wir müssen als Deutsche unseren Nachbarn sagen: Angesichts der Geschichte dieses Jahrhunderts haben wir Verständnis für manche dieser Ängste. Wir werden sie ernst nehmen. Natürlich wollen wir unsere Interessen als Deutsche vertreten. Wir sagen „Ja" zum Selbstbestimmungsrecht, das allen Völkern dieser Erde zusteht – auch den Deutschen.

Aber, liebe Freunde, wenn wir dieses Selbstbestimmungsrecht für die Deutschen verwirklichen wollen, dann dürfen wir auch die Sicherheitsbedürfnisse der anderen nicht außer Acht lassen. Wir wollen eine Welt, in der es mehr Frieden und mehr Freiheit gibt, die mehr Miteinander und nicht mehr Gegeneinander kennt.

Das „Haus Deutschland" – unser gemeinsames Haus – muss unter einem europäischen Dach gebaut werden. Das muss das Ziel unserer Politik sein. ...

Ich möchte hier vor Ihnen diesen Schwur erweitern, indem ich Ihnen zurufe: Von deutschem Boden muss in Zukunft immer Frieden ausgehen – das ist das Ziel unserer Gemeinsamkeit!

Aber, liebe Freunde, wahrer Friede ist ohne Freiheit nicht möglich. Deswegen kämpfen Sie, demonstrieren Sie für die Freiheit in der DDR, deswegen unterstützen wir Sie, und deswegen gehört Ihnen unsere Solidarität. ...

... Jetzt kommt es darauf an, dass wir diesen Weg in der Zeit, die vor uns liegt, friedlich, mit Geduld, mit Augenmaß und gemeinsam mit unseren Nachbarn weitergehen. Für dieses Ziel lassen Sie uns gemeinsam arbeiten, lassen Sie uns einander in solidarischer Gesinnung helfen.

Ich grüße hier von Dresden aus alle unsere Landsleute in der DDR und in der Bundesrepublik Deutschland. ...

Gott segne unser deutsches Vaterland!

Rede des deutschen Bundeskanzlers Helmut Kohl am 19. Dezember 1989 vor der Ruine der Frauenkirche in Dresden

*

Nach dem Fall der Berliner Mauer am 9. November 1989 und der Öffnung der innerdeutschen Grenzen reiste Bundeskanzler Helmut Kohl am 19. Dezember 1989 zu einem ersten Treffen mit dem Vorsitzenden des Ministerrates der DDR, Hans Modrow, nach Dresden.

Es wurden entscheidende Stunden für eine rasche Wiedervereinigung Deutschlands.

Denn der Mauerfall im November hatte zwar den Menschen in der DDR Reisefreiheit gebracht und die innerdeutsche Grenze geöffnet, die „Deutsche Frage" – also wie es in der DDR und wie es im geteilten Deutschland weitergehen solle – aber nicht beantwortet.

Helmut Kohl selbst wertet seinen Besuch in Dresden und seine improvisierte Rede als emotional entscheidendes Erlebnis auf dem Weg zur staatlichen Einheit. In seinen „Erinnerungen" schreibt der damalige Regierungschef der Bundesrepublik Deutschland: „Mein

Schlüsselerlebnis im Prozess der deutschen Wiedervereinigung war der Besuch in Dresden am 19. Dezember 1989. Als ich mit meinen Begleitern auf der holprigen Betonpiste des Flughafens Dresden-Klotzsche landete, wurde mir schlagartig bewusst: Dieses Regime ist am Ende. Die Einheit kommt!

Tausende von Menschen erwarteten uns auf dem Flughafen, ein Meer von schwarzrotgoldenen Fahnen wehte in der kalten Dezemberluft – dazwischen eine fast vergessene weißgrüne Fahne des Landes Sachsen. Als die Maschine ausgerollt war, stieg ich die Rolltreppe hinab und sah Modrow, der mich etwa zehn Meter davon entfernt mit versteinerter Miene erwartete. Da drehte ich mich zu Kanzleramtsminister Rudolf Seiters um und sagte: ‚Die Sache ist gelaufen.'

Zehntausende säumten die Straßen, als wir in die Stadt fuhren, ganze Belegschaften waren der Arbeit ferngeblieben, ganze Schulklassen standen hier und jubelten uns zu. Auf den Transparenten stand: ‚Kohl, Kanzler der Deutschen' oder: ‚Bundesland Sachsen grüßt den Kanzler'. Modrow, der neben mir im Auto saß, wirkte sehr befangen. Vor dem Hotel Bellevue wurden wir von einem Menschenmeer regelrecht eingeschlossen. Immer wieder wurde ‚Helmut, Helmut' gerufen, ‚Deutschland, Deutschland' oder ‚Wir sind ein Volk', aber auch, ich solle zu den Menschen sprechen."

Der Empfang in Dresden muss für Helmut Kohl eine große Genugtuung sein. Ihm war wiederholt die Einreise in die DDR verweigert worden. Beim DDR-Regime galt er als „unerwünschte Person". Er hatte etwa die Forderungen Honeckers nach Schließung der Zentralen Erfassungsstelle für DDR-Unrecht in Salzgitter oder nach Abschaffung der einen deutschen Staatsbürgerschaft immer zurückgewiesen. Und nun Jubel. Begeisterung, die die Menschen frei äußern konnten.

Kohl hatte nicht geplant gehabt, in der DDR zu den Menschen zu sprechen. Aber: Die vielen Tausend auf den Straßen machten Kohl bewusst, dass er seinen Besuch umplanen musste. Nachdem der Bundeskanzler entschieden hatte, eine Rede zu halten, schlug der Oberbürgermeister von Dresden, Wolfgang Berghofer, vor, Kohl könne vor der Ruine der Dresdner Frauenkirche sprechen. Mithilfe der Dresdner Stadtfunktionäre wurden Mikrofone, Lautsprecher und eine kleine Bühne organisiert.

Währenddessen verhandelt Kohl unter vier Augen mit dem DDR-Ministerpräsidenten im Hotel Bellevue. In wenigen Punkten ist man sich einig, klar ist beiden aber: Der Reformprozess in der DDR ist unumkehrbar. Und der ostdeutsche Politiker fordert dafür von seinem westdeutschen Kollegen Geld, viel Geld: 15 Milliarden D-Mark wollte die DDR-Führung allein für 1990/91 bekommen, als „Lastenausgleich". Kohl lehnt nicht nur den Begriff „Lastenausgleich" als unpassend ab, sondern weist zugleich darauf hin, dass er der Milliarden-Forderung nicht entsprechen wird. In der DDR müssten dafür erst die notwendigen Rahmenbedingungen geschaffen werden. Allerdings vereinbaren Kohl und Modrow als erste konkrete Hilfsmaßnahme, einen gemeinsamen Reisedevisenfonds in Höhe von zwei Milliarden D-Mark zu schaffen, die ERP-Kredite um zwei Milliarden D-Mark aufzustocken, den Kreditrahmen für Lieferungen in die DDR auf sechs Milliarden D-Mark sowie die Postpauschale um hundert auf dreihundert Millionen D-Mark zu erhöhen. Seitens der DDR werden die Abschaffung der Visumpflicht sowie des Zwangsumtausches und die Freilassung der politischen Häftlinge noch vor Weihnachten zugesagt.

Kohl und Modrow vereinbarten überdies, dass sie am 22. Dezember gemeinsam das seit fast 30 Jahren zugemauerte Brandenburger Tor, ein Symbol Berlins, ein Mahnmal für den „Kalten Krieg" und ein Zeichen für die Teilung des Landes, für Fußgänger öffnen wollten. Modrow zeichnete sogar auf einem Blatt Papier auf, wie die Öffnung des Brandenburger Tors inszeniert werden sollte.

Nach der Pressekonferenz mit mehr als tausend Journalisten zog sich Kohl mit seinen Vertrauten und Beratern Horst Teltschik, Eduard Ackermann und Juliane Weber in das Hotelzimmer im vierten Stock zurück. Er wollte sich dort auf die Rede vor der Frauenkirche vorbereiten. Draußen vor dem Fenster riefen noch immer tausende Menschen: „Helmut Kohl ans Fenster – ohne die Gespenster!"

Der damalige Bundeskanzler war, so berichtet er in seinen „Erinnerungen", innerlich angespannt. Er wusste, dass die Dresdner Rede eine der schwierigsten seines Lebens, wenn nicht die schwierigste überhaupt, werden würde. Ein Balanceakt auf einem schmalen Grat. Hier die Wünsche und Sehnsüchte einer viel tausendköpfigen Menge vor den Ruinen der Frauenkirche, auf der anderen Seite die Erwartungen und auch Befürchtungen in den Staatskanzleien von Paris, London, Moskau und auch Washington. Helmut Kohl: „Jeder falsche Zungenschlag wäre in Paris, in London oder in Moskau als nationalistisch ausgelegt worden. Ich musste auch unter allen Umständen vermeiden, die Emotionen aufzuwühlen und die Stimmung unter den Zehntausenden weiter anzuheizen."

Besondere Sorge hatten Kohl und seine Begleiter, dass es zu nationalistischen Exzessen kommen könnte. Man fürchtete, dass die Menschen statt der dritten Strophe die erste Strophe des „Deutschlandliedes" mit der Textzeile „Deutschland, Deutschland über alles" anstimmen würden. Die bundesdeutsche Hymne, die ja auf die Melodie des alten österreichischen „Kaiserliedes" von Joseph Haydn gesungen wird, verzichtet auf die erste und zweite Strophe des Gedichtes von August Heinrich Hoffmann von Fallersleben aus dem Jahre 1841.

Das hat historische Gründe. Zur Zeit des Nationalsozialismus wurde nur die erste Strophe gesungen, auf die das nationalsozialistische „Horst-Wessel-Lied" folgte. Und diese erste Strophe enthält ja einen großdeutschen Machtanspruch, der auch Österreich, Südtirol und weite Teile Polens einschließt („Von der Maas bis an die Memel, von der Etsch bis an den Belt"). Kohl wusste, dass die Weltöffentlichkeit auf Dresden und auf ihn blickte. Er wollte die Vorbehalte gegen ein wiedervereinigtes Deutschland auch – und vor allem – in London, in Paris und in Moskau keineswegs fördern. So kam der Bundeskanzler auf die Idee, den Generalvikar der Hofkirche zu Dresden um Hilfe zu bitten. Dieser erklärte sich bereit, einen Kantor zu schicken, der nach Kohls Vorstellung das alte Kirchenlied „Nun danket alle Gott" anstimmen sollte, falls irgendjemand aus der Menge anfinge, die erste Strophe des „Deutschlandliedes" zu singen.

Ein Kirchenlied sollte also Deutschlands Einheit „retten". Es kam aber ohnehin anders.

Nur mit seinen Notizen, die er mit schwarzem Filzstift auf ein DIN-A4-Blatt geschrieben hatte, drängte sich Kohl durch die Menschenmenge vor der Frauenkirche. Zehntausende Menschen füllten den vergleichsweise kleinen Platz im Zentrum Dresdens. „Ein wogendes Meer schwarzrotgoldener Fahnen umgab mich", schreibt Kohl in seinen „Erinnerungen": „Es war eine unglaubliche, emotionsgeladene, aber überhaupt nicht fanatische Stimmung." Der damalige Kanzler über seine Gefühle: „Als ich die Treppe zur Holztribüne hinaufstieg, spürte ich, welch große Hoffnungen und Erwartungen die Menschen in mich setzten." Kohl spricht die DDR-Bürger als „Landsleute" an, grüßt sie von den „Mitbürgern" in der Bundesrepublik Deutschland und erntet großen Jubel.

Der Auftritt des Kanzlers vor der Ruine der Dresdner Frauenkirche erweist sich als perfektes Angebot von Bild und Ton an die Hundertschaften von Journalisten aus aller Welt, die sich in Dresden aufhielten. Die Bilder, die in die Welt hinaus gingen, taten ihre Wirkung. Auch in Paris, London, Washington und Moskau sahen die Verantwortlichen jubelnde Menschen und wehende schwarzrotgoldene Fahnen. Philipp Zelikow und Condoleezza Rice, damals beide im engeren Stab des US-Präsidenten, haben den Effekt dieser Bilder treffend beschrieben: „Die begeisterte Teilnahme der Bevölkerung führte aller Welt den Willen der Ostdeutschen vor Augen." Der Besuch in Dresden markiert ein Schlüsselerlebnis für die DDR-Bevölkerung und für Helmut Kohl. Ihm wird dadurch deutlich, wie sehr das DDR-Regime am Ende war und wie sehr die Menschen die Einheit wollten. Statt innerer Reformen wird immer deutlicher die rasche Wiedervereinigung mit der Bundesrepublik gefordert. Dresden wird zum Symbol für diesen dynamischen Prozess. Das Konzept der zwei Staaten auf deutschem Boden zerbröselt. Helmut Kohl erkennt und erlebt den historischen Moment.

Bei aller Begeisterung – so der Kanzler in seinen Memoiren – seien die Menschen bis zum Ende seiner Rede besonnen geblieben: „Allerdings machte keiner Anstalten, den Platz zu verlassen. Da ereignete sich etwas, das wie das Signal zum Heimgehen wirkte. Eine ältere Frau stieg zu mir aufs Podium, umarmte mich, fing an zu weinen und sagte mit leiser Stimme: ‚Wir alle danken Ihnen!' Die Mikrofone waren noch eingeschaltet, und jeder konnte es hören. Nun strömten die Menschen auseinander." Sie hatten verstanden, dass ihre Sehnsucht nach dem gemeinsamen Vaterland jetzt Augenmaß und Vernunft erforderte.

Lange nach Mitternacht, so der Kanzler in seinen „Erinnerungen", lädt Kohl die kleine Delegation auf einen Umtrunk in sein Hotelzimmer im „Bellevue" ein. „Gemeinsam zogen wir ein erstes Resümee der zurückliegenden Stunden, und ich sagte noch einmal: ‚Ich glaube, wir schaffen die Einheit. Das läuft. Ich glaube, das ist nicht mehr aufzuhalten, die Menschen wollen das. Das Regime ist definitiv am Ende.'"

Auf dem Ostberliner Alexanderplatz, unweit vom DDR-„Palast der Republik", findet in diesen Tagen eine Demonstration gegen die Wiedervereinigung beider deutscher Staaten statt. Der neue Vorsitzende der SED-PDS, Gregor Gysi, verteidigt in einer Rede die Unabhängigkeit der DDR. Und in Westberlin kritisiert der Kanzlerkandidat der SPD, Oskar Lafontaine, die Vereinigungspolitik der Regierung Kohl.

Falsches politisches Urteilsvermögen schützt nicht vor einer weiteren politischen Karriere: 20 Jahre nach der Dresdner Rede von Kohl stehen Gysi und Lafontaine an der Spitze einer gesamtdeutschen Linkspartei.

Barack Obama

„Und nach dieser langen politischen Finsternis wird ein heller Tag anbrechen"

Mein Vater war ein Auslandsstudent, geboren und aufgewachsen ist er in einem kleinen Dorf in Kenia. Er wuchs als Ziegenhirte auf und ging in eine Wellblechhütte zur Schule. Sein Vater, mein Großvater, war Koch, ein Hausdiener im Dienste der Briten. Aber mein Großvater hatte größere Träume für seinen Sohn. Durch harte Arbeit und durch Hartnäckigkeit erhielt mein Vater ein Stipendium, um an einem magischen Ort zu studieren: in Amerika, einem Land, das für so viele vor ihm ein Leuchtfeuer der Freiheit und der Chancen war. Während des Studiums lernte mein Vater meine Mutter kennen. Sie war in einer Stadt auf der anderen Seite der Welt geboren: in Kansas …

… Meine Eltern teilten nicht nur eine unvergleichliche Liebe, sie teilten auch den unerschütterlichen Glauben an die Fähigkeiten dieser Nation. Sie gaben mir einen afrikanischen Namen, Barack, was so viel wie „Gesegneter" bedeutet. Sie waren überzeugt, dass in einem toleranten Amerika ein Name kein Hindernis für Erfolg darstellt …

…Und heute stehe ich hier in Dankbarkeit für die Vielfältigkeit meines Erbes und ich bin mir bewusst, dass die Träume meiner Eltern in meinen zwei kostbaren Töchtern weiterleben …

Ich stehe hier und weiß, dass meine Geschichte Teil der größeren amerikanischen Geschichte ist. Ich stehe in der Schuld all jener, die vor mir geboren wurden, und ich bin überzeugt, dass in keinem anderen Land der Welt meine Lebensgeschichte auch nur ansatzweise vorstellbar gewesen wäre …

Das ist die wahre Größe Amerikas, der Glaube an einfache Träume, das Bestehen auf die „kleinen Wunder": die Tatsache, dass wir am Abend die Türe zum Kinderzimmer schließen können und zu wissen, dass sie nicht hungrig sind, etwas anzuziehen haben und wir sie vor Leid schützen können.

Dass wir sagen können, was wir denken, dass wir schreiben, was wir meinen, ohne ein bedrohliches Klopfen an unserer Haustüre befürchten zu müssen.

Dass wir mit einer Idee ein eigenes Unternehmen gründen können, ohne zuerst Schmiergeld zahlen zu müssen.

Dass wir uns politisch engagieren dürfen, ohne Repressalien befürchten zu müssen, und dass unsere Stimmen gezählt werden – zumindest bei den meisten Wahlen ...

... wenn es nur ein Kind in der Southside von Chicago gibt, das nicht lesen kann, dann betrifft es mich, auch wenn es nicht mein Kind ist.

Wenn irgendwo ein älterer Mensch lebt, der seine Arztrechnung nicht zahlen kann und zwischen seiner Medizin und der Miete entscheiden muss, macht dies auch mein Leben ärmer, auch wenn es sich nicht um meine Großeltern handelt.

Wenn irgendwo eine arabischstämmige Familie verhaftet wird, ohne dass sie Hilfe durch einen Anwalt für ein faires Verfahren erhält, dann gefährdet das auch meine Bürgerrechte.

Das ist mein fundamentaler Glaube – mein fundamentaler Glaube. Ich bin auch der Hüter meines Bruders und ich bin auch der Hüter meiner Schwester. Dieser Glaube, diese Haltung ist notwendig, damit dieses Land funktioniert.

Es ist genau das, was uns erlaubt, unsere individuellen Träume zu verfolgen und dennoch als eine große amerikanische Familie zusammenzukommen: „E pluribus unum". Einheit aus Vielfalt ....

... Heute Abend sage ich, es gibt kein liberales Amerika und kein konservatives Amerika. Wir sind die Vereinigten Staaten von Amerika. Es gibt kein schwarzes und kein weißes Amerika, kein

Amerika der Latinos und kein Amerika der Asiaten. Wir sind die Vereinigten Staaten von Amerika ....

Ich spreche über etwas wirklich Wesentliches. Es ist die Hoffnung der Sklaven, die sich rund um ein Feuer versammelt haben und Lieder über die Freiheit sangen. Es ist die Hoffnung von Auswanderern, die sich auf die Reise zu fernen Gestaden machen. Es ist die Hoffnung eines jungen Marineleutnants, der tapfer in der Mündung des Mekongdeltas patrouilliert. Die Hoffnung des Sohnes eines Stahlarbeiters, der den widrigen Lebenschancen die Stirn bietet. Es ist die Hoffnung eines mageren Kindes mit einem komischen Namen, das hofft, Amerika werde schon einen Platz für ihn finden.

Hoffnung angesichts von Schwierigkeiten, Hoffnung im Angesicht von Unsicherheit, der Mut zur Hoffnung. Unterm Strich ist das das größte Geschenk Gottes an uns, das Fundament dieser Nation: der Glaube an ungeahnte Möglichkeiten, der Glaube, dass bessere Zeiten vor uns liegen ...

Wenn Amerika heute Abend dieselbe Energie spürt, die ich fühle, wenn Amerika dieselbe Kraft und dieselbe Leidenschaft spürt, die ich fühle, wenn ihr die Hoffnung spürt, wenn wir tun, was wir tun müssen, dann zweifle ich nicht daran, dass sich die Menschen über das ganze Land hinweg, von Florida bis Oregon, von Washington bis Maine, im November erheben werden ... und dieses Land wird seine Bestimmung zurückfordern. Und nach dieser langen politischen Finsternis wird ein heller Tag anbrechen.

Barack Obamas Rede auf dem Parteikongress der Demokratischen Partei in Boston, 27. Juli 2004

*

Eine Rede macht einen Star.

Barack Obama betrat am 27. Juli 2004 die Bühne der „Democratic National Convention" im Fleet Center von Boston. Es war der Augenblick, in dem ein weitgehend unbekannter Kandidat für das Amt eines Senators von Illinois ins nationale Rampenlicht trat und zum Star wurde. Ohne die 18-minütige Rede in Boston, damals zur höheren Ehre des demokratischen Präsidentschaftskandidaten John Kerry, wäre der Politiker mit – zum Teil – afroamerikanischen Wurzeln wohl nie Präsident der USA und weltweiter Hoffnungsträger geworden.

Schon im ersten Satz knüpft der 42-Jährige, aber durchaus noch jugendlich wirkende Obama den Faden zur Geschichte. Er erwähnt Abraham Lincoln, jenen US-Präsidenten, der die Sklaverei in den Vereinigten Staaten abgeschafft und dafür einen Bürgerkrieg riskiert und gefochten hat.

Unter Gospelgesängen beginnt der junge, schlanke, fast schlaksige Politiker aus Chicago seine Rede. Es ist ein Moment, der den Lauf der Welt ändert.

Mit einer Ansprache, die zur besten Sendezeit in Millionen amerikanische Haushalte übertragen wird, katapultiert sich ein bis dato nur Eingeweihten bekannter Lokalpolitiker in die erste Liga der amerikanischen Politik.

Natürlich ist auch dieser Auftritt inszeniert. Jede Sekunde amerikanischer Wahlparteitage wird auf das Fernsehpublikum zugeschnitten. Es ist eine Show für das Hauptabendprogramm. Tausende Delegierte, die aus dem ganzen großen Amerika zur „Convention" kommen, wollen eine Woche Party feiern. Die politischen Entscheidungen sind längst gefallen. In den Büros der Macht, bei den monatelangen parteiinternen Vorwahlen. Für jeden Redner, es sind eigentlich Stargäste, die alle ihre Rolle erfüllen sollen und in ihrer Gesamtheit ein möglichst umfassendes politisches Spektrum abdecken müssen, werden vorbereitete Täfelchen in die Kameras gehalten. Dennoch: Nicht jeder Redner auf einer „Convention" kann seine Chance so nutzen wie der Jungpolitiker aus Chicago. Fast prophetisch waren damals die Unterblender in der Fernsehberichterstattung „Road to the White House". Der Weg ins „Weiße Haus" sollte eigentlich für den demokratischen Kandidaten John Kerry geebnet werden. Er kam nie an, dafür schaffte sein „Einpeitscher" Barack Obama das kaum für möglich Gehaltene.

Der Journalist Robert Misik analysierte damals: Wenngleich die Begeisterung, die Obama entgegenschlägt, mit seiner fesselnden, packenden Art zu tun hat, so deutet sie doch auch darauf hin, dass so jemand offenbar sehnlich erwartet wurde: ein moderner schwarzer Politiker, der die afroamerikanische Minderheit zu repräsentieren versteht, deren Mehrheit immer noch zu den Unterprivilegierten zählt, der die Forderungen der Zukurzgekommenen aber auf eine Weise zu formulieren vermag, die auch die weiße Mittelklasse anspricht, ein Politiker aus einer Minderheit, kurzum einer, der auf der Höhe des 21. Jahrhunderts steht. „Ich bin in der afroamerikanischen Gemeinschaft verwurzelt, aber ich bin nicht durch sie begrenzt", formulierte Obama.

Nach dieser einen Rede schlagzeilte die Londoner „Financial Times": „A Democrat Star is born". Die Wirtschaftszeitung sollte Jahre später recht behalten.

Die Tatsache, dass ein „Schwarzer" amerikanischer Präsident werden konnte und dies in den Augen der amerikanischen Öffentlichkeit und auch in den Augen der Welt eine akzeptierte Selbstverständlichkeit ist, ist ein Beleg dafür, wie weit sich die Gesellschaften diesseits und jenseits des Atlantiks entwickelt haben. Dies gilt ungeachtet einer Bilanz über Obamas Präsidentschaft, die erst nach Jahren zu ziehen sein wird. Zwischen Martin Luther Kings „I have a dream"-Rede (siehe S. 215ff.) bis zu Obamas Auftritt vor tausenden demokratischen Delegierten und seiner Wahl im November 2008 liegt ein langer Weg.

Über das Phänomen Obama ist viel geschrieben, analysiert und gerätselt worden. Seine Stärke liegt in einer Ideologie, die nicht berechenbar wirkt. Auf dem Feld der Sozialpolitik würde man den Präsidenten, der freilich auch schon Wasser in seinen Wein gießen musste, eher als Sozialdemokraten europäischen Zuschnitts einstufen. Seine Betonung des amerikanischen Patriotismus, sein Bekenntnis zu Gemeinschaftstugenden, zum sogenannten Kommunitarismus, wurde auch schon von konservativen Politikern gepredigt. Er lässt sich also ideologisch nicht einfach in alte Schablonen pressen und trifft sich dabei mit neuen Generationen, die keinerlei Bezug mehr zu Ideologien haben, deren Wurzeln ins 19. Jahrhundert zurückreichen.

Viele Elemente der Reden von Obama sind direkt aus der afroamerikanischen Predigertradition abgeleitet. Der Kandidat und später der Präsident – beziehungsweise seine Redenschreiber – zitieren ungeniert abgewandelte Songtexte von Bob Dylan bis Woody Guthrie: „I have no doubt that all across the country, from Florida to Oregon, from Washington to Maine, the people will rise up in November ... And this country will reclaim its promise. And out of this long political darkness a brighter day will come." Woody Guthrie textete 1944 eine inoffizielle amerikanische Hymne: „This land is your land, this land is my land / From California to the New York Island / From the Redwood Forest to the Gulf Stream waters ..."

Obama verwendet Worte, die in seinen Zuhörern Gefühle wecken: Glaube, Liebe, Wunder, Hoffnung, Glück, Sehnsucht. Texte, die aus dem amerikanischen Songbook stammen könnten. Es ist kein Zufall, dass eine Rede Obamas vom Gründer der Hip-Hop-Band „Black Eyed Peas", mit einem „Beat" unterlegt und von Musikern gesungen, auf „YouTube" zum Hit geworden ist. Fast sieben Millionen Mal wurde die „gecoverte" Politikerrede aus dem Internet geladen.

Obama ist aufgrund seiner persönlichen Biografie in mehreren Kulturen aufgewachsen. Er ist „multikulti" und kann sich daher auch in einer tatsächlich multikulturellen Gesellschaft bewegen. Auf der Bühne in Boston ist sein Stern aufgegangen. Es war die Geburtsstunde des Weltpolitikers Barack Obama.

Steve Jobs

„Bleibt hungrig, bleibt unangepasst!"

Als ich 17 Jahre alt war, habe ich ein Zitat gelesen, das so oder ähnlich lautete: „Wenn du jeden Tag so lebst, als wäre es dein letzter Tag, wirst du irgendwann recht behalten." Dieser Satz hat mich ziemlich beeindruckt. Und seither, während der vergangenen 33 Jahre, betrachte ich mich jeden Morgen im Spiegel und frage mich: „Wenn das heute der letzte Tag meines Lebens wäre, würde ich das mögen, was ich heute tun werde?" Und wenn die Antwort über einen längeren Zeitraum „Nein" war, dann war mir klar: Ich musste etwas ändern.

Die Vorstellung, eines Tages tot zu sein, ist das wichtigste Werkzeug, um mir bei den großen Entscheidungen des Lebens zu helfen. Alles, beinahe alles – jede äußere Erwartung, jeder Stolz, jede Furcht vor Versagen oder Enttäuschung – all das ist angesichts des Todes bedeutungslos. Es bleibt nur das, was wirklich zählt. Der Gedanke an den Tod ist das beste Mittel, einer Falle zu entkommen: Der Angst, etwas verlieren zu können. Wir sind schon jetzt nackt. Es gibt keinen Grund, nicht seinem Herzen zu folgen.

Vor rund einem Jahr wurde bei mir Bauchspeicheldrüsenkrebs diagnostiziert. Ich wusste damals gar nicht, was die Bauchspeicheldrüse ist. Die Ärzte sagten mir, diese Form einer Krebserkrankung sei mit großer Wahrscheinlichkeit unheilbar, sie gaben mir noch drei bis sechs Monate zu leben. Die Ärzte empfahlen mir, nach Hause zu gehen und meine Angelegenheiten zu regeln. Das bedeutet, seinen Kindern in wenigen Monaten das alles zu erzählen, was man die nächsten zehn Jahre tun wollte. Es bedeutet, alles so einzurichten, dass deine Familie es auch ohne dich möglichst leicht haben würde. Es bedeutet, Abschied zu nehmen.

Ich habe mit dieser Diagnose den ganzen Tag gelebt. Am Abend wurde eine Gewebeprobe entnommen und dabei stellten die Ärzte unter dem Mikroskop fest, dass ich eine ganz seltene Form des Bauchspeicheldrüsenkrebses hatte, die durch eine Operation heilbar sein könnte. Ich wurde operiert. Und es geht mir heute gut.

Nie war ich dem Tod näher. Und ich hoffe, dass ich die nächsten paar Jahrzehnte nicht mehr so nahe an ihn herankomme. Da ich das Ganze überstanden habe und der Tod jetzt für mich mehr als ein rein intellektuelles Konzept ist, kann ich euch heute mit Gewissheit sagen: Niemand will sterben.

Selbst Menschen, die in den Himmel kommen möchten, wollen nicht sterben, um dorthin zu gelangen. Und dennoch, der Tod ist die Endstation für uns alle. Niemand ist ihm bisher entkommen. Und so soll es sein, denn der Tod ist mit Sicherheit die beste Erfindung des Lebens. Er ist der Erneuerer des Lebens. Der Tod beseitigt das Alte und schafft Platz für das Neue ...

... Eure Zeit ist begrenzt, vergeudet die Zeit nicht, indem ihr das Leben anderer lebt. Tappt nicht in die Falle von Dogmen, das wäre ein Leben nach dem Denken anderer Leute. Lasst den Lärm der anderen Meinungen nicht eure innere Stimme übertönen. Und ganz wichtig: Habt den Mut, eurem eigenen Herzen und Eingebungen zu folgen. Sie wissen irgendwie bereits, was ihr wirklich werden möchtet. Alles andere ist zweitrangig.

Bleibt hungrig, bleibt unangepasst.

Rede von Steve Jobs, CEO und Gründer von Apple Computer and of Pixar Animation Studios, bei der Abschlussfeier für Studenten der Stanford-Universität am 12. Juni 2005

*

Dieser Redner hat die Welt verändert – vielleicht mehr als Politiker, Diktatoren, Päpste und Prediger. Steve Jobs ist ein Prophet der digitalen Revolution, die in den vergangenen Jahrzehnten unser Leben, unsere Arbeitswelt und unsere Kommunikation grundlegend verändert hat.

Einer der erfolgreichsten Männer des Computerzeitalters hält eine Festansprache an der elitären Stanford University in Kalifornien vor 1780 jungen Akademikern, die ihre Bachelor-Urkunden im Rahmen der Sponsionsfeier erhalten sollen. Und er spricht über den (seinen) Tod.

Während sich 23.000 Freunde, Verwandte und Studenten am zentralen Platz des Campus in Festtagskleidung versammelt haben, trägt der Ehrengast Jeans und Sportschuhe – immerhin verdeckt durch die lange schwarze akademische Robe, die man ihm umgehängt hat. Auch das ist eine Botschaft. Ein wenig kindisch vielleicht, aber zum Image des Apple-Gründers passend.

Jobs hält eine sehr persönliche Rede. Der Gründer des Apple-Computer-Konzerns, der mit seinen Produkten alle paar Jahre die tägliche Arbeits-, Freizeit- und Spielwelt verändert, redet über seine Kindheit, als er als Baby von seinen leiblichen Eltern zur Adoption freigegeben wird, sein bescheidenes neues Elternhaus. Er erzählt, wie er in wenigen Monaten am Universitätsbetrieb verzweifelt, das College verlässt und dennoch Vorlesungen besucht. Nicht solche, die für eine anständige Karriere förderlich wären, sondern Kurse über Kalligrafie. Die Kunst der Schrift erweckt sein Interesse und das wird Jahre später die grafischen Oberflächen von Millionen Computern ändern.

Steve Jobs wird heute als ein Guru des elektronischen Zeitalters gefeiert, er gilt als Antithese zu Bill Gates, dem Gründer von Microsoft. Beide haben die Welt verändert. Ihre Ideen und Erfindungen sind im Alltag omnipräsent. Die Programmierer der elektronischen Welt gestalten unser Leben mehr, als Ideologien heute vermögen. Ein neues Betriebssystem, eine neue Produkterfindung zwingt uns – zwingt uns? –, unsere Gewohnheiten umzustellen. Die Konsumtrends haben längst die alten Weltanschauungen und Doktrinen verdrängt. Steve Jobs fordert die Jungakademiker auf, Ideologien abzuschwören. Dogmatismus sei Denken, das von anderen gedacht worden ist. Und Jobs steht in der virtuellen Welt auf der Seite der Guten: Apple oder Microsoft. Athen oder Sparta. Beatles oder Rolling Stones.

Kaum 20 Jahre alt, gründet er gemeinsam mit Steve Wozniak die Firma „Apple Computer", tatsächlich in der elterlichen Garage in Palo Alto. In nur zehn Jahren wird seine Firma zwei Milliarden Dollar Umsatz machen und 4000 Menschen beschäftigen. Dennoch wird der Firmengründer gefeuert, er verlässt Apple und gründet eine neue Computer-Firma „NeXT". „Getting fired from Apple was the best thing that could have ever happened to me", sagt er 2005 vor den Studenten. Diese persönliche Niederlage habe ihn frei gemacht für neue kreative Ideen. Das Leben bestehe aus vielen einzelnen Punkten, die scheinbar sinnlos hingepatzt seien, aber erst später im Rückblick eine Linie, ein klares Bild ergeben.

Weil „Apple" den Kampf David gegen Goliath „Microsoft" zu verlieren droht und die Firma knapp am Konkurs vorbeischlittert, wird Jobs 1997 wieder zu Apple zurückgeholt. Mit der Erfindung des iPod und des iPhone revolutioniert der Studienabbrecher neuerlich die Konsumgewohnheiten der Welt. Er bleibt der Popstar einer mittlerweile alles bestimmenden Technologie.

Seine Krankheit, über die er in Stanford offen spricht, beeinflusst Börsenkurse weltweit. Seine medizinischen Diagnosen können an der Börse Milliarden machen oder vernichten. Jeder öffentliche Auftritt (oder sein Fernbleiben bei wichtigen Messen) wird in den internationalen Fernsehstationen penibel analysiert, Ferndiagnosen inklusive. Jeder Gewichtsverlust von Jobs kann Börsen ins Minus ziehen.

Steven Jobs, der das elektronische Zeitalter zum Spiel mit Design, Farben und Ideen gemacht hat, weist dem Tod eine neue

Rolle zu: Die beste Erfindung des Lebens. Jobs gebraucht nicht den Ausdruck „Schöpfung". Das unvermeidliche Ende ist die Garantie für stete Erneuerung. „Your time is limited, so don't waste it living someone else's life", mahnt der Philosoph des Dotcom-Zeitalters.

Barack Obama

„Zu viele Tränen wurden geweint, zu viel Blut ist vergossen worden"

Wir kommen in einer Zeit großer Spannungen zwischen den Vereinigten Staaten und den Muslimen zusammen. Überall auf der Welt gibt es Spannungen, die in historischen Kräften verwurzelt sind und über jede gegenwärtige politische Debatte hinausgehen. Die Beziehungen zwischen dem Islam und dem Westen umfassen Jahrhunderte der Koexistenz und Kooperation, aber auch Konflikte und religiöse Kriege. In der jüngsten Vergangenheit wurden die Spannungen durch Kolonialismus genährt, der vielen Muslimen Rechte und Chancen versagte, und durch einen Kalten Krieg, in dem mehrheitlich muslimische Länder zu oft als Erfüllungsgehilfen benutzt wurden, ohne dass dabei Rücksicht auf ihre eigenen Bestrebungen genommen wurde. Darüber hinaus hat der weitreichende Wandel, der von der Moderne und der Globalisierung herbeigeführt wurde, dazu geführt, dass viele Muslime den Westen als Feind islamischer Traditionen betrachteten.

Gewalttätige Extremisten haben diese Spannungen in einer kleinen, aber starken Minderheit der Muslime ausgenutzt. Die Anschläge vom 11. September 2001 und die fortgesetzten Bemühungen dieser Extremisten, Gewalt gegen Zivilisten zu verüben, haben einige Menschen in meinem Land dazu veranlasst, den Islam als zwangsläufig feindlich nicht nur gegenüber den Vereinigten Staaten und Ländern des Westens zu betrachten, sondern auch gegenüber den Menschenrechten. All das hat zu weiteren Ängsten und mehr Misstrauen geführt.

Solange unsere Beziehungen von unseren Unterschieden defi-
niert sind, werden wir diejenigen stärken, die eher Hass als Frie-
den verbreiten, und diejenigen, die eher Konflikte fördern als die
Zusammenarbeit, die den Menschen in allen unseren Ländern
helfen könnte, Gerechtigkeit und Wohlstand zu erreichen. Dieser
Kreislauf der Verdächtigungen und Zwietracht muss enden ...
... Diese Überzeugung beruht teilweise auf meinen eigenen
Erfahrungen. Ich bin Christ, aber mein Vater stammt aus einer
kenianischen Familie, zu der Generationen von Muslimen gehö-
ren. Als Kind lebte ich mehrere Jahre in Indonesien und hörte bei
Sonnenauf- und Sonnenuntergang den Ruf des Adhan. Als junger
Mann arbeitete ich in Gemeinden Chicagos, wo viele Menschen
im muslimischen Glauben Würde und Frieden fanden ...
Als Geschichtsstudent weiß ich auch um die Schuld der Zivi-
lisation gegenüber dem Islam. Es war der Islam – an Orten wie
der Al-Aksa-Universität –, der das Licht der Bildung über so viele
Jahrhunderte getragen und den Weg für die europäische Renais-
sance und Aufklärung bereitet hat. Es waren Innovationen in
muslimischen Gesellschaften, durch die die Ordnung der Algebra
entstand, unser magnetischer Kompass und die Instrumente der
Navigation, unsere Fähigkeit, Federhalter herzustellen und un-
sere Beherrschung des Drucks sowie unser Wissen um die Ver-
breitung von Krankheiten und wie sie geheilt werden können. Die
islamische Kultur hat uns majestätische Bögen und hohe Ge-
wölbe beschert, zeitlose Poesie und geschätzte Musik, elegante
Kalligrafie und Orte der friedlichen Betrachtung. Im Verlauf der
Geschichte hat der Islam durch Worte und Taten die Möglichkei-
ten der religiösen Toleranz und ethnischen Gleichberechtigung
demonstriert ...
... Ich weiß auch, dass der Islam immer ein Teil der amerika-
nischen Geschichte gewesen ist. Die erste Nation, die mein Land
anerkannte, war Marokko. Bei der Unterzeichnung des Vertrags
von Tripolis im Jahre 1796 schrieb unser zweiter Präsident, John
Adams: „Die Vereinigten Staaten hegen in ihrem Innern gegen-

über den Gesetzen, der Religion oder dem Frieden der Muslime keinerlei Feindseligkeit." Seit ihrer Gründung haben amerikanische Muslime die Vereinigten Staaten bereichert. Sie haben in unseren Kriegen gekämpft, in unserer Regierung gedient, sich für Bürgerrechte eingesetzt, Unternehmen gegründet, an unseren Universitäten gelehrt, hervorragende Leistungen in unseren Sportstätten erbracht, Nobelpreise gewonnen, unser höchstes Gebäude erbaut und die Olympische Fackel entzündet. Und als vor Kurzem der erste muslimische Amerikaner in den Kongress gewählt wurde, legte er den Amtseid zur Verteidigung unserer Verfassung auf den gleichen Heiligen Koran ab, der in der Bibliothek eines unserer Gründungsväter stand – Thomas Jefferson …

… Viel wurde über die Tatsache diskutiert, dass ein Afroamerikaner mit dem Namen Barack Hussein Obama zum Präsidenten gewählt wurde. Meine persönliche Geschichte ist aber gar nicht so einzigartig ….

… Außerdem ist die Freiheit in den Vereinigten Staaten untrennbar mit der Freiheit der Religionsausübung verbunden ….

… Es besteht also kein Zweifel: Der Islam ist ein Teil der Vereinigten Staaten. Ich glaube, dass die Vereinigten Staaten in sich die Wahrheit tragen, dass wir alle, unabhängig von der Hautfarbe, der Religion oder der Lebensphase, gemeinsame Ambitionen haben, in Frieden und Sicherheit zu leben, Bildung zu erhalten und in Würde zu arbeiten und unsere Familien, Gemeinden und Gott zu lieben. Das sind Dinge, die wir alle anstreben. Das ist die Hoffnung aller Menschen …

… Das erste Thema, dem wir uns stellen müssen, ist gewalttätiger Extremismus in all seinen Formen …

… Der Heilige Koran lehrt, wenn jemand einen Unschuldigen tötet, ist es so, als habe er die ganze Menschheit getötet. Und der Heilige Koran sagt auch, wenn jemand einen Menschen rettet, ist es so, als habe er die ganze Menschheit gerettet. Der anhaltende Glaube von mehr als einer Milliarde Menschen ist so viel größer als der engstirnige Hass einiger weniger. Der Islam

ist nicht Teil des Problems im Kampf bei der Bekämpfung des gewalttätigen Extremismus – er ist ein wichtiger Teil der Förderung des Friedens …

… Es sind zu viele Tränen geflossen. Zu viel Blut wurde vergossen. Wir alle haben die Verantwortung, auf den Tag hinzuarbeiten, an dem die Mütter von israelischen und palästinensischen Kindern diese ohne Angst aufwachsen sehen, an dem das Heilige Land der drei großen Glaubensrichtungen ein Ort des Friedens ist, den Gott dafür vorgesehen hat, und an dem Jerusalem die sichere und ständige Heimat von Juden, Christen und Muslimen ist und ein Ort, an dem alle Kinder Abrahams friedlich zusammenkommen können wie in der Geschichte der Al-Isra, als Moses, Jesus und Mohammed – möge der Friede mit ihnen sein – gemeinsam beteten …

… Es ist einfacher, Kriege zu beginnen, als sie zu beenden. Es ist einfacher, die Schuld auf andere zu schieben, als sie bei sich selbst zu suchen. Es ist einfacher, zu sehen, was uns von jemand anderem unterscheidet, als die Dinge zu finden, die wir gemeinsam haben. Aber wir sollten uns für den richtigen Weg entscheiden, nicht nur für den einfachen. Es gibt auch eine Regel, die jeder Religion zugrunde liegt – dass man andere behandelt, wie man selbst behandelt werden möchte. Diese Wahrheit überwindet Nationen und Völker – ein Glaube, der nicht neu ist, der nicht schwarz oder weiß oder braun ist, der nicht Christen, Muslimen oder Juden gehört. Es ist ein Glaube, der in der Wiege der Zivilisation pulsierte, und der noch immer in den Herzen von Milliarden Menschen auf der Welt schlägt. Es ist der Glaube an andere Menschen, und er hat mich heute hierher gebracht.

Es steht in unserer Macht, die Welt zu schaffen, die wir uns wünschen, aber nur, wenn wir den Mut für einen Neuanfang besitzen und uns an das erinnern, was geschrieben steht.

Der Heilige Koran lehrt uns: „O, Ihr Menschen, wir haben Euch von einem männlichen und einem weiblichen Wesen er-

schaffen, und wir haben Euch zu Verbänden und Stämmen ge-
macht, damit Ihr einander kennenlernt."

Der Talmud lehrt uns: „Die ganze Torah gibt es nur, um den
Frieden unter den Menschen zu erhalten."

Die Heilige Bibel lehrt uns: „Selig sind die Friedfertigen; denn
sie werden Gottes Kinder heißen."

Die Menschen auf der Welt können in Frieden zusammen-
leben. Wir wissen, dass das Gottes Weitblick ist. Jetzt muss es un-
sere Arbeit hier auf Erden sein.

US-Präsident Barack Obama am 4. Juni 2009 in seiner „Rede an
die Muslime" in Kairo

*

Barack Obama ist *der* Redner des beginnenden dritten Jahrtau-
sends.

Mit einer Rede ist er im Jahr 2004 auf dem Parteitag der Demokraten in Boston als Politiker buchstäblich ins weltweite Rampenlicht getreten (siehe S. 285 ff.). Nicht zufällig, es war damals
eine bewusste, zielgerichtete Inszenierung, mit der ein Nachwuchs-
talent für die US-Demokraten während der besten Fernsehzeit
landesweite Bekanntschaft erreichen konnte.

Der im Januar 2009 angelobte US-Präsident setzt das Mittel
der Rede, des inszeniert gesprochenen Wortes, weiter als sein
wichtigstes Mittel der politischen Gestaltung ein.

Es ist nicht das Internet und nicht das Fernseh-Interview, das
die politische Kommunikation nach der zweiten Jahrtausend-
wende prägt, es ist die „gute, alte" Rede.

Und Barack Obama ist ihr Meister.

Seine Rhetorik ist nicht überwältigend, aber seine Reden sind
perfekt vorbereitet, klug inszeniert und der Präsident setzt sie in der
Tradition vieler seiner Vorgänger ein, um Politik zu machen, um
Politik anzudeuten, Prozesse anzustoßen oder weiter zu treiben.

In den ersten Monaten seiner Amtszeit baute er das Fundament seiner Politik auf Reden auf. In Prag sprach er zu den Europäern und zeichnete eine Vision einer atomwaffenfreien Welt, in Kairo hielt der US-Präsident eine exakt inszenierte Rede an die islamische Welt. Und in Moskau versuchte er den ehemaligen Gegner im Kalten Krieg zu einer neuen Form der Partnerschaft zu überreden. Ob den schönen Worten entsprechende Taten folgen werden, ist ungewiss. Aber: Barack Obama hat jedenfalls die Einstellungen und Haltungen der Welt gegenüber der einstigen Allein-Supermacht USA verändert. Worte können so viel bewegen, wenn sie wohlgesetzt sind und die Stimmung der Zeit zum Schwingen bringen. Und man kann dafür den Friedens-Nobelpreis bekommen, als Vorschuss für Taten.

Eine Rede bietet viele Vorteile: Sie kann von den besten Textern wochenlang vorbereitet werden. Eine Rede kann geübt, jeder Satz auf seine Wirkung geprüft und vielleicht sogar mit den Methoden der Meinungsforschung getestet werden. Der Zeitpunkt und die Inszenierung der Rede bleiben völlig unter Kontrolle.

Es gibt keine lästigen Nachfragen, keine Zwischenrufe und keinen Erklärungsbedarf. Die Deutung übernehmen Berater im Nachhinein, die Spannung vor der Rede kann im Vorfeld bewusst aufgebaut und geschürt werden. Und: Eine Rede kann vom Blatt oder, wie im Falle der amerikanischen Präsidenten, von geschickt platzierten „Telepromtern" wie im Fernsehstudio abgelesen werden. Wenn Barack Obama eine wichtige Rede zu verfassen hatte, zog er sich allein zum Schreiben zurück. Der Präsident ist ein geübter Autor. Sein Buch über die Suche nach den afrikanischen Wurzeln seines Vaters wurde zum Weltbestseller. Den Redetext pflegte Obama dann an seine Berater zu mailen, die Anmerkungen erarbeitete er. Als Präsident im „Weißen Haus" bleibt ihm diese Zeit kaum noch. Obama muss auf einen Stab professioneller Reden-Schreiber vertrauen.

In Kairo warf Obama alle rhetorischen Fähigkeiten, die ihm zur Verfügung stehen, in die Redeschlacht um die Sympathien der islamischen Welt. Politisch wollte der Präsident die Mehrheit der gemäßigten Muslime erreichen. Sie sollten ihm zuhören. Er erzählte von Kindheitserinnerungen, rief seinen muslimischen Vater als Zeugen auf, berichtete von seiner Zeit im (islamischen) Indonesien, ja erinnerte sich sogar an seinen zweiten Vornamen „Hussein".

„Ich bin ein Araber" sagte er nicht.

Der Auftritt des amerikanischen Präsidenten in der angesehenen Kairoer Al-Aksa-Universität erfüllte dennoch die hohen Erwartungen. Dabei war die Entscheidung für den Austragungsort Kairo nicht unumstritten. Obama erwies dem sunnitischen Mehrheitsislam in einem seiner ältesten theologischen Hochschulen die Referenz. Die Rede war mit Koran-Zitaten gespickt, der Präsident versuchte aber auch den mit Zitaten belegten Beweis zu führen, dass die Heiligen Schriften der drei abrahamitischen Weltreligionen sich in einem inhaltlichen Zentrum treffen: dem Friedensgebot.

Insofern war die Rede an die muslimische Welt natürlich ein starkes politisches Signal, aber auch eine „Predigt". Und darauf versteht sich Barack Obama.

Seine politische und religiöse Sozialisierung erfolgte ja in baptistischen Gemeinden. Einige seiner politischen Mentoren waren (schwarze) Prediger.

Schon am Tag danach reihte die britische „Financial Times" Obamas Rede in die Geschichte ein: „Barack Obamas Grundsatzrede an die arabische Welt war eine ähnlich historische Solidaritätsadresse, wie sie John F. Kennedy 1963 an die Bürger Berlins gerichtet hatte" (siehe S. 199 ff.).

Noch ist das Ereignis nicht so weit in der zeitgeschichtlichen Distanz entschwunden, dass man es mit all seinen Wirkungen und Auswirkungen beurteilen könnte. Aber: Die Rede Obamas war als bedeutende politische Weichenstellung angelegt und sollte wohl eine grundsätzliche Neupositionierung der US-Administration vor aller Welt deutlich machen. Die Rede war eine Handreichung an die islamische Welt, in der sich gegenüber dem Westen

Hass aufgestaut hat, Hass auch aus dem Gefühl der Ohnmacht, der permanenten Unterlegenheit.

Obama sprach diese Gefühle an. Er sprach den Selbstmordattentätern, die Kinder und alte Frauen in die Luft sprengen, Stärke und Mut ab, er entglorifizierte sie und machte klar, dass es sich dabei um verwirrte Menschen handelt, die sich mit ihren Mordanschlägen keinen Märtyrer-Status verdienen.

Obama war für diese Neupositionierung der amerikanischen Politik bewusst nach Kairo geflogen, für kaum acht Stunden. Eine kurze Zeitspanne, in der aber maximale Wirkung erzielt wurde. Der US-Präsident stimmte neue Töne an, auch weil die amerikanische Politik im Nahen Osten de facto gescheitert ist. Der Irak-Krieg wurde zwar gewonnen, aber der Frieden und ein stabiles Zweistromland noch lange nicht gesichert. Die amerikanischen Opfer waren hoch, die des irakischen Volkes noch unvergleichbar blutiger. Auch in Afghanistan bleibt die Lage unübersichtlich und weitgehend hoffnungslos. Die Taliban sind nicht besiegt, die Herzen der Menschen nicht gewonnen. Die Militärs fordern mehr Kampftruppen. Obama kann nicht aus einer Position der militärischen und moralischen Stärke agieren. Dass er sich auf die Ebene seiner Gesprächspartner begibt und Grundsätze einer Partnerschaft formuliert, ist allerdings nicht Schwäche. Es ist der einzige Weg.

Neben dem Text der – für seine Verhältnisse – eher langen Rede gab es auch die entsprechenden Bilder.

Der US-Präsident beim Besuch der Pyramiden: Aufmerksam und konzentriert zuhörend, sollte das wohl demonstrieren: Hier ist ein amerikanischer Präsident, der andere (Hoch-)Kulturen respektiert, sich für sie interessiert. Hier steht nicht der ignorante Yankee aus der Karikatur, der in der Außenpolitik nur den „big stick" („großen Knüppel") kennt.

Auch sonst schien jedes Detail passend. Obama trug beim Sightseeing ein blaues Polo-Shirt, unterstrich seine gepflegte jugendliche Lässigkeit. Die Gangway zur „Air Force One" sprintet

Obama locker hinauf. Hier ist jemand, der es eilig hat, der Kraft, Konzentration und sportlichen Schwung mitbringt. Kann sich jemand orientalische Potentaten in einer solchen Situation vorstellen?

Nein, Osama bin Laden, der die Rede durch eine Tonband-Nachricht konterkarieren wollte, wirkte plötzlich ziemlich lächerlich.

Nachbemerkung

Dieses Buch hat kein Ende. Je mehr ich mit Freunden, Kolleginnen und Kollegen über das Thema des vorliegenden Buches diskutiert habe, desto mehr Reden haben sich förmlich aufgedrängt. Mein Bekenntnis zur Unvollständigkeit, zur subjektiven Auswahl ist ins Wanken geraten. Wenn Marcus Antonius den ermordeten Julius Cäsar betrauern darf, warum muss der wortgewaltige Cicero schweigen? Wenn Adolf Hitler seine Hasstiraden zu Beginn des Zweiten Weltkriegs ausstößt, warum antwortet Genosse Stalin nicht? Wenn Barack Obama der muslimischen Welt predigt, warum hören wir Mahmud Ahmadinedschad nicht zu? Dieses Buch will keine alles umfassende Enzyklopädie sein, es bietet (so hoffe ich) Anregungen, sich mit spannenden Momenten der Zeitgeschichte zu beschäftigen. Es sind „Reden, die die Welt veränderten", es sind nicht *alle* Reden, die an Scheitelpunkten und an Scheidewegen der Zeitgeschichte gehalten wurden. Und: Dieses Buch ist aus einer (mittel)europäischen Perspektive geschrieben. Der Standort beeinflusst zweifellos den Blickwinkel auf die Geschichte.

*

Für Anregungen, Ideen, Kritik und Mitarbeit bedanke ich mich in erster Linie bei meiner Frau, Martina Jelinek-Salomon, und bei: Hans Magenschab, Inge Salomon, Herbert Grabner, Johannes Jelinek und Sabine Zink sowie bei vielen Freunden, Experten, Kolleginnen und Kollegen, die mich in zahlreichen Gesprächen auf immer neue Gesichtspunkte aufmerksam gemacht haben.

Verwendete Literatur

Berg, A. Scott: Lindbergh. Ein Idol des 20. Jahrhunderts. Blessing, München 1999

Birnstein, Uwe: Chronik des Christentums. Chronik-Verlag, Gütersloh 1997

Blanning, Tim: The Pursuit of Glory. Europe 1648–1815. Penguin Books, London 2008

Bohse, Jörg: Inszenierte Kriegsbegeisterung und ohnmächtiger Friedenswille. Meinungsbildung und Propaganda im Nationalsozialismus. Metzler, Stuttgart 1988

Breuers, Dieter: Sterben für Jerusalem. Lübbe, Bergisch Gladbach 1997

Daum, Andreas W.: Kennedy in Berlin. Politik, Kultur und Emotionen im Kalten Krieg. Schöningh, Paderborn 2003

Ferguson, Niall: Der falsche Krieg. Der Erste Weltkrieg und das 20. Jahrhundert. Deutsche Verlags-Anstalt, Stuttgart 1999

Ferguson, Niall: Krieg der Welt. Was ging schief im 20. Jahrhundert? Propyläen, Berlin 2006

Gall, Lothar (Hrsg.): Otto von Bismarck und die Parteien. Schöningh, Paderborn 2001

Goldberg, Hans-Peter: Bismarck und seine Gegner. Die politische Rhetorik im kaiserlichen Reichstag. Droste, Düsseldorf 1998

Gorys, Erhard: Das Heilige Land. Du Mont, Köln 1985

Haffner, Sebastian: Der Teufelspakt. 50 Jahre deutsch-russische Beziehungen. Rowohlt, Reinbek bei Hamburg 1968

Hauch, Gabriella: Frauen bewegen Politik. Studienverlag, Innsbruck 2009

Heinrich, Lutz: Reformation und Gegenreformation. Oldenbourg, München 2003

Hensel, Georg: Spielplan. Der Schauspielführer von der Antike bis zur Gegenwart. List, München 1992

Herde, Oliver H.: Von der Ermordung des Gaius Julius Caesar. Grin-Verlag, München 2008

Herrmann, Horst: Martin Luther. Ketzer wider Willen. Aufbau-Verlag, Berlin 1983

Karl, Michaela: „Wir fordern die Hälfte der Welt!" Der Kampf der englischen Suffragetten um das Frauenstimmrecht. Fischer, Frankfurt am Main 2009

Kershaw, Ian: Hitler 1936–1945. Deutsche Verlags-Anstalt, Stuttgart 1998

Kohl, Helmut: Erinnerungen. 1982–1990. Droemer-Knaur, München 2005

Kripalani, Krishna: Gandhi. A Life revisited. Interprint, Delhi 1984

Lenzenweger, Josef et al. (Hrsg.): Geschichte der Katholischen Kirche. Styria, Graz 1986

Maimann, Helene (Hrsg.): Die ersten 100 Jahre. Österreichische Sozialdemokratie 1888–1988. Brandstätter, Wien 1988

Modern History Sourcebook: From Marie Curie, The Discovery of Radium, Address by Madame M. Curie at Vassar College, May 14, 1921, Ellen S. Richards Monographs No. 2 (Poughkeepsie: Vassar College, 1921).

Montefiore, Simon Sebag: Speeches that changed the World. Quercus, London 2006

Ploetz. Das Deutsche Kaiserreich. Ploetz, Freiburg, Würzburg 1984

Pörtner, Rudolf: Operation Heiliges Grab. Legende und Wirklichkeit der Kreuzzüge 1095–1187. Econ, Düsseldorf 1977

Reiners, Ludwig: Bismarcks Aufstieg. C. H. Beck, München 1956

Schüßler, Wilhelm (Hrsg.) Otto von Bismarck, Reden 1847–1869. In: Hermann von Petersdorff (Hrsg.): Bismarck. Die gesammelten Werke. Band 10, Otto Stolberg, Berlin 1924–35

Schulze, Hagen: Staat und Nation in der europäischen Geschichte. C. H. Beck, München 1994

Shirer, William L.: Berliner Tagebuch. Aufzeichnungen 1934–1941. Kiepenheuer, Leipzig 1991

Teltschik, Horst: 329 Tage. Innenansichten der Einigung. Siedler, Berlin 1991

Tischner, Heinrich: Glauben, ohne den Verstand zu verlieren. Weißensee-Verlag, Berlin 2004

Waldschmidt-Nelson, Britta: Gegenspieler Martin Luther King – Malcolm X. Fischer, Frankfurt am Main 2007

Walker, Martin: Makers of the American Century. Vintage, London 2000

Wallace, Max: The American Axis. Henry Ford, Charles Lindbergh and the Rise of the Third Reich. St. Martin's Press, New York 2003

Wallner, Josef: Zur Entstehung der Bergpredigt, Kirchenzeitung der Diözese Linz Nr. 3 (2004)

Wir danken dem Droemer-Knaur-Verlag für die Abdruckgenehmigung der Passagen aus dem 2. Band der „Erinnerungen" von Bundeskanzler Dr. Helmut Kohl.

Quellen

Marcus Antonius:
   http://www.william-shakespeare.de/julius_caesar/julius_caesar_3.htm
Jesus Christus:
   www.bibleserver.com/index.php
Papst Urban II.:
   http://www.manfredhiebl.de/urban.htm
Martin Luther:
   http://www.doktus.de/dok/15495/Martin+Luther+-+Verteidigungsrede+
   auf+dem+Reichstag+zu+Worms.html
Maximilien de Robespierre:
   http://www.republique.de/chrono_9405.php
Otto von Bismarck:
   http://www.germanhistorydocs.ghi-dc.org/sub_document.cfm?document_
   id=250&language=german
Theodor Herzl:
   http://www.zionismus.info/herzl/kongress.htm
Emmeline Pankhurst:
   http://en.wikisource.org/wiki/Freedom_or_death
Marie Curie:
   http://gos.sbc.edu/c/curie1921.html
Bertha von Suttner:
   http://nobelprize.org/nobel_prizes/peace/laureates/1905/suttner-lecture.html
Kaiser Wilhelm II.:
   http://www.dhm.de/lemo/html/dokumente/wilhelm142/index.html
Wladimir Iljitsch Lenin:
   http://www.vulture-bookz.de/marx/archive/quellen/Lenin~Aprilthesen.html
Mohandas Karamchand „Mahatma" Gandhi:
   http://www.isn.ethz.ch/isn/Digital-Library/Primary-Resources/Detail/?ots591
   =69F57A17-24D2-527C-4F3BB63B07201CA1&lng=en&id=101459
Charles Lindbergh:
   http://www.charleslindbergh.com/americanfirst/speech3.asp
Arthur Neville Chamberlain:
   http://eudocs.lib.byu.edu/index.php/Neville_Chamberlain's_%22Peace_For
   _Our_Time%22_speech

Adolf Hitler:

http://www.georg-elser-arbeitskreis.de/texts/hitler-1939-09-01.htm

Winston Churchill:

http://historicalresources.org/2008/07/26/winston-churchills-blood-toil-tears-and-sweat-speech

Joseph Goebbels:

http://www.dhm.de/lemo/html/dokumente/sportpalastrede/index.html

Kaiser Hirohito:

http://www.ksl.mediendesign.eduhi.at/lehrer/oppitz/eXe_Reden_Welt_veraendern/060_Hirohito.pdf

George C. Marshall:

http://www.usaid.gov/multimedia/video/marshall/marshallspeech.html

John F. Kennedy:

http://er.jsc.nasa.gov/seh/ricetalk.htm

John F. Kennedy:

http://www.jfklibrary.org/Historical+Resources/JFK+in+History/The+Cold+War+in+Berlin.htm

Harvey Bernard Milk:

http://spoken-gems.com/2009/01/27/harvey-milk-give-them-hope/

Martin Luther King:

http://www.presentationhelper.co.uk/martin_luther_king_speech

Nelson Mandela:

http://www.historyplace.com/speeches/mandela.htm

Neil Armstrong:

http://history.nasa.gov/alsj/a11/a11.step.html

Max Yasgur:

http://www.rockpeaks.com/reviews/y/Yasgur_Max/Woodstock_69/Speech

Ruhollah Khomeini:

http://www.dw-world.de/dw/article/0„3988244,00.html

Margaret Thatcher:

http://www.margaretthatcher.org/speeches/displaydocument.asp?docid=101586

Ronald Reagan:

http://usgovinfo.about.com/od/historicdocuments/a/teardownwall.htm

Günter Schabowski:

http://www.ardmediathek.de/ard/servlet/content/1224834

Helmut Kohl:

Bulletin des Presse- und Informationsamtes der Bundesregierung, Nr. 150/S 1261; Bonn, den 22. Dezember 1989

Barack Obama:
   http://www.2004dnc.com/barackobamaspeech/
Steve Jobs:
   http://news-service.stanford.edu/news/2005/june15/jobs-061505
Barack Obama:
   http://www.whitehouse.gov/blog/newbeginning/transcripts/

Reden im Originalton

Emmeline Pankhurst:
   http://www.youtube.com/watch?v=JVPcOgVpdwE
Kaiser Wilhelm II.:
   http://www.youtube.com/watch?v=yov1rHCOP6I
Mohandas Karamchand „Mahatma" Gandhi:
   http://video.google.com/videoplay?docid=8631472621281120728#docid=
   637946175324134352
Charles Lindbergh:
   http://www.youtube.com/watch?v=K_F48oaOskI
Arthur Neville Chamberlain:
   http://www.youtube.com/watch?v=qtrOJnpmz6s
   http://www.youtube.com/watch?v=kmH5A6QsqRY
Adolf Hitler:
   http://de.encarta.msn.com/encnet/refpages/RefMedia.aspx?refid=121625395
   &artrefid=761563737&sec=-1&pn=1
   http://www.wdr.de/themen/_config_/bin/mkram.jhtml/mk.ram?rtsp://ras01.
   wdr.de/online/2005/kultur/rundfunk/polen.rm
Winston Churchill:
   http://www.fiftiesweb.com/usa/churchill-blood-toil.mp3
Joseph Goebbels:
   http://www.youtube.com/watch?v=ac8zXl3Vv_Q
George C. Marshall:
   http://www.usaid.gov/multimedia/video/marshall/movie2.html
   http://www.youtube.com/watch?v=lUd2W6aMng4&feature=related
John F. Kennedy:
   http://www.youtube.com/watch?v=ouRbkBAOGEw&feature=fvst

John F. Kennedy:

>   http://www.youtube.com/watch?v=hH6nQhss4Yc
>   http://opencast.de?p=861

Harvey Bernard Milk:

>   http://www.youtube.com/watch?v=Pvfexvihri8
>   http://www.youtube.com/watch?v=pzQ3NFXwpV8

Martin Luther King:

>   http://www.youtube.com/watch?v=PbUtL_0vAJk

Neil Armstrong:

>   http://www.youtube.com/watch?v=VBgsrERIW40

Max Yasgur:

>   http://www.youtube.com/watch?v=1ORMb1uwOl8

Margaret Thatcher:

>   http://www.margaretthatcher.org/multimedia/displaydocument.asp?docid=
>   111281

Ronald Reagan:

>   http://www.youtube.com/watch?v=uSHGXVBA17A

Günter Schabowski:

>   http://www.youtube.com/watch?v=TQiriTompdY
>   http://www.youtube.com/watch?v=p61IlN04v4Q&NR=1

Helmut Kohl:

>   http://de.encarta.msn.com/media_81571878/Helmut_Kohl_Rede_am_19_
>   %C2%A0Dezember_1989_in_Dresden.html

Barack Obama:

>   http://www.youtube.com/watch?v=eWynt87PaJ0&feature=related
>   http://www.americanrhetoric.com/speeches/convention2004/barackobama
>   2004dnc.htm

Steve Jobs:

>   www.youtube.com/watch?v=D1R-jKKp3NA

Barack Obama:

>   http://www.youtube.com/watch?v=hdW01-UInns

Bücher, die die Welt veränderten

In der Geschichte der Menschheit gibt es Werke, die das Leben, das Denken und den Glauben so nachhaltig beeinflusst haben, dass sie über Jahrhunderte aktuell blieben. Die Reihe ›Bücher, die die Welt veränderten‹ stellt diese Basistexte knapp, informativ und anschaulich dar. Die Autoren sind international renommierte Kenner ihres Fachs.

Simon Blackburn
Platon. Der Staat
Übers. v. Andreas Hetzel
ISBN 978-3-423-**34430**-2

»Wunderbar geschrieben ...
Eine fesselnde Lektüre.«
(The Times)

Bruce Lawrence
Koran
Übers. v. Hans-Georg Türstig
ISBN 978-3-423-**34431**-9

»Bewundernswert ausgewogen
und informativ.«
(New Statesman)

Christopher Hitchens
**Thomas Paine.
Die Rechte des Menschen**
Übers. v. Wieland Grommes
ISBN 978-3-423-**34432**-6

»Ohne Paines Arbeiten wäre
die westliche Zivilisation
ärmer.« (Die Welt)

Janet Browne
**Charles Darwin.
Die Entstehung der Arten**
Übers. v. Kurt Neff
ISBN 978-3-423-**34433**-3

»Dieses Buch über ein Buch
hilft, Darwin zu verstehen.«
(Stuttgarter Nachrichten)

Hew Strachan
Clausewitz. Vom Kriege
Übers. v. Karin Schuler
ISBN 978-3-423-**34460**-9

»Strachan gelingt das Kunst-
stück, nicht nur Clausewitz'
Denken, sondern auch die
Schlussfolgerungen jüngeren
Datums ... auf gut lesbare Weise
auf den Punkt zu bringen.«
(Süddeutsche Zeitung)

Karen Armstrong
Die Bibel
Übers. v. Barbara Schaden
ISBN 978-3-423-**34489**-0

»In klaren Zügen stellt Armstrong dar, welchen Einfluss
das Buch der Bücher auf
Gesellschaft und Politik bis
heute hat ...« (Katholische
Sonntags-Zeitung)

Alberto Manguel
**Homer. Die Odyssee.
Die Ilias**
Übers. v. Gottwalt Pankow
ISBN 978-3-423-**34569**-9

»Lesenswert ... Manguel
schreibt anschaulich und gibt
dem Leser en passant eine Fülle
von Hintergrundinformatio-
nen ...« (kulturbuchtipps.de)

Bitte besuchen Sie uns im Internet: www.dtv.de

Geschichte des 20. Jahrhunderts

Bitte besuchen Sie uns im Internet: www.dtv.de

Geschichte des 20. Jahrhunderts

Bitte besuchen Sie uns im Internet: www.dtv.de

Geschichte des 20. Jahrhunderts

Horst Möller
Die Weimarer Republik
Eine unvollendete Demokratie
ISBN 978-3-423-34059-5

Erika Riemann
Die Schleife an Stalins Bart
Ein Mädchenstreich, acht
Jahre Haft und die Zeit
danach
ISBN 978-3-423-34725-9

Stalins Bart ist ab
Von Bautzen zum
Bundesverdienstkreuz
ISBN 978-3-423-34752-5

Timothy Snyder
Bloodlands
Europa zwischen Hitler
und Stalin
Übers. v. M. Richter
ISBN 978-3-423-34756-3

Eckart D. Stratenschulte
Kleine Geschichte Berlins
ISBN 978-3-423-30167-1

Fritz Stern
**Fünf Deutschland und
ein Leben**
Erinnerungen
Übers. v. F. Griese
ISBN 978-3-423-34561-3

Das Urteil von Nürnberg
Mit einem Vorwort von
Jörg Friedrich
ISBN 978-3-423-34203-2

Jürgen Weber
**Kleine Geschichte
Deutschlands seit 1945**
ISBN 978-3-423-30830-4

Richard von Weizsäcker
Der Weg zur Einheit
ISBN 978-3-423-34667-2

Bitte besuchen Sie uns im Internet: www.dtv.de

Wenn Bilder sprechen könnten

Helge Hesse

Bilder erzählen Weltgeschichte
Hardcover mit Schutzumschlag
Durchgehend vierfarbig

ISBN 978-3-423-28011-2

Die Malerei hat seit jeher auch Geschichte erzählt – hier wird nun Geschichte anhand von Malerei erzählt, anhand von Gemälden und Zeichnungen aus allen Epochen, von der Steinzeit bis in die Gegenwart. Manche der Bilder sind eher unbekannt, andere sehr berühmt. Helge Hesse gelingt es mit Leichtigkeit, Menschen zum Leben zu erwecken und Schauplätze vor Augen zu führen, die Atmosphäre der Ereignisse fühlbar zu machen. Er begleitet, wie ein Museumsführer, durch eine Galerie der Weltgeschichte, erzählt zu jedem Bild, welche historische Situation sich darin widerspiegelt und welche Bedeutung Bild und Künstler in der Kunstgeschichte haben.

Bitte besuchen Sie uns im Internet: www.dtv.de